兩岸和平

Triangulating Peace for Taiwan Strait

三角建構

邱垂正◎著

自序

　　有意義的「和平」絕不是投降，也不只是態度、信念而已，它反映出是一種國家策略與政策能力的積極表現。

　　台海最需要和平，兩岸關係最重要目標也是維繫和平，可惜國內竟罕見有學術院校專門致力於「和平學」研究，正當全球主要國家學術機構大力提倡和平學研究作為解決區域衝突的和平藍圖，為台灣量身打造的兩岸和平學研究，值得給予更大的重視與努力，希望本書能發揮一點拋磚引玉的小作用。

　　兩岸關係如果要確保和平穩定避免戰爭，唯一的途徑就是透過和平整合。過去有許多學界與政界提出兩岸和平整合建議，所提出的兩岸整合方案，絕大部分屬於應然式的建言，而缺乏建立在實證經驗客觀資料的基礎上，以致於兩岸關係實徵性理論化研究顯然不足，本文即以實徵研究為基礎，期待能建構兩岸和平整合模式，作為資料蒐集的分析架構，得以解釋兩岸整合現狀與預測兩岸和平未來發展（第一章、第二章內容）。

　　兩岸現階段經濟整合對兩岸和平影響最大，但有機會也有威脅，從威脅的角度而言，兩岸處於非正常化、非制度化的整合關係，使得台灣內部朝野掀起對中國政策的爭議（詳見第三章）。從機會角度而言，兩岸「經濟互賴」現狀是「兩岸共構全球商品供應鏈」，從經濟全球化的趨勢，將是台灣最佳的安全防衛機制，問題是台灣如何對「兩岸共構全球商品供應鏈」繼續保持優勢，本文以「兩岸共構全球商品供應鏈」作為觀察兩岸和平的重要變項（詳見第四章）。

　　從「新自由制度主義」的途徑，「國際建制」是影響國際和平安全互動重要的分析面向，本文以兩岸「制度整合」等制度性安排，作為觀察影響兩岸和平的第二項重要變項（詳見第五章）。從「建構主義」途徑，強調觀念認同與知識共享的重要性，認為國際體系的物質性結構只有在觀念性結構的框架中才能有意義，兩岸基本價值分享與互動對和平帶來重要影響，本文以「民主價值共享」作為第三項觀察兩岸和平的觀察變項（詳見第六章）。

　　結合「經濟互賴」、「制度整合」、「民主價值共享」等三者與兩岸和平關聯性，以及任一者與其他兩者之間的相互關係，本文從兩岸交流經驗資料，建構出「兩岸三角和平」理論架構（詳見第七章、第八章）。換言之，追求兩岸永久和平，不能只靠兩岸少數領導人是否有和平的良知，而從要從戰略與政策角度出發，透過兩岸的「經濟互賴」、「制度整合」、「民主價值共享」等進行三角建構。

　　本書從構思開始，包括變項設定、研究架構、資料收集與驗證與理論建構，曾請教諮詢多位著名的國安官員與專家學者，包括陳明通、吳釗燮、童振源、黃城、張五岳、郭建中、林濁水、董立文以及陸委會眾多無法具名的同仁長官熱心協助，沒有他們的貢獻與參與，不可能完成本書，特此敬表謝忱。本書若有任何疏漏皆由作者負責。

　　最後感謝陸委會陳明通主委、海基會洪奇昌董事長、以及林濁水先生願為本書所寫推薦箴言。

作者寫於台北內湖
2008 年 4 月

目　次

圖　次

表　次

第一章　緒論

第一節　動機與目的

一、研究動機

　　兩岸關係發展20多年來，呈現「經濟熱、政治冷」的發展格局，在整個發展脈絡與未來趨勢，深深影響臺灣的前途，做為臺灣的一份子責無旁貸要對這個重大議題，有所掌握與研究，希望能在這個議題上，貢獻棉薄之力。

　　兩岸現狀發展，政治、軍事、外交方面僵持對立、寸土不讓，標準敵對國家的對峙態樣；但在經濟、文化、社會交流卻緊密交往、互動頻繁，宛如兄弟之邦，世所罕見，如何正確描述此一特殊的兩岸整合[1]現狀，如何預測未來兩岸發展動向，建構可理解、可操作的基本運作模式，對營造兩岸和平發展的互動模式，將帶來助益。

---

[1] 有關「整合」（integration）定義，學者定義各有不同，各有所長。如 Karl W. Deutsch 認為係一群生活相同地理疆域內的人們獲得一種「社區意識」（Sense of Community），在經過長時間的努力之後，達到「和平改變」人們彼此可以信賴或期待的一種過程（process）（Deutsch, Karl W.,1957:6）；Ernst Hass 海斯則強調整合是一個過程，是說服不同國家的所有參與者，將他們原先對自己國家的政治忠誠、期待，以及政治活動移轉至另外一個可以管轄並統治他們自己國家之上的超國家組織權力中心的一個過程（Hass,1958:13）；Machlup 從經濟史角度認為整合「將個別不同的經濟結合在一起成為大的經濟區域（combining separate economies into large economic regions)意義的「整合」（integration）（Machlup,1977：3）。 Joseph S. Nye 認為「整合」乃是導

　　本文關切的焦點在於，兩岸整合在沒有制度化、正常化之前，兩岸整合模式的運作模式為何？此運作模式對臺灣政治經濟發展將帶來何種後果？此外，兩岸和平整合深受正常國家間整合與國際建制之影響，如世界貿易組織、歐盟、以及東亞區域整合等，都將牽動兩岸整合互動，若能發掘兩岸整合與正常國家整合之異同處，更能深刻洞悉臺灣國家發展的挑戰與機會。

　　兩岸經濟整合基本格局是屬於「功能性整合」（functional integration），但由於兩岸的政治對抗與協商僵局，卻呈現「非正常化」（ab-normalization）、「非制度化」（non-institutionalization）的整合關係（邱垂正，2005：19-38），此一現象固然有客觀性的經濟規律因素，但亦有政府間的政治操縱，促使目前兩岸經濟整合現狀具有高度政治意圖的戰略操作。例如近年來臺灣經濟大量依賴中國，臺商蜂擁前往中國投資，從臺灣主體性的角度而言如同「慢性政治自殺」，使臺灣陷入國家安全的危機。

　　近年來隨著兩岸經貿日趨緊密，臺灣政府在面對中共對臺經濟吸納統戰與臺灣經濟成長考量、以及滿足大陸臺商政策需求時，常陷入決策的困境（Tanner,2007）。簡言之，這種不正常的關係帶來臺灣政府陷入政治與經濟難兩全的決策困境，企業個別利益與全民整體利益難以調和的矛盾，國家安全與經濟發展必須兼顧發展的難題。

　　基於以上，本文所要探討的問題有三：一、兩岸多層次整合現狀基礎上，探討功能性整合與制度性整合的差距，所引發臺灣內部

　　向形成一個政治社區（political community）的過程，在此一個政治社區內各國人民承諾履行相對的義務以及共同利益的概念。（吳新興，1995：25）。而本文所指「整合」可定義為：「兩個以上的政治經濟體，交流互動發展關係的過程」。

政經矛盾現象之探討；二、以兩岸三角和平整合理論，建構兩岸和平整合模式的分析架構；三、建構兩岸和平整合模式的理論性探討。

二、研究目的

　　雖然兩岸關係為輿論界與學界高度重視，惟學界對兩岸關係的理論化研究顯然不足[2]，無法對兩岸過去整合發展進行模式分析探討，本文的研究目的就是希望能針對兩岸整合關係，尋找出可歸納事實資料的分析架構，建構出可描述事實現狀以及可預測未來的模式分析，因此本文研究目的包括以下重點：

　　第一、在主觀人為政治操作以及客觀經濟規律下，找出兩岸整合的基本運作模式。

　　第二、兩岸「經貿互賴」、「制度整合」與「民主價值共享」發展的落差，對兩岸和平穩定的關聯性如何？對臺灣國家安全有何影響？

　　第三、如何形成兩岸非正常化、非制度化的整合關係，兩岸從兩岸「功能性整合」邁向「制度性整合」，其挑戰與障礙為何？

　　第四、如何建構具實徵性取向（empirical orientation）兩岸和平整合模式，可用來分析解釋現狀，找出未來和平發展的關鍵必要條件，建立分析架構，進而得以預測未來。

---

[2]　過去學界當用以西方學界理論套用兩岸關係雖有不少，但這些理論假設的正確性卻少有人加以驗證。而且建立兩岸關係的一般性理論亦嫌不足，有待學界繼續努力（包宗和、吳玉山，1999：34）。

第二節　問題與範圍

一、兩岸多層次整合現狀基礎，功能性與制度性整合的落差

　　兩岸關係自從開放探親以來，在經濟、社會層次交流快速密切，舉世稱奇；在國際社會層次的交往，至少在公權力方面出現「共同接受國際規範但彼此對立」的情形；在政治層次上則處於僵局難解，甚至外界或自稱兩岸形勢嚴峻，戰爭一觸可及。兩岸面對「官冷民熱」、「經濟熱、政治冷」或是「上層建築冷、下層建築熱」的情勢，出現兩岸關係非正常化、非制度化的模式發展，這種模式發展能真正維繫兩岸的繁榮現狀？還是有可能爆發大規模衝突？

　　本文跳開過去敵我對抗的現實主義思維，藉由 80 年代以後大為風行的「新自由制度主義」（neo-liberal institutionalism）國際關係理論研究途徑[3]，以及 90 年代晚進的「建構理論」（constructivism）的研究途徑[4]，作為分析現階段兩岸政經整合。

　　本文的假設是在二次大戰後，當經濟、社會整合到達某一程度，在客觀上任何一組敵對狀態的政權，縱然在政治歧異仍很嚴重，甚至在主觀宣傳上仍堅持不排除以非和平方式解決爭議，但真正發動

---

[3]　新自由制度主義代表性著作主要有，如 Keohane，1984；Krasner，1983，以及許多研究歐洲整合的學者，如 Joseph S. Nye，Stanley H.Hoffmann 等，都算新自由制度主義或新制度主義者，並且成為國際關係理論重要的研究取向。

[4]　建構主義主要代表人物為亞歷山大‧溫特（Wendt，1999）。簡單的說，國家是社會活動個體，國際結構則是個體間所共同認知，知識與期望，強調觀念、文化、認同的重要性，認為國際體系的物質性結構只有在觀念性結構的框架中才能有意義。例如物質因素如一國軍事與經濟力量，若要獲得有意義的行動作用，仍是受到思維所主導。

非和平方式來進行強制政治整合，相關實例尚未發生過，且代價之重亦難以估計。進入本世紀全球化時代，發動非和平方式進行強制整合，成本之高，牽連之廣，超過以往。而這項假設要能成立，除比較各已發生非和平衝突政權的交流整合皆屬於低度之外，尚須進一步考察所謂經濟、社會整合程度發展出何種互賴形式，才有利於和平穩定的鞏固。

若這個假設成立，則可推導兩岸關係特殊性，兩岸經濟、社會整合關係只要不倒退，政治整合之僵局並不會帶來立即性武力衝突危機。但從長期性的和平安全思考，兩岸「非正常化」、「非制度化」的模式運作下，臺灣國家安全能否架構在全球整合的安全瓣，其實將有很大的爭論，也是本文探討的重點。亦即在兩岸「非正常化」、「非制度化」的經濟功能性整合，卻無政府制度性整合加以確保，外部不確定因素帶來臺灣內部對經濟安全極大的爭論。

然而，從全球化看兩岸關係互動，兩岸經濟整合固然出現臺灣對中國的不對稱依賴，但不容否認兩岸已共構全球商品供應鏈[5]，供應鏈是否運作無阻，關係全球經濟之榮枯；供應鏈的存在與影響，

---

[5] 本文有關全球商品供應鏈（global commodity chains）的定義，以美國杜克大學 Gary Gereffi 教授著作的概念為主，在商品鏈中，商品從設計、製造到銷售的過程與生產網絡，分析的主體是企業或產業，Gereffi 使用「買方驅動力的全球商品鏈」，品牌領導公司運用技術轉移與有效協商，創造高能力的供應部門，而生產與配銷就是建立在與供應部門的關係布局上。他分析全球價值鏈企業治理時，提出五種價值鏈的管理型態，包括市場式（market）、模組式價值鏈（modular value chains）、關係式價值鏈（relational value chains）、受制式價值鏈（captive value chains）、組織科層式（hierarchy），參見 Gereffi, 1999:37-70；Gereffi et al., 2005：78-104.而且依照 Gereffi 的定義，臺灣企業與中國臺商的布局所共構商品供應鏈，大致是「買方驅動力的的全球商品鏈」，同時以 IT 產業為主的臺灣企業在全球價值鏈是屬於模組式。

亦使得「維持臺海現狀」不但是兩岸政府的共同詞彙，亦是全球各國對兩岸一致性期待。本文亦將從「兩岸共構全球商品供應鏈」角度來定位兩岸的基本現狀，這種現狀（given situation）假設重新評估其對臺灣國家安全的影響。

二、建構和平整合模式的分析架構

建構和平整合模式的分析架構的變數組合包括，一、從「新自由制度主義」所強調「國際建制」[6]（international institute）與國際合作的啟發，將兩岸間制度整合與兩岸在國際組織互動或整合的情形，作為兩岸制度整合的觀察面向（dimension）；二、從經濟整合的角度，以兩岸共構「全球商品供應鏈」（global commodity supply chain）作為兩岸經濟互賴的分析變項。從全球化的角度看兩岸經濟整合的發展，一方面對兩岸在「國際建制」內較勁互動是採敵對的，另方面「兩岸共構全球商品供應鏈」是互利互惠，如此既合作又對抗的兩岸互動，其實就是兩岸「政冷經熱」現狀互動，也體現出兩岸互動在全球化體系的物質性結構。三、為了理解物質性結構中的觀念性結構，本文以「建構主義」強調觀念、文化與認同重要性，包括相互理解（mutual Understanding）、共享知識（shared Knowledge）

---

[6] 「新自由制度主義」對國際建制（international regime）與制度(institution)有些混用，所謂國際建制（international regime）克拉斯勒（Stephan D. Krasner）提供了較為廣泛接受的定義，是指在國際關係的議題領域中形成的「一系列隱含的或明確的原則、規範、規則以及決策程序」（Krasner, 1983:2）。基歐漢和奈伊（Keohane & Nye）則認為是數套管理安排的組合，一切可以規範行為者並可控制後果的規則、命令與程序。（Keohane and Nye,1977:19）

（鄭端耀，2001：214-215；秦亞青，2001：242-243）作為分析兩岸動態互動的分析依據，以「民主和平」價值認知，作為第三項分析變項。

特別說明的是，在兩岸「民主和平」的觀察，重點不是放在中國是否是民主國家的問題，而是以兩岸互動的面向上，雙方政府與人民的善意與敵意，尤其是作為大國的中國，是否願意尊重民主社會價值（容忍、多元），尊重「小國」臺灣人民的民主決定，亦即是以兩岸「民主價值與實踐」認知分享，作為觀察與分析的變項。

上述的新自由制度主義的制度和平論、經濟和平論、民主和平論等三個面向，分別從「國際建制」、「兩岸共構商品供應鏈」、以及「民主和平」等影響和平最重要面向（詳見第二章），進一步提出影響兩岸和平最重要的三個必要條件作為觀察變項包括，「經濟互賴」、「制度整合」、以及具建構主義理論特質的「民主價值共享」等三變數，以及三變項兩兩之間的互動關係，共構出「兩岸三角和平整合模式」的分析架構。

三、兩岸和平整合模式的可能性探討

兩岸政治軍事的對抗敵對，但經濟社會互賴互利緊密，為歷史所罕見，「兩岸三角和平互動模式」可作為兩岸關係現狀一般性的分析架構，可用來解釋與歸納兩岸發展的現狀，以及作為預測兩岸和平的溫度計，更可以為建構兩岸永久和平提出政策建議。

第三節　途徑與方法

一、研究途徑

本文研究途徑主要是以政治經濟學的歷史結構研究途徑（historical structure approach）（龐建國，1994：222-227）為主，針對兩岸經濟交流現狀描述，除靜態的結構分析並輔以動態的歷史演進，掌握較具有完整性、縱深性的結構意涵。

為能鋪陳兩岸和平整合模式，本文利用「新自由制度主義」研究途徑（neo-liberal institutional approach），從全球化與區域整合趨勢，以彰顯兩岸整合關係經由功能性整合、制度性整合等角度評估兩岸和平整合的可能性。

「民主和平」理論（Russet,1993;Smith,1994;Talbott,1996）在西方一直擁有極高的道德性[7]，但在東方國家的兩岸關係仍否適用一直仍有爭論，本文採「建構主義」研究途徑（Constructivism approach），從「民主和平」概念下，考察兩岸人民與政府互動的敵意或善意以及價值認同分享，其對兩岸和平穩定具有長期性影響。

本文兩岸和平整合模式之建構，主要建立在上述的「新自由制度主義」理論與「民主和平論」的理論假設，並參考「和平三角論」（Triangulating Peace theory）（Russett & Oneal, 2001）分析架構，認為影響和平的主要變數主要是「經濟互賴」（economic interdependent）、

---

[7]　冷戰結束後幾十年來，以美國主導的國際秩序，一直是以「democratic peace」為主軸，認定民主的價值具有和平的本質，且民主政權之間部會發生大規模的衝突，因此推廣民主便有助於國際和平的維護。

「國際組織」(international organization)、「民主」(democracy)三項，亦即任何兩造國家是否發生衝突與戰爭或者可以確保永久和平，可以透過他們經濟互賴的程度 (how economically interdependent they are)；他們在國際組織網絡良好連結程度 (how well connected they are a web of international organization)；以及他們政府的類型 (what kinds of government they are) 等三變項，來加以分析與確認。

二、研究方法

(一) 文獻收集及分析

收集有關分裂國家、兩岸關係及統合理論等論著及文件進行比較分析；同時不斷蒐集兩岸互動交流各項數據，包括投資貿易、市場佔有、國際區域整合兩岸交流量與質的變化與趨向，以及兩岸政府互動情形，以便找出兩岸整合的趨勢現象，以便驗證各種之整合模式解釋與預測之力度，並建構理論架構以觀察兩岸互動。

(二) 次級資料分析法

藉工作之便，對從事制定兩岸政策之官員、重要學者、政治人物、相關利益團體負責人進行有必要的訪談與查證，將訪談所得資料進行分析比對，期能得到精確的實徵資料以及理論驗證的機會，包括精英們對兩岸整合的價值認知，與相關官員在兩岸政策推動的過程與態度，以及後來事件發生結果等，取得完整正確的實徵性驗證的程序，使本研究模式之建構對兩岸實際發生事件與過程具有實徵性解釋與預測力。

三、研究限制

(一) 由於本研究重點在建構兩岸和平整合的模式，此一模式係建構
在經驗資料與實徵觀察的基礎上，可以作為歸納資料的思考架
構，最重要的是，可以被用來解釋現狀，並發揮預測兩岸未來
和平的近程。因此模式必須建立在廣泛蒐集實際互動與整合發
展的實徵資料，這是一大挑戰。

　　此外，所列分析變數作為觀察重點，能否作為影響兩岸和
平的關鍵變項，是第二項的重大挑戰，雖然本文接受「和平三
角論」（Triangulating Peace theory）（Russett & Oneal, 2001）分
析觀點，認為兩岸「經濟互賴」、「制度整合」、以及「民主價值
分享」等三項變數，是影響兩岸和平最重要的必要條件。但深
信強調軍事力量、權力運作才能維持和平（peace through
strength）的新現實主義者對本文立論，仍會懷疑與批判。

(二) 在兩岸精英的訪談上，大陸上的精英意見的收集將比國內精英
們困難，其次對兩岸整合有關的大陸精英的界定與篩選，以及
其是否有決策影響力，將構成日後本文收集訪談資料上的另一
項挑戰。

第四節　假設與架構

一、研究假設

（一）目前兩岸經濟整合關係為「非正常化、非制度化」的整合關係，
　　　主要係由臺灣對中國的三項不對稱經濟依賴所呈現。

　　　從威脅面的角度而言，營造兩岸經濟「非正常化、非制度化」
整合是中共對臺統戰的必然結果。此外，中國透過全球與區域整合
的力量，讓臺灣處於邊緣化危機，遂行統戰目的。另方面中共為滿
足台灣內部對兩岸經濟交流「正常化、制度化」的殷切需求，倡議
「一中原則」的「兩岸經濟合作機制」，以持續展開深化「以經濟促
政治」統戰策略與相關作為下的政策利誘。因此，若兩岸「非正常
化、非制度化」經貿整合關係不變，臺灣對中國三項不對稱經濟依
賴將持續加深擴大，將使兩岸敵意難以化解，無法確保兩岸長期的
穩定與和平；此外，若大陸方面條件不變，則臺灣政府也將長期陷
入國家安全與經濟發展的兩難困境。

（二）兩岸共構全球商品供應鏈對臺海安全具有意義，是臺灣重要的
　　　防衛機制。

　　　兩岸經濟的「非正常化、非制度化」整合，以機會面角度切入，
不能忽視其經濟全球化因素，亦即臺灣對中國三項經貿不對稱依
賴，有著順應全球生產與經貿分工布局的經濟運作邏輯，本文的重
要假設是：臺灣企業與中國臺商主導下，透過「臺灣接單、中國生
產、中國出口」的運作模式，在全球營運與布局下形成「兩岸共構
全球商品供應鏈」的經濟互賴現狀（given of economic

interdependence），這條全球商品供應鏈是不僅是兩岸間的經濟命脈，更是全球經濟運行的關鍵動脈，主要國家與市場皆會受到其影響，因此「維持現狀」就成為國際間對兩岸政府的一致性要求[8]。無疑的，所謂「維持現狀」，就是維持兩岸共構全球商品供應鏈正常運作的現狀，供應鏈將是臺灣國家安全極為重要的防衛機制。

（三）建構兩岸三角和平理論，以「新自由制度主義」的經濟和平論與制度和平論、「建構論」的民主和平論，建構出兩岸三角和平理論，作為分析兩岸整合關係和平發展的模式架構。

　　在整理與分析兩岸之間各種紛雜的現象，研究者需要一套理論的解釋架構，否則無法用來判斷與解釋事件發生的意義，對於未來也就無法預測。針對兩岸整合現狀與互動發展，以和平作為研究的焦點，本文提出以兩岸三角和平整合架構，作為觀察現狀的解釋架構，和預測未來的思考架構。

二、研究架構

　　在研究架構方面，在「政冷、經熱」兩岸交流格局發展下，對臺灣而言，有威脅也有機會，威脅的是中國對臺的軍事武力威脅、外交打壓，以及對臺灣朝野政黨的分化等，但另方面，兩岸經濟、文教與社會的交流亦帶來兩岸和平的機會。亦即長期以來兩岸政治關係的低迷，但對兩岸經貿的交流與社會互動並未產生重大的壓抑作用，相反地，進入 90 年代以後兩岸經貿、文教與社會的頻密往來，在貿易投資數量、產業分工運作、以及人員往來密切程度，幾乎與

---

[8]　美國多次重申兩岸政府不得片面改變臺海現狀，至於「現狀」（status quo）為何是由美方定義。（《自由時報》，2007.4.23：第 6 版）

關係友好的正常國家往來無異，但在相互對峙的敵對國家歷史經驗，如東西德、南北韓、印度與巴基斯坦、或其他長期敵對國家之間，則屬非常特殊與罕見[9]。因此在兩岸政治、外交、軍事僵局下，經濟互賴的現狀（the given）仍是兩岸和平的經會之窗（見圖1-1）

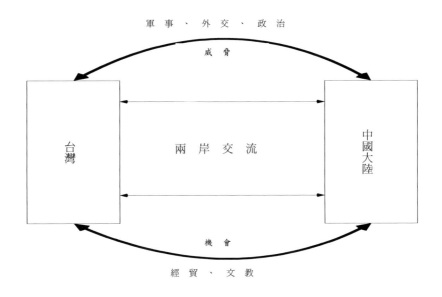

圖 1-1：臺灣與中國交流的威脅與機會

　　然而兩岸經濟整合的交流過程中也有威脅與機會，從威脅的角度而言，由於中國不承認臺灣政治主權，在全球與區域經濟整合刻

---

[9]　一般而言，南北韓、東西德、印巴等敵對國家之貿易量都偏低，唯獨兩岸貿易額與投資額卻十分龐大，有關兩岸、南北韓、東西德貿易額之統計，請參見本文第三章表3-1、第七章表7-1、表7-2。

意打壓封殺臺灣，兩岸制度化協商受到政治框架與政治議題干擾下進展也極為有限，無法滿足兩岸經濟整合制度化的需求。也使現階段兩岸經濟整合呈現非正常化、非制度化的關係。

　　兩岸非正常化、非制度化的整合關係發展脈絡下，臺灣經濟出現對大陸三項不對稱的經濟整合依賴，包括貿易、投資、以國際市場消長等三項不對稱經濟依賴，已構成臺灣經濟安全的嚴重威脅（Tanner,2007）。但從全球化經濟整合的產業分工的角度對國際和平安全出現深遠影響（Brooks,2005），在全球化背景下的兩岸經貿整合與產業分化，亦出現維護兩岸和平的機會，亦即兩岸共構全球商品供應鏈（邱垂正，2007:65-94），這對臺灣經濟安全與國家安全，提供了最佳的無形保障。然而長期以來，兩岸的政經背離讓兩岸關係有著「機會」與「威脅」不同的認知與爭辯，它不僅存在兩岸執政當局，也存在臺灣內部朝野之間（張五岳，2007：40）。（如圖 1-2）

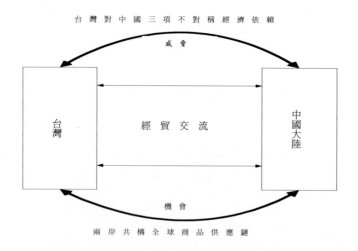

圖 1-2：臺灣與中國經濟交流的威脅與機會

　　以兩岸共構全球商品供應鏈的形成概念解釋兩岸關係就會趨於穩定和平,甚至預測將促成兩岸永久和平,則太偏重於自由主義經濟和平論,此論對兩岸和平整合雖然有一定的程度的解釋力,但仍屬片面。本文從「新自由制度主義」所強調制度和平論,以「國際建制」的角度,作為在全球化與區域化觀察面向,可凸顯兩岸在國際社會角力的現實,又可彰顯全球化與區域化經貿依存與互賴的全球趨勢。從建構主義的角度,以民主價值認同與接受度,作為衡量兩岸和平的的另一重要面向。結合上述三項面向發展出本書所建構的「兩岸三角和平整合理論」。(如圖 1-3)

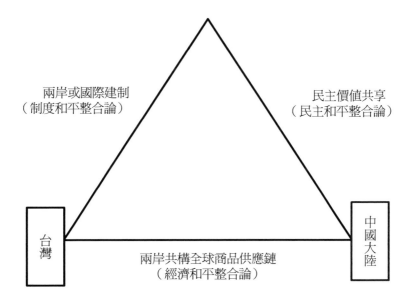

圖 1-3:兩岸三角和平整合架構圖

第五節　文獻分析

一、兩岸和平整合模式的歸納

　　學者對臺海兩岸互動曾紛紛提出各種模式與建議[10]，但一般而言，國內學者從事一般性理論研究較為缺乏，絕大部分皆是對兩岸整合過程與解決，直接切入作具體的制度、法律、運作等應然式的建議，對於兩岸互動的過程之實然性與經驗性深入研究較少。茲將臺灣學者與政治人物的著作與主張歸納如下：

　　第一類是「國協」、「邦聯」的主張： 研究是著重臺海兩岸未來整合架構研究，其中以「國協」、「邦聯」的類型最多。指涉名稱包括「邦聯」（Confederation）、「中華國協」(Chinese Commonwealth)、「中華聯盟」（Chinese Union）、「一國兩府」（One State，Two Governments）、多體系國家（Multi-System Nations）、「中華共同體」（Chinese Community）（張亞中，1998：126-141），以及「大中華經濟圈」、「中華協作機制」、「民族內國協」等。吳瑞國提出「一邦多制」（One Union, Multiple Systems），主張用「一個完整的中國」（a complete China）取代有教條性和強制意味的「一個中國」原則，「臺灣與大陸是在完整的中國下，平等、自主、而互不隸屬的組合個體」都有類似邦聯的影子（Raymond R.Wu, 2000）。

---

[10] 比較綜合性著作，請參看 Wu，2000：407-428.；翁松燃，2001：6-10；張五岳，1992；張亞中，2000；邵宗海，1998；李家泉，1996；吳新興，1995 等等。

　　在這方面代表性人物有翁松燃在其〈國家主權與統合模式比較分析〉一文中使用綜合分析（Analytical paradigm）來整理剖析各種不同整合模式，翁教授以「國家聯盟」、「國家統合」、「複合國家」及「單一國家」的分類解析「國協」、「獨聯體」、「歐盟」、「邦聯」、「聯邦」、「一國兩制」之前提、目的、動機、組織、方法、活動、效果，另方面，又以主權單位的自主性與自主權來分析各種模式的性質與定位，有助吾人對各種統合模式國家主權的瞭解，對新模式的提出具有啟發性（翁松燃，2001：8）。

　　第二類是經濟整合論：從區域主義的形成與區域整合發展談兩岸整合，雖然兩岸經濟目前已呈現高度互賴程度，符合經濟整合當中整合要素互補之理論，但若涉及兩岸關係中之「高階政治」，如未來統一體制的思考，國體與主權的選擇等，兩岸差距仍甚大，以五〇年代展開的歐洲整合經驗而言，在經濟性或功能性整合條件未臻成熟之下遽爾推動政治整合工程，不僅不切實際且窒礙難行，強調兩岸要掌握全球化趨勢，積極透過經濟性與功能性的經貿整合，才能實質改善兩岸關係，例如，蕭萬長先生建議的兩岸共同市場模式（蕭萬長，2002：1-4），鄭竹園教授之「大中華共同市場」模式（鄭竹園，1996：121-133），朱景鵬的「區域整合論」（朱景鵬，1999：84-92）亦甚啟發性，均是以經濟整合優先的國家整合主張。

　　第三類是西方對分裂國家的研究：這方面研究對本文影響最大，對本文寫作啟發性也最強，主要是對西方學者有關分裂國家整合模式介紹，並試圖運用這些理論對兩岸關係加以分析。如對西方對歐盟經驗的整合理論（Integration Theory）的介紹與應用，如張亞中的「兩岸統合論」根據歐盟經驗提出「第三主體」的概念，以及吳新興的「整合理論與兩岸關係之研究」等。另外，張五岳教授的

「分裂國家互動模式與統一政策之比較分析」綜合各個分裂國家經驗；吳玉山分析獨立國協模式及其對臺海兩岸之涵意（包宗和、吳玉山等編，1999：155-205），均各有其貢獻。

　　第四類是臺灣朝野政黨的大陸政策主張：兩千年總統大選後，臺灣政治領導人物與主要政黨也紛紛對兩岸互動模式提出主張，如陳水扁總統提出「四不一沒有」、「統合論」等，並以「善意和解、積極合作、永久和平」做為大陸政策綱領；2004 年連任就職演說提出「只要臺灣人民同意，可與大陸方面發展任何形式的關係」。至於前國民黨主席連戰曾發表「邦聯」的構想，以及親民黨主席宋楚瑜亦於該黨兩岸政策說明中提出「多層整合」構想，均引起各界之矚目與討論。[11]

　　2005 年 4 月 29 日國民黨主席連戰與中共國家主席胡錦濤的國共會談，共同發表「兩岸和平發展共同願景」新聞公報[12]，兩黨共同體認到「堅持九二共識，反對臺獨，維護兩岸同胞利益，促進兩岸交流的互信」，「促進在九二共識基礎下恢復談判，推進兩岸關係良性發展」，「終止敵對狀態、達成和平協議、建立互信機制」，「促進兩岸經貿交流：加強投資、海空通航、農業交流、打擊犯罪」及優先討論「兩岸共同市場」，「促進臺灣參與國際活動問題，優先討

---

[11] 有關陳水扁總統「統合論」的看法請參見（顏建發，2001）臺北，九十年十月；國民黨連戰主席的「邦聯論」則參見「中國國民黨政策綱領草案『邦聯』說帖」，民國九十年七月；親民黨的兩岸主張參見「親民黨對兩岸關係的基本看法」，臺北，親民黨中央黨部，八十九年八月。基本上，親民黨將兩岸界並為「制度與觀念之爭」，主張建立兩岸間的「建立信心與安全措施」，進而參考歐盟模式，達成兩岸的「多重整合」。

[12] 見新華社 4 月 29 日中國共產黨總書記胡錦濤與中國國民黨主席連戰會談新聞公報。

論參與 WHA」。5 月 12 日親民黨主席與中共國家主席胡錦濤的舉行會談，並發表會談公報，內容相似，但在所謂「九二共識」則更進一步表明為「兩岸各自表明堅持一個中國原則，即九二共識的基礎上，儘速恢復兩岸平等協商談判，相互尊重，求同存異，務實解決兩岸共同關心的重大議題。」[13]上述國親兩黨與中國共產黨的兩項公報，對兩岸關係與臺灣前途，影響深遠。

　　2006 年 3 月國民黨主席馬英九前往美國訪問時，於哈佛大學發表演講時提出國民黨解決兩岸問題的「五要」(中國時報，2006.3.26：A3 版)，包括在「九二共識」(一個中國、各自表述)[14]下重啟協商、簽署和平協議與軍事互信機制、建立兩岸共同市場、增加臺灣國際參與，以及強化文化、教育的交流。因馬英九有可能於 2008 年成為泛藍問鼎總統寶座的最熱門人選，其發言為各界所關注，與前述兩項公報內容比較，較能呈現中華民國的主體性，引起中共注意[15]。

　　第五類是中共政策的主張：中共對臺政策基本原則十分具有一貫性，無論自鄧小平時代的「一國兩制」、江澤民時代的「江八點」，至今胡錦濤時代的「五一七聲明」、「胡四點」以及「反分裂國家法」的出臺，其對臺灣基本原則與方針，就是「一個中國」原則，臺灣必須接受一個中國原則的前提，中共才願意與臺灣進行官方協商。至今，一中原則仍是兩岸之間主要的矛盾，中共並利用「一中」原

---

[13] 見新華社 5 月 12 日中國共產黨總書記胡錦濤與親民黨主席宋楚瑜會談公報。
[14] 馬英九在後來的 4 月 3 日扁馬會曾清楚表明「一中各表」，所謂「一中就是中華民國」，與「連胡會」與「宋胡會」的兩項公報完全不見中華民國，有所差異。
[15] 中共從 1996 年開始就不斷否認有「一個中國、各自表述」的共識，如見《文匯報》，1996.5.23：A2 版。

則設定對臺政策的戰略框架（陳明通等，2005，107-124）。至於大陸學者大多奉行中共「一國兩制」或「一中」論調，極少有例外，如北大學者賈慶國於二千年一月表示「邦聯」可作為兩岸統一的過程，但非目的。（《中國時報》，2000.1.22：二版），大陸學者幾乎沒有離開過官方基調。[16]北京對臺立場，除了「一國兩制」之外，任何讓中華民國與中華人民共和國共容共存的建議方案，從邦聯、國協、一中屋頂、兩德模式、到歐盟模式都為北京所堅決反對（陳明通等，2005：112）。

　　第六類是美國的臺海政策主張：美國多次重申臺灣政策遵循中美「三公報」、「一個中國」政策、不支持臺獨與「臺灣關係法」。美國反對大陸與臺灣片面破壞臺海現狀，並鼓勵雙方對話[17]。值得注意的是，過去美國學界與柯林頓政府時期，曾提出「中程協議」構想，亦即臺海雙方「臺灣不獨」、「大陸不武」，維持和平一段長時間和平的過渡方案[18]。甚至布希政府內也出現，美國將繼續「不武、不獨」雙重清晰的臺海戰略[19]的論調。

---

[16] 大陸學者黃嘉樹分析一國兩制、聯邦制、邦聯制、民主統一等主張時指出，一國兩制超越聯邦制；邦聯制不是「統一的模式」，是不可接受的，「民主統一」是不切實際的。見中央社，民國八十八年二月三日。

[17] 2004 年 4 月 21 日美國亞太助卿凱利曾向美國眾院國際關係委員會列舉美國對臺海兩岸政策的「核心原則」，算是美國的兩岸政策最清晰的表述。

[18] 有關美方學者「中程協議」的說法可歸納為三種，包括「一中架構」、「改良式」、「長期穩定」的中程協議。「一中架構」的中程協議可參見 Kenneth Lieberthal（1998），《從中共十五大看鄧後時期大陸政經發展動向》國際研討會論文，臺北圓山，2 月 20 日。至於「改良式」的中程協議可參見 Kenneth Lieberthal & David M. Lampton, "Heading Off the Next War", Washington Post , 2004/04/12。至於「長期穩定」的中程協議的說法，可參見。The Nixon Center, "Political and Security Development in the Taiwan Strait", 2004/10/14,

二、歐盟整合理論

　　西方整合理論（Integration Theory）具有相當濃厚的西歐經驗，因為此一理論與方法大都取材西歐社會，因此西歐社會的整合經驗能否運用於在第三世界國家或海峽兩岸，仍在試驗階段。海斯（Hass, Ernst B.）在其大作「歐洲整合」（The Uniting of Europe）中曾說歐洲整合經驗模式運用在西歐以外的歐洲地區、北美等地較無問題，但適用在拉丁美洲、中東，亞洲以及第三世界其他區域則有所保留（Hass, 1958：36），並將其稱為「非西方」的整合經驗（Hass, 1958：93）。但歐洲整合經驗經過數十年成功發展，其經驗對各地區域整合都有明顯的影響，Joseph S.Nye 與 Bruce M. Russett 曾將西歐整合經驗其運用到非洲與拉丁美洲的區域整合（Nye,1971:93；Russett, 1967），在臺灣也有多位學者如張維邦、張亞中、吳興新、林碧炤、黃偉峰等等將西歐的整合理論運用在兩岸互動研究。

　　歐洲在二次大戰之後，由「歐洲煤鋼組織」開始，逐漸形成一系列的組織，經過數十年的發展，終於締造出歐盟的超主權組織的格局。而之所以能促成戰後歐洲各國願意釋出部分主權，推動歐洲的逐步整合，主要因素有二，一是恐懼戰爭帶來的禍害，政治菁英對和平的追求及憧憬，二是科學技術（internet 與媒體）的突飛猛進，

---

a panel discussion with Kenneth Lieberthal, Michael Swaine and David M. Lamptom，全文請參見，http://www.nixoncenter.org/index.cfm?action=showpage&page=taiwanstrait。

[19] 2006 年 3 月 2 日美國副國務卿佐力克於哈佛大學甘迺迪學院接見 Graham Allison 時提出，美國臺海問題將採「不武、不獨」的雙重戰略清晰，而非雙重戰略模糊的談話，頗有向「中程協議」靠攏的趨勢與傾向。對話全文參見美國國務院網站 http://www.gov.tw。

使科技得以突破疆界加速國際經濟的整合，因此，戰後歐洲經濟整合就是要解決數世紀以來德法兩國的宿敵關係，經濟整合是促進和平的最佳保證（張維邦，2003：154-155）。

西歐經驗的整合理論受到經濟整合理論的影響甚深，主要原因是因為整合理論精神和其他涉及主權的統合模式架構之差別在於，強調以和平非暴力的方式，而非以零和遊戲的主權爭議，來完成一國之內部不同族群之融合或是國與國之間政治與經濟整合的巨大工程。因此瞭解西歐經驗的整合理論有必要從經濟整合的概念切入。

Machlup 提出有關經濟整合的概念，其發表了《經濟整合思想史》（A History of Thought on Economic Integration）一書，他從經濟思想史切入，認為國際經濟整合理論於第二次世界戰前，尤其國際聯盟組織的經濟學者面對各國採取閉關自守的保護貿易政策，世界貿易受到極大的限制，整個歐洲大陸瀕臨經濟解體（disintegration），亟思解決各國國內的經濟蕭條困境，所以戰後積極倡議再重建時得進行各國的經濟緊密合作，這時「整合」（integration）字眼還未廣泛使用，在 1942 年以前有關關稅聯盟、國際貿易的學術文獻都沒有出現過「將個別不同的經濟結合在一起成為大的經濟區域」（combining separate economies into large economic regions）意義的「整合」（integration）（Machlup,1977：3）。

Jan Tinbergan 是第一位對經濟整合概念進行分析並下定義的經濟學者，他提出消極面與積極面的經濟整合概念。所謂消極面的經濟整合概念（negative integration）就是為了經濟整合，各國致力於消除各種限制性的經濟措施，使得經濟交易能夠暢通無阻；所謂積極面的經濟整合（positive integration）是指用強制力（coercive power）協調各國改變既存或制定新的經濟體制及政策。Tinbergan 強調不同

型態的經濟整合之難易程度，要消除經濟上往來的限制措施比較容易（如消除貿易限額、差別關稅、各種行政規格的貿易障礙）較容易達成，可是要制訂共同經濟政策就會牽涉到各國經濟發展程度的不同，引發高度的政治爭議（Machlup,1977：21）。

　　Tinbergen 之後，鑽研國際經濟整合最有影響力的就是 Balassa，他在 1961 年出版的《The Theory of Economic Integration》一書就開宗明義認為經濟整合是一個過程（a process）也是一種情勢狀況（a state of affairs），整合過程是一種動態的觀念，消除國與國之間的任何差別待遇存在（discrimination）。經濟整合也是一個靜態的概念，意謂國與國之間已經沒有各式各樣的差別存在（absence of different forms of discrimination）。（Balassa，1961：1），Balassa 發展出著名五種層次高低不同的「自由貿易區」、「關稅同盟」、「共同市場」、「經濟同盟」、「完整經濟聯盟」的經濟整合觀點。

　　從歐洲經濟整合開始，既不斷牽動政治、社會文化各層面的衝突與整合，使得學者研究整合範圍不斷擴大。海斯（Ernst B. Hass）曾將整合理論分成三大學派：聯邦主義學派（Federalism）、交流學派（Communications）、新功能學派（Neo-Functionalism）（吳新興，2001：41-55）。

1、聯邦主義學派（Federalism）：聯邦學派研究的目標非常明確，就是鎖定在推動成立超國家的國際組織或機構（establish an supra-national organization）。

2、溝通學派（Communications）：通常以各國之間的交流量做為一組變數，來研究整合者之間關係的過程發展，交流學派假設研究各國交易交流的頻率乃是評估各國人民對於是否支持整合過程的第一步（Deutsch, 1953）。

3、新功能學派（Neo-Functionalism）：新功能學派則採取類推
（Analogy）來詮釋整合現象，強調參與整合者的利益動機，
研究參與整合者的認知與行為模式，以便解釋參與整合國家
的性格。海斯認為只有各國的交流數據並不足以說明正在整
合的工程，除非能用整合者的行動認知來重新詮釋這些交流
數據。因此海斯認為國際整合能否成功係於各主要政治精英
和政要的支持程度而定（Hass, 1958：283-298）。

新功能學派特別強調「擴散」（spill-over）的論點，即在某一合
作項目達成共識展開合作，「擴散性」的效果（effects of ramification）
也有助於在另一個合作項目達成共識。但海斯仍強調「外溢」現象
並非是一個自發的過程，而是一個自覺的過程。只能當行動者願意
將其所認識的整合經驗應用在另一個新的情境時，「外溢」才會發現
（Hass, 1964：48）。即使是「功能聯繫」（functional linkage）與「刻
意連繫」（deliberate linkage）都有賴政治人物、國際官僚和利益團體
的推波助瀾才能達成。

值得注意的是，該模式預設了政治主權以獲得某種程度的解決
或諒解，同時功能性外溢也須在政府間談判才能促成。「新功能主義」
是個政治建構的功能性整合模式，它不是用以去「政治化」。因此歐
盟的整合模式直接套用目前的兩岸關係，而忽略其預設的前提時，
將出現謬誤。

儘管西方學派對於整合理論的定義或強調面向不同，但是他們
的核心概念有下列共通看法（吳新興，1995：37-38）：

(1) 不同國家之間的整合是漫長而漸進的。

(2) 「和平改變」與「自願性合併」乃是國際整合成功的先決要
件。武力介入將違反整合理論非戰（No War）最高原則。

(3) 整合是一個「過程」（process），整合理論並不十分在意整合的最終狀態。

(4) 強調精英份子在整合過程所扮演的角色，因為他們相信精英份子（elites）才是發動整合的要角。

(5) 強調「外部因素」（External Factor）對於區域性整合具有相當重要性。區域外的外部因素，如第三國或外部力量要不是抱持樂觀其成的態度，就是敵視整合的進行反對到底。

(6) 建立整合性機構處理衍生之事務性與功能性問題。

(7) 整合理論亦有非整合（disintegration）的內涵（Schmitter, 1969:105）。

基於以上，對國內外學者對於兩岸互動曾提出許多解決模式的分析。筆者大體歸納可分成三種，

第一種就是屋頂理論，就是在兩岸現行之統治體上，尋找一個共同的基礎點，形成共同之認同，如同兩德共同認同「一個德國」一樣，如學者張亞中、周陽山等人提出「一中兩國」、「一中兩區」、或是陳總統在 2000 年就職演說，表達在民主對等原則下願與大陸領導人共同處理未來「一個中國」的問題[20]，或是國民黨主席連戰曾一度公開倡議的「邦聯制」，都具有不同程度的「屋頂理論」意涵。

第二種方式就是將中華人民共和國及中華民國的主權虛化，對統治權給予實質的承認，採取弱化主權的作法，就是承認相對應統治體下之統治權，但是相對是將彼此之主權涵蓋於對方之領域。例

---

[20] 2000 年 5 月 20 日，陳總統就職演說全文。見陸委會編著《政府大陸政策重要文件》，民 94 年 5 月，p83。

如中共所倡導的「一國兩制」、以及臺灣方面在九〇年代國統綱領指導下的「一國良制」方案。

　　第三種就是經濟整合模式，從歐洲經驗的經濟整合模式，尤其是以新功能主義觀點，從經濟整合開始，逐步外溢到政治系統，歐盟的整合模式以及中華經濟共同圈可以算是這類的代表。

三、對整合理論新功能主義適用解釋兩岸關係修正

　　然而歐盟整合的實際過程，並非如「功能主義」或「新功能主義」預期是一種線性擴張法則，各會員國會將權力或主權慢慢移交給超國家組織，功能擴溢仍會有「溢回」（spill back）現象，使整合面臨拉回的現象[21]（Hoffmann, 1966,862-915）。事實上「功能主義」在 1966 年盧森堡協定就趨沒落，一直到 1987 年「單一歐洲法」生效後，才見「新功能主義」復甦，1992 年各國簽訂馬斯垂克條約後，新功能主義的「擴溢效果」才發揮較大的解釋力，成為主流（黃偉峰，2000：5-6）。但不久與新功能學派抗衡的莫拉維奇（Andrew Moravcsic,1998），以豐富的第一手經驗資料駁斥「新功能主義」對歐盟整合過程的詮釋，相對地，提出利益競逐式「自由政府間主義」（liberal inter-governmentalism）來詮釋歐盟整合過程中的五大歷史轉折事件，主要重點有三：一、他認為各國國內的產業利益超越技術官僚與超國家組織的偏好，因此各會員國進行談判時的偏好不是

---

[21] 霍福曼區分「低階政治」（low politics）與「高階政治」，他認為功能性整合較亦在「低階政治」的相關議題上推動，例如農業、經濟、環保和科技等具有共同利益議題的合作較易進行，可是一旦外溢到「高層政治」，如主權與安全問題則整合會到阻礙，於是又會有溢回現象。

預先設定的，也不是如「新功能主義」所說是由技術官僚所設定，主要是由各國國內的產業利益團體需求逐漸形成國家的偏好（Moravcsik, 1998：7），二、一旦國家利益偏好設定之後，莫拉維奇則採「新現實主義」的看法，會員國依其偏好與實力在談判桌上爭取國家之最大利益，並說明歐盟協議是增加而非減損會員國中央政府的權力（Moravcsik, 1998：29-30），三、最後莫拉維奇以「制度論」的角度，詮釋各會員國必須授權超國家組織來代為其所達成的協議（Moravcsik, 1998：485-489）。

莫拉維奇的理論，對目前臺灣所流行的偏重「功能主義」與「新功能主義」或「聯邦主義」與建立超國家組織等詮釋的歐盟整合模式，以及建議兩岸關係可效法「新功能主義」歐盟經驗，亦即從經貿的整合開始，逐步往高階政治議題去整合的主流論述與政府政策等[22]，帶來一些省思。事實上莫拉維奇指出歐盟整合實際歷史經驗在於各政府間尊重彼此主權前提下，以和平自願方式逐步整合，莫拉維奇的解釋與新功能主義差異很大，但其在研究五個歐盟歷史上的五大轉折中，以新現實主義的角度提出自由主義式政府間的協商，才是歐盟發展的核心動力，而不是靠新功能主義所說擴溢（spill-over）逐步締造而成。

除了，對歐洲整合模式詮釋有太偏重「新功能主義」外，最令國人誤解的是，國內有學者與政治人物過度歌頌歐盟整合「新功能主義」模式，用來套用兩岸整合關係時，有意無意地忽略了「新功

---

[22] 如陳總統在民國 89 年 12 月 31 日的跨世紀談話，「……從經貿與文化統合開始著手，逐步建立兩岸之間的信任，進而共同尋找兩岸永久和平、政治統合新架構……」，見《政府大陸政策重要文件》，陸委會編印，民國 94 年 5 月，頁 77。

能主義」模式所隱含的基本政治前提，也就是各會員國在政治主權
已獲得某種程度的解決或諒解[23]，同時功能性外溢也須在政府間談
判才能促成（黃偉峰，2001：18-19）。換言之，「新功能主義」是個
有政治主權前提的功能性整合模式，它不是用來去「政治化」或擱
置政治主權爭議的思維，因此歐盟「新功能主義」的整合模式，勢
必無法套用目前的兩岸關係，除非中國自動放棄對臺「一個中國」
的堅持，承認臺灣政治實體的地位，放棄對臺使用武力，否則兩岸
要進入所謂的歐盟功能性整合模式，根本言之過早。

　　此外，從歐盟發展經驗，各加入歐盟組織的會員國幾乎都是民
主國家[24]，中國並非民主國家，兩岸如何適用歐盟模式，國內學者
並沒有清楚解釋。

---

[23] 國民黨黨主席連戰與親民黨黨主席宋楚瑜於 2005 年 4、5 間，赴中國與中共
　　總書記胡錦濤，分別簽訂「新聞公報」與「會談公報」，國民黨與共產黨將
　　在促進兩岸回復協商優先討論推動「兩岸共同市場」問題。親民黨與共產黨
　　則致力就建立兩岸貿易便利和自由化（兩岸自由貿易區）等長期、穩定的相
　　關機制問題進行磋商。借鏡而「兩岸貿易區」與「共同市場」等歐盟經驗不
　　能忽略，必須建立在主權與政治問題必須已經獲得解決的基礎上。
[24] 歐盟重要條約如 1992 年馬斯垂克條約、1997 阿姆斯特丹條約以及 2001 年尼
　　斯條約等，均規定歐洲公民權益與義務，若任何國家侵犯歐盟公民的基本權
　　力，將終止其歐盟會籍，使得東歐新興民主國家快速穩定地成為民主國家。
　　（Fontaine, 2007:41-42）

四、以「新自由制度主義」與「建構論」觀察兩岸關係

(一) 兩岸互賴與國際建制對兩岸的影響

至上世紀八〇年代起，新自由制度主義（Neoliberal-Institutionalism）
（鄭端耀，1997：7-8；Keohane,1984）與建構主義（Constructivism）
（Wendt,1999；秦亞青，2001）逐漸被重視，對於安全研究提出更
多的理論創見，加上蘇聯解體、東歐瓦解，國際新秩序建立的需要，
新現實主義的詮釋顯然不足，新自由制度主義與建構主義便成為安
全研究或和平研究重要的新方向與理論基礎。

新自由制度主義的基礎來自國際互賴與國際建制，新自由制度
主義強調國際關係中合作的可能性，削弱了無政府狀態下的不確定
作用。新自由制度主義認為在國際體系中，制度能改善國家必須面
對被對手國「欺騙」的疑慮，主要論點有：第一、制度能提供明確
資訊，可明確行為者的作為與意向，使得蓄意欺騙者無法輕易得逞，
第二、制度交互作用與功能，使制度的忠誠參與者獲取利益，讓欺
騙者付出沉重代價並被懲罰，第三、制度化增加國家間的互賴增長，
降低交易成本，減少談判與監控對方，使合作的機會成本會降低但
合作獲利會提高。總之，制度能使各方承諾（commitment）更有可
信賴度，建立協調焦點與方法，減少紛爭，化解對抗，提供進一步
合作的可能性（Keohane and Martin, 1995：39-42）。

因此，國際建制促使國家合作，國際建制也促成的公益，新自
由制度主義更認為國際建制促成全球化及一個自由化的世界秩序。
尤其是面對現今經濟互賴全球化與區域經濟整合的風潮，新自由制
度主義更凸顯了共同規範（制度）發揮了國家間促進安全功能，提

高國家互信及採取和平手段解決紛爭等問題的重要性（陳欣之，
2003：10-11）。

　　且目前全球化的經濟整合特色就是複雜互賴（complex
interdependence）（Keohane and Nye,1977:11-19），其所描繪的情境是
指眾多國家之間有多種不同的聯繫管道，讓不同社會彼此緊密連結
在一起，而國家無法獨佔聯繫的管道，彼此互動的相關議題沒有上
下階層關係，同時軍力的使用不再被國家用來實踐國家利益的優先
工具，在「複雜互賴」的國際體系，透過國際體系的建立，國與國
之間合作的可能性便大為提高，個人、企業以及各種跨國性組織的
自主性節節升高，至於權力的內涵也因資訊科技及網路的出現而更
加豐富（袁鶴齡，2002：362-376）。

（二）「兩岸共構全球商品供應鏈」

　　在兩岸經貿的整合關係，本文從兩岸的投資貿易、產業結構與
全球分工的結構分析，其實兩岸已共構出全球商品的供應鏈，至少
在全球資訊代工製造業具有舉足輕重的地位，它涉及重要利益不只
是兩岸本身，更是美日等重要國家的共同利益，亦即「兩岸共構全
球商品供應鏈」是全球主要工業國家的「公共財」（public goods），
為了維護這條供應鏈的正常運作，維持臺海和平與否，就不僅是兩
岸之間單純雙邊問題，而是全球主要國家為維護「公共財」，乃至於
保護美日跨國企業「私有財」或是能源海線安全性的重要手段，因
此，臺海「維持現狀」，反對中國或臺灣片面改變臺海現狀，幾乎成
為國際上一致性對臺海情勢的主要期待。

　　「兩岸共構全球商品供應鏈」主要以臺灣的資訊電子科技產品
構成，而「矽」又是電子科技的重要元素，Craig Addison 認為「矽

屏障」已成為臺灣最堅實的國防（Addison, 2001）；Thomas Friedman 則認為「戴爾衝突防制理論」指出，隸屬某一個全球供應鏈的任何兩國，只要還在相同的供應鏈裡，就不會真的開戰（Thomas Friedman, 2005）。

從全球化生產模式對安全問題的影響，柏克（Stephen G. Brooks）將近年來全球化生產模式做了有系統的證實研究，凸顯現今跨國公司（Multinational Corporations, MNCs）在全球化下的生產（globalization of production），已不再是過去單純的「貿易」（trade）而已，而是對外更大規模地從事跨境生產模式，特別是大量地提高企業內海外生產據點的國際分工，並透過國際外包（international subcontracting）與國際公司間的策略聯盟（international inter-firm alliances），建立起與國外供應商與合作夥伴更緊密的關係（Brooks, 2005：3-5），這種新的全球化生產關係對國際安全帶來深刻的影響與意義。

Brooks 研究 90 年代後的全球化經濟整合的生產模式對和平安全的影響，歸納出兩項結論：

第一、生產的全球化（globalization of production），如跨國公司生產模式（MNC production strategies），已改變大多數經濟強權國家的經濟運行結構，不再需要以非和平方式征服他國領土才能獲取所需經濟資源，現代的全球跨國公司生產模式已能有效率汲取他國的經濟資源，這種全球化生產模式會防止並降低強權領導者或野心政客以發動戰爭方式，搶奪經濟資源的誘因（Brooks,2005:48-50）。

第二、全球性的區域經濟整合（regionalism）成長快速主要誘因，有助於本國對外吸引外資直接投資（FDI），尤其是跨國公司資金。各國基於害怕被 FDI 孤立（isolation from FDI）的龐大壓力，甚

至與鄰近長期關係安全緊張的敵對國家盡棄前嫌，進行經濟合作與整合（Brooks,2005:53-54）。

另外，從國際合作的理論來看，華府與東京為了確保臺海的和平穩定必須共同合作，並展開「交換的關係」（quid pro quo relationship）（Frey,1984：126-127），使得臺海問題國際化與複雜化，例如美日兩國為保護臺海周邊的商品供應鏈，就聯手透過美日安保條約將臺海周邊有事納入安保範圍內，日本同意周邊有事時協助美國以及力挺美國嚇阻中國武力攻臺，美國則支持日本增加軍事預算，擴充軍力，以及取得重要的戰略島嶼，如釣魚臺等。

(三) 兩岸社會價值差異影響和平整合

另外本文也引用建構主義觀點，建構主義認為（Wendt,1999；秦亞青，2001：231-263），價值認定影響的國家認同，不同認同造成不同國家界定與不同的國家利益與安全取向；建構主義認為文化結構影響了國家生存的展望，同時文化結構可能造成國家特徵的改變，例如二次戰後，日本與德國就從一個軍國主義國家轉變為經貿取向的經濟大國。

建構主義與新現實主義最大不同在於認定國際間「無政府主義」，不必然帶來國家間的暴力相向以及求取生存的最低需求，而國家間可以透過不同的建構互動作用，形塑不同的國際知識與價值的共享，建立不同的規範與文化，而各自決策自身國家的利益與政策。建構主義認為不同文化結構建構了不同的合作與衝突面貌，在宏觀層次上，Wendt 提出三種文化結構（Wendt,1999：246-312），屬於哪一種結構取決於何種「角色」在體系中的主導地位，包括「敵人、競爭者與朋友」，而這三種結構取名為：霍布斯文化結構、洛克文化

結構，以及康德文化結構，亦即霍布斯文化結構的主體是「敵人」，洛克文化結構的主體是「競爭者」，康德文化結構的主體是「朋友」。從安全研究角度而言，霍布斯的文化結構，國家係以自助或競爭性途徑促進安全；洛克的文化是以既競爭又合作的途徑提升安全，康德的文化結構則是國際間的價值與利益具普遍共識，以集體安全或共同體方式追求安全。例如北大西洋公約組織國家的安全團隊發展到經濟社會共榮的歐盟模式，以及美國、加拿大的政經合作關係等等，都是康德式的文化結構（張登及，2003：158-161）。

　　本文藉用「新自由制度主義」與「建構論」的角度，來探討兩岸複雜微妙的互動關係，並以「民主」與「和平」作為關切的核心價值，進而找尋臺灣對中國關係發展的可能途徑。

　　首先本文的假設，是就「新自由制度主義」詮釋兩岸經濟整合方面，兩岸的產業依存與投資貿易已十分龐大與緊密，但就雙方是否已建立起正常化的整合制度而言，事實上雙方並沒有建立正常化的整合制度，兩岸很難簡化以詮釋歐盟模式之一的「新功能主義論」，天真地認為兩岸將走向和平雙贏的坦途，而無安全危機的顧慮。另方面，兩岸在全球化的產業分工架構下，已形塑成「兩岸共構全球商品供應鏈」，涉及全球主要國家的重要利益，也促使國際社會將竭盡努力維繫臺海安全。

　　此外，以「建構論」角度來看，我民眾過去對中共對我政府與人民的敵意一直居高不下[25]，因此就「認知」中共對臺的「角色」

---

[25] 根據陸委會例行性民調，有關「民眾認知大陸政府對我敵意態度」，從 1998 到 2005 年，其中認為對我政府有敵意，維持在六、七成上下擺盪，對我民眾有敵意約在四成多，顯示對大陸敵意頗高。但 2005 年因國親兩黨主席接連訪問中國，引發大陸熱，2005 年 5 月所進行民調顯示，對我政府有敵意降

定位方面，現階段兩岸的「文化結構」很難放在「康德式」的相互結盟或是共同體模式的思維中，作為解決中共對臺的安全威脅。因此要從「霍布斯」思維，發展到「洛克」式，進而「康德式」的和平雙贏，兩岸需要共同努力還很多，而不能一相情願。兩岸關係從過去敵對狀態，是處於標準的霍布斯文化結構，到今日兩岸經貿密切往來但政治卻持續對立的情形，因此在經貿社會往來方面可詮釋為已進入洛克式文化階段，甚至朝康德式文化願景發展，但至今在軍事、外交、主權議題領域內依然是霍布斯式文化結構。

臺灣官方與學界到美國的官方與學界，出現很多類似「經濟互賴和平」的論點（童振源，2003：52-55），咸認兩岸的經貿交流不僅是穩定兩岸關係的力量，同時也是改善兩岸政治關係的基礎。用「自由制度主義」與「建構論」的觀點深入分析，可瞭解全球經濟整合趨勢有助國際和平，但對兩岸關係互動而言，不但缺乏可信賴的制度，加上雙方敵意與價值差異仍大，兩岸之間仍沒有理由可以過度樂觀。

至四成五，民眾部分則降至三成七，創下新低紀錄，惟在中共干擾我加入WHO，對我敵意又有上生趨勢。詳見陸委會，2005:121-124。

第六節　理論建構

一、名詞界定

(一) 兩岸「非正常化」、「非制度化」的整合關係

　　自 1993 年辜汪會談兩岸達成四項事務性協商後，後因協商中斷，海陸兩會就沒再進行制度性磋商，而且之前雙方協議也沒有被大陸方面所完全遵守。2000 年以後，雖然雙方政府授權人員在臺港航約、臺澳航約協商曾有接觸，也在 2003 年、2005 年春節包機以及後續擴大客貨運包機與陸客來台等議題透過澳門協商模式有過接觸外，雙方官方幾乎沒有長期性的制度性協議存在。下表是臺灣陸委會認為必須官方協商的項目與議題。

表 1-1：兩岸須經協商項目一覽表

投資與貿易	司法議題	三通與觀光	其他議題
貨幣清算	司法互助	人貨包機	偷渡犯遣返
投資保障	商務仲裁	海運直航	共同打擊犯罪
金融監理	漁事糾紛仲裁	空運直航	海漂垃圾
避免雙重課稅	人身保護	來臺觀光	漁工協議
貨品進出口			軍事信心建立機制
智慧財產權			和平穩定互動架構

資料來源：引用陸委會主委吳釗燮對外演講之說明資料。（陸委會，2006：135）

(二) 兩岸經濟合作機制

　　自從兩岸先後加入 WTO 以來，有關建立「兩岸經濟合作機制」的概念一直被中共當局所提到，其意義正逐漸被衍生化、具體化。它基本的概念是將建立兩岸經濟合作框架的目標加以明確化、規範化與機制化。而兩岸加入 WTO 後，在經貿領域必須適用 WTO 基本規範，因此兩岸要加強經貿合作，加上區域經濟合作的國際趨勢，勢必要突破以往「民間、單向、間接」的模式，朝「官方、雙向、直接」的目標，進行合作。

　　「兩岸經濟合作機制」係由 2002 年 1 月 28 日，在紀念「江八點」七週年大會上，由中共前國務院副總理錢其琛首次提出（盛九元，2005：147）。到了 2005 年 4 月 29 日國民黨主席連戰訪問中國，與中共總書記胡錦濤簽署連胡會會談新聞公報，在國共兩黨的四個共同促進中，有關要促進兩岸經濟全面交流，就是要建立兩岸經濟合作機制促進兩岸展開全面的經濟合作[26]。5 月 12 日親民黨主席宋楚瑜訪問中國與胡錦濤達成「六項共識」，其中第四項有關兩岸經貿也是標舉著「加強兩岸經貿交流，促進建立兩岸經貿合作機制」[27]。同年 9 月 15 日，親民黨與中共合辦「第一屆兩岸民間精英論壇」，中共代表政協主席賈慶林在致詞時，曾四度重申「著眼長遠，建構

---

[26] 2005 年 4 月 29 日連胡會新聞公報，其中「……進而建立穩定經濟合作機制，並促進恢復兩岸協商後優先討論兩岸共同市場」見新華社北京 4 月 29 日電全文。http://csin.mac.gov.tw/machtml/news/important/20050502-1.txt。

[27] 見 2005 年 5 月 12 日宋胡會會談公報，其中「兩岸恢復協商後，就建立兩岸貿易便利和自由化（兩岸自由貿易區）等長期穩定的相關機制問題進行磋商」。新華社北京 5 月 12 日電全文。http://csin.mac.gov.tw/machtml/news/important/t051302.txt。

兩岸經濟合作機制」的重要性。10 月 11 日中共第 16 屆第 5 中全會，通過「中央關於制定國民經濟和社會發展第十一個五年規劃的建議」報告，其中涉及兩岸關係擴大兩岸民間交流與往來部分的政策方向為：「擴大兩岸民間交流與往來，維護臺灣同胞的正當權益，推動全面、直接、雙向『三通』，促進建立穩定的兩岸經貿合作機制，促進兩岸關係發展，維護臺海和平穩定，支持海峽西岸和其他臺商投資相對集中地區的經濟發展，促進兩岸經濟技術交流與合作。」[28]

但是必須明確指出，中共同意要建構「兩岸經濟合作機制」並不是無條件的，上述「連胡會」、「宋胡會」的會談共識，或是五中全會的十一‧五建議報告，也都有以「九二共識」作為恢復兩岸商協的前提要件，亦即臺灣方面不接受「九二共識」，兩岸就不可能恢復協商，也就不可能建構兩岸經濟合作機制。2005 年 6 月 29 日國臺辦例行記者會，國臺辦經濟局何世忠表示：「我們願意兩岸在『九二共識』基礎上恢復協商談判後，同臺灣方面就建立長期、穩定的兩岸經濟合作機制進行磋商⋯⋯」[29]。

(三) 兩岸共構全球商品供應鏈

這是本文的重要分析變項，所謂「兩岸共構全球商品供應鏈」係指兩岸間，由臺灣企業、臺灣赴中國投資的臺商企業，以及相關中國企業與跨國企業等，形成全球生產製造業極為重要的生產環

---

[28] 2005 年 10 月 18 日中共第十六大五中全會通過〈中共中央關於制定國民經濟與社會發展第十一年規劃的建議〉中有關兩岸關係的內容。見 http://www.gov.tw/jrzg/2005-10/18/content-79267.htm。

[29] 2005 年 6 月 29 日國臺辦例行記者會全文。參見中國國臺辦網站 http://www.gwytb.gov.cn/xwfbh/xwfbh0.asp?xwfbh_m_id=52。

節，共構了產業分工鏈以及零件供應鏈，臺灣許多企業如電子資訊大廠，在「臺灣接單、中國生產、中國出口」的營運模式下，已具備有全球製造業的強大代工優勢，以 2004 年而言，單以臺灣產品在全球市佔率（不含海外生產）第一名，計有 13 項，世界排名第二計有 17 項，第三名有 7 項[30]。若加上大陸方面的生產能量，兩岸所共構的商品供應鏈具全球舉足輕重地位，難怪乎，中國臺商可說出豪語：「Dell 的桌上型電腦百分之九十都用了我的產品，我一停線，明天 Dell 在歐洲、美國市場馬上無法交貨」。（蘇元良，2005：119）

(四) 國際建制

有關國際建制（international institution），Keohane 提出國際建制其功能在於提供資訊、減少誤判、降低互動成本、增加承諾的可信度、提升決策的透明度、創造協調之焦點、提供爭端解決之場所，從在國家的互動過程中，增加可信度，減少彼此不確定性以促成合作互惠（Keohane,1988：382-383 ）。新自由制度主義者並認為國際建制可以在四個方面有重要的貢獻與角色扮演，第一、國際建制可以破除安全困境（security dilemma）疑慮，解決共同的問題；第二、

---

[30] 依照經建會統計，目前臺灣產品全球排名第一有，晶圓代工、Mask ROM、無線區域網路 WLAN、SOHO Router、CD-R 光碟片、CD-RW 光碟片、DVD R 光碟片、DVD RW 光碟片、玻璃纖維布、電解銅箔、ABS、高爾夫球頭。排名第二有 XDSL CPE、Cable Modem、IC 設計、大型 TFTLCD、小型 TFTLCD、Analog Modem、Pure PDA、網路卡、Hub、主機板、聚酯絲、PTA、TPE、PU 合成皮、手工具、螺絲螺帽，第三名有 Ethernet LAN Switch、DRAM、發光二極體、PDP、筆記型電腦、聚酯棉、耐隆纖維。見《臺灣經濟優勢摘要》，2005 年 11 月 25 日，經建會彙編，p37-38。

具有改善與增進福利的功能；第三、培養或發展共同價值與準則
（norms）；第四、協助與救助弱勢與受難者（江啟臣，2005：142）。

　　兩岸在國際建制互動，一方面中共處處打壓臺灣，企圖邊緣化
臺灣的國際地位，兩岸在國際舞臺持續採敵對的對抗狀態，這是現
狀。另方面國際建制對兩岸和平的確保作用與規範，仍有增強的空
間，而透過國際建制來觀察兩岸競逐與合作，將是觀察與預測兩岸
是否和平的重要分析變項。

(五) 民主和平 VS 民主價值共享

　　民主是臺灣與中國之間最大的分野，民主自由已成為普世主流
價值，臺灣建構「民主和平」為核心的兩岸關係，維護臺灣自由、
民主、人權與和平的現狀，以及捍衛兩千三百萬臺灣人民自由選擇
的權利。臺灣必須將民主價值，如包容與尊重，在實踐意義上，不
論在選舉、制衡、言論資訊自由、以及社會結社等重要觀念指標上，
向大陸進行觀念共享與溝通。只有中國理解或尊重臺灣民主化，兩
岸才能真正改善關係創造永久和平的條件。近幾年，「民主和平論」
（the Democratic Peace theory）學說正在西方學界與輿論界流行，其
所認為民主國家間不會打戰的原因有二，一是自由民主制度的約束
（institutional constraints），二是民主的規範與文化（democratic norms
and cultures）（Russet ,1993；鄭安光，1999：35；王逸洲，1995：32），
而「民主和平」論也深深影響美國政府的對外戰略，例如美國柯林
頓總統在 1994 年的國情諮文中表示，民主制度政體之間不會開戰，
解釋為何要在國外推進民主是他的外交政策支柱的理由；2005 年布
希總統也是繼續強調推廣民主自由是促進全球和平最好的期待，
2006 年的國情諮文同樣強調推動民主自由的外交主軸是刻不容緩的

事[31]。從建構主義的角度強調民主價值共享是和平的最佳保證，自二次大戰以來，在實踐上美國、日本與西歐等實施民主國家之間，從未打過仗，民主和平論已內化為美國對外的國家目標。

從兩岸關係的角度，兩岸關係有無「和平民主」的可能性？在中國於國際社會打壓矮化臺灣之際，臺灣民主也是獲取國際社會同情與支持臺灣的主要因素（Herschensohn,2006:161-170），長遠來看，臺灣民主是否會對中國民主化造成正面影響，進而增加兩岸和平的可能性，尚難判斷。但是不能忽略的是，中國民主化中所帶來不安動盪的過程，亦可能威脅兩岸穩定和平。

基本上，中國學者一致性地抨擊西方「民主和平」論調，論證強調這是西方中心觀點的偏見（朱立群、王妙琴，199635-39；蘇長和，1996：10-14），中國現階段將難以接受西方民主和平論的說法。

因此以「民主和平」論分析兩岸關係，將是否為「民主」政體作為兩岸和平與否的分析變項，恐難以解釋兩岸密切交流互動的現狀，因此的，本文並不採取「民主和平」論的簡單邏輯，以中國不是民主國家而得出臺海恐難以維持和平的論點，而是以中國政府對臺灣民主價值與實踐的理解與尊重的程度，亦即以「民主價值共享」作為分析變項，以解釋兩岸頻密互動現狀與未來發展。

---

[31] 詳見 1994 年柯林頓總統國情諮文，以及見 2005 布希連任就職演說、2006 年布希總統國情諮文。

二、研究設計

(一) 導出「非正常化的兩岸經濟整合關係」

　　二次大戰後為消弭戰爭衝突，國際間努力展開經濟整合以化解衝突來源，從經濟互賴而合作，進而獲致和平的邏輯發展，幾乎已成為全球政經主流思潮。然而，兩岸經濟整合模式是否符合全球經濟整合的和平發展的客觀形勢，本文運用「新自由制度主義」與「建構主義」論點來進行檢視，同時也對以歐盟整合經驗適用兩岸經濟整合模式太過樂觀提出省思。

　　本文提出兩岸經濟整合已呈現臺灣對中國大陸「不對稱依賴」風險，包括：

(1) 臺灣對中國貿易不對稱依賴

(2) 臺灣對中國投資不對稱依賴

(3) 臺灣對中國市場不對稱依賴

　　臺灣對中國的貿易、投資與對中國市場過度傾斜等三項不對稱依賴，此現象係由「非正常化的兩岸經濟整合關係」造成，兩岸「非正常化經濟整合模式」與正常國家因經濟整合而互賴和平觀點難以契合，亦將帶來中國對臺灣和平安全威脅的隱憂。

(二) 「非正常化」、「非制度化」的兩岸經貿整合之因素

1、 中國在國際與區域整合中刻意對臺灣邊緣化

　　進入二十一世紀所謂「經濟全球化」，其主要特徵為，在一個世界貿易組織（WTO）架構下，存在著三大區域經濟體組織，如歐盟（EU）、北美自由貿易區（NAFTA）、亞太經合會（APEC），以及大

小規模不一的自由貿易協定（FTA）或更緊密的經濟夥伴關係安排
（CEPA）（郭建中，2003：77-79）等等。

　　至於亞太地區，中國與臺灣分別於 2001 年底加入 WTO，而亞
洲各國致力推動自由貿易區（Asia Free Trade Area），最具規模的包
括：東協 ASEAN 加一（中國）、ASEAN 加三（中日韓）的呼籲與
協議幾乎已定局，顯示亞洲經濟整合逐漸加速中，中國與香港澳門
也簽訂更緊密經濟夥伴關係安排（CEPA），給予港澳貨品減稅與服
務業方面的優惠等。

　　對臺灣未來發展最有影響，將是亞洲自由貿易區的成形，2002
年東協自由貿易區（ASEAN Free Trade Agreement, AFTA）成立，2003
年越南加入，至 2007 年寮國、緬甸與柬埔寨等國陸續加入，東協計
畫在 2015 年成為一個關稅自由的貿易區整體，並在 2003 年東協十
國一致通過決定在 2020 年全面建成三個共同體，包括「東協經濟共
同體」即共同市場，實現勞力、勞務、商品與投資的自由流通，以
及「東協安全共同體」（ASEAN Security Community）與「東協社會
與文化共同體」（ASEAN Soci-Culture Community）（劉碧珍、陳添
枝、翁永和等，2005：390-392）。

　　以中共積極主導亞洲區域整合，又對臺灣與其他國家的區域整
合加以阻擾，企圖讓臺灣在全球化與區域化的浪潮中被邊緣化，而
不得不選擇與中國整合的路徑。

　　2、對臺經濟吸納之統戰

　　中共目前主要統戰手法，在未達成「一中」總體戰略前，係藉
由兩岸政府間沒有任何合作機制與制度建立前，採政經分離模式，
架構出分化臺灣官民，籠絡民間，個個擊破，孤立臺灣政府，以達

「以商逼政」、「以民逼官」的統戰目標。與過去不同是，中共對臺經濟統戰，以不再侷限兩岸之間，而能結合國際與經濟整合之趨勢，從國際經濟整合層次，阻擋臺灣國際化的努力，進而邊緣化臺灣，並藉由操縱香港模式的 CEPA 之整合，期望將臺灣經貿依中共特定模式進行整合。

(三) 兩岸經濟結構關係的現狀──「兩岸共構全球商品供應鏈」

兩岸「非正常化經濟整合模式」造成安全風險爭議，也使臺灣內部將處於「和平雙贏論」與「經濟安全論」的長期爭論，這不但對臺灣政府構成國家發展重大挑戰，也成為朝野爭論的主要議題。

臺灣朝野對中國經貿之主要現狀爭論，藍營質疑政府大陸政策不夠開放，導致「臺灣經濟地位將邊緣化？」綠營質疑政府中國政策過度鬆綁，造成「臺灣產業出現空洞化？」本文將以實際交流互動情形，論證藍綠所謂「邊緣化」與「空洞化」，均無法說明兩岸經濟分工合作的實際現狀，本文另將提出臺灣企業與中國臺商已完成「兩岸共構全球商品供應鏈」，此一極為重要的全球化經濟正常運行的商品供應鏈，將是保衛臺灣最重要的防衛機制。

(四) 兩岸三角和平整合理論之建構

兩岸三角和平理論架構以新自由制度主義理論研究途徑為主，作為「靜態結構分析架構」（如圖 1-4），分析變項包括以「兩岸共構全球商品供應鏈」（constructing a global commodity supply chain between Taiwan and China）與「國際建制」（international institution），作為分析兩岸和平整合三角分析架構的兩個主要面向。另一邊，以

建構主義途徑，運用「民主和平」（democratic peace）基本價值與概
念，論證兩岸和平與衝突的發展現狀與未來預測。

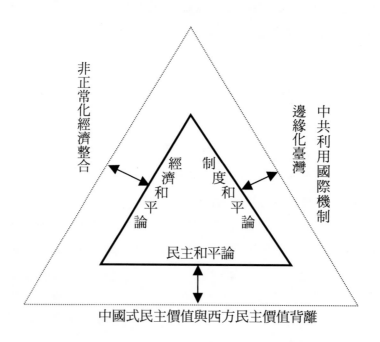

圖 1-4：兩岸三角和平論與現狀對照圖

說明：外圍虛線代表現狀，實線代表理論，雙箭頭代表現狀與理論之差距與對照

　　兩岸事實現狀雖與兩岸三角和平理論有明顯差距（如表 1-2），
但透過不同時期的對照比較，就能觀察出兩岸整合是趨向和平？還
是會製造緊張衝突？使得本文架構的兩岸三角和平理論得以發揮動
態發展的解釋力。

表 1-2：兩岸現狀組與和平理論組的對照

和平理論組／變項設定	兩岸現狀組
經濟和平論／經濟互賴——兩岸共構商品供應鏈	非正常化經濟整合關係：三項不對稱依賴，中共對臺灣的經濟吸納統戰
制度和平論／制度整合——國際建制與兩岸協商	中共利用國際機制邊緣化臺灣
民主和平論／民主價值共享	中國式民主化價值與西方價值背離 中國政治不是西方式民主制度

　　臺灣對中國三項不對稱的經濟依賴，若從經濟數據、中共經濟吸納的統戰，臺灣早已面臨嚴重的經濟安全問題，但另一方面從兩岸經濟的分工，進行結構性的全球化分析，又會得出這是兩岸共構全球商品供應鏈，供應鏈並由臺灣企業與中國臺商所主導。而兩岸共構全球商品供應鏈對和平的貢獻，具有關鍵性決定性作用，因為它是確保臺海和平的經濟力量，全球主要國家都有重要的經濟利益在這條產品供應鏈上。

　　因此臺灣對中國經濟依賴的關係，對臺灣主權利益與和平安全，交錯著威脅與機會的辯證關係，本文建構兩岸三角和平理論就是為釐清兩岸交流關係對和平與衝突的解釋與預測。

　　此外，「建構主義」強調觀念、文化、認同的重要性，認為國際體系的物質性結構只有在觀念性結構的框架中才能有意義。「建構主義」理論告訴我們，臺灣作為一個政治行動者，雖然面臨著「一超多強」的國際權力結構，但這種結構並非單純地制約或限制我們，結構與政治行動者之間的關係並非矛盾或對立的，而是合作共生、相互構成的，透過不斷的互動（觀念的傳達），兩者將轉化再生出新的關係。本文以「民主價值」作為兩岸間的互動認知與價值分享，

這種兩岸新關係開展因有臺灣民主價值與實踐經驗的參與,將是未來大陸民主化推動進程而離不開臺灣,更需要臺灣經驗甚至展開合作,而使臺灣對有利或不利的因素有了談判的空間,臺灣也因此能夠融入國際權力結構與國際建制的重新建構過程。

三、預期貢獻

綜合上述,本理論建構之預期成果有三:

(一) 能解釋兩岸經濟整合互賴現狀本質,從威脅面角度下,兩岸經貿在中共統戰思維操作下,臺灣與中國呈現非正常化的經濟整合關係,臺灣對中國至少出現三項不對稱經濟依賴,對臺灣經濟安全帶來實質威脅;但從機會面而言,兩岸經貿整合的模式已呈現「兩岸共構全球商品供應鏈」現狀發展,對臺灣安全具有潛在的巨大防衛效果,對兩岸和平將帶來積極貢獻。因此兩岸經濟整合現狀有安全威脅也有和平機會,如何避開威脅掌握機會的關鍵條件是什麼?本書嘗試提出架構加以分析。

(二) 兩岸制度整合有待突破,兩岸經貿密切整合,卻無透過兩岸政府間協商,以建立兩岸制度機制對交流成果加以制度化規範與保障,在歷史幾乎絕無僅有。兩岸間非正常化、非制度化的整合現狀,除反應出兩岸間政治的對立與對抗,並延燒到國際建制與國際組織如 WTO、WHO、APEC、CEPA、FTA 等以及東亞區域整合(ASEAN+N)的外交攻防,兩岸在兩岸協商與國際建制的攻防,正是兩岸非制度化整合現狀發展的結果,也是兩岸經濟進一步整合的制度性門檻。

(三) 兩岸經濟互賴與制度整合是屬於兩岸的物質整合結構[32]，兩岸
要真正永久和平，或進一步經濟深化整合，以及進行制度化整
合，都必須進行有效的價值與知識的認同與整合，尤其是對民
主和平價值認知共享。透過兩岸「經濟互賴」、「制度整合」、「民
主價值共享」等三變項，以及三者之間兩兩互動關聯關係，建
構「兩岸三角和平理論」，以作為臺海兩岸和平整合模式的一般
性理論。

---

[32] 秦亞青認為新自由制度主義雖然在某種程度是非物質的，但其作用取決於制
度能夠提供的物質回報，物質性回報和利益仍然是國家行為的主要動因，因
此新現實主義與新自由制度主義都接受物質主義，不承認觀念的實質性意
義。（秦亞青，2001：242）

第二章　整合理論對和平安全的爭論與適用

　　越來越多國際關係文獻與經驗證明，國際間愈加整合對和平將帶來助益。在國際關係理論的發展中，整合理論在現實主義主導時期，顯得非常邊陲而不受重視，一直到八〇年代新自由主義開始抬頭，尤其在新自由制度主義逐漸在與新現實主義分庭抗禮後，整合理論逐漸獲得重視，至九〇年代在建構主義影響下，整合理論更獲得豐沛的詮釋能量，在國際關係理論上更顯重要。

　　因此在新自由制度主義與建構主義的研究途徑，本章將對經濟整合、制度整合、民主整合等三大整合理論，對其發展實踐、引發爭論、以及對兩岸和平的影響與啟示，進行分析與歸納。對照現今美國學界對於和平研究，認為經濟相互依賴（economic interdependent）、國際組織（international organization）、民主（democracy）等三要素對於國際關係的和平具有貢獻，發展出「三角和平理論」（Triangulating Peace theory）（Russett & Oneal, 2001）。對本文建構實徵性的分析架構具高度啟發性，並藉以進一步轉化與建構兩岸和平整合模式，助益良多。

第一節　經濟整合論對和平安全的爭論與適用

一、傳統經濟整合論的爭論

(一) 經濟整合與和平的爭論

　　從 18 世紀開始透過經濟整合[1]，以降低國際衝突創造和平條件的說法便從不間斷，例如孟德斯鳩（Montesquieu）曾說「商業能治療破壞性的偏見……那裡有商業，那裡就有善良的風俗」（孟德斯鳩，1998：332），康德（Immanuel Kant）的商業和平論（康德，2002：203）[2]以及亞當史斯密（Adam Smith）和李嘉圖（David Ricardo）則強調比較利益與國際分工的存在，自由貿易不僅能夠增進一個國家的財富，而且能夠擴大國家間的互惠互利，有利促進合作締造全球和平發展等（宋新寧、陳岳，1999：22-27），這些古典自由主義思想家的論述構成當代貿易和平論的理論源頭。

　　但在現實的國際形勢，反而是許多列強為了經濟與貿易利益而整軍經武對外爭奪市場，或因貿易國間之糾紛而訴諸報復措施，終究引發衝突與戰爭，因此列寧會認為資本主義發展的最高形式就是

---

[1] 本文所謂經濟整合是指國與國逐漸去除貿易障礙去除貿易障礙以及生產要素移動的限制，使商品、服務與生產資源的市場逐漸合而為一的過程。一般而言，參與經濟整合的國家大都是區域上或地理上接鄰的國家，因此又成為區域經濟整合。參見劉碧珍等，2005：396。另 Machlup 認為經濟整合就是將不同的經濟體結合在一起成為大的經濟區域，請參見 Machlup, 1977：p3.

[2] 康德在其「論永久和平」認為商業精神無法與戰爭並存，經濟的力量可能是促進和平最可靠的力量。

帝國主義，並強調資本主義國家最終爆發戰爭也是無可避免的事
（Brooks, 2005:2；Lenin,1917）。

　　究竟經濟整合能否帶來真正的和平？若說貿易會帶來和平的說
法，在十九、二十世紀所發生的戰爭衝突來看，貿易動機往往無法
帶來和平，相反地常是衝突開端，至少在二次大戰前，貿易無法阻
止戰爭發生，在貿易頻繁的歐洲更成為兩次大戰的火藥庫。當人們
在痛定思痛找尋戰爭爆發的經濟因素時，發現經濟整合形式才是衝
突基本原因，因而全球多邊的自由貿易規範被提出與成立，被認為
是避免戰爭的經濟整合模式[3]。

　　因此，消除關稅障礙與鼓勵自由貿易的經濟整合，成為二次大
戰後防止國際衝突戰爭的重要途徑，以同盟國為主力，在美國的號
召與主導下，成立國際貿易組織（ITO）、世界銀行（World Bank）、
國際貨幣組織（IMF）等，取代過去易釀衝突的雙邊為主的貿易結
構，以多邊自由貿易的環境與規範加以取代，冀希達成世界和平的
願景[4]。

---

[3]　第二次世界大戰後，各國檢討戰爭發生之原因，除政治因素外，經濟因素亦
　　是主因，特別是 1930 年代世界經濟大蕭條，各國貿易保護主義與報復主義
　　盛行，終釀衝突。戰後各國均認為亟需建立一套國際經貿網，以解決彼此經
　　貿問題。參見經濟部國貿局 WTO 入口網 2006 年 11 月 8 日網址
　　http://cwto.trade.gov.tw/webPage.asp?CuItem=11543 有關 GATT 之沿革與 WTO
　　之成立之網頁。
[4]　國際貿易的雙邊主義缺乏公正第三者致使貿易糾紛頻傳，到 1930 年的經濟
　　大恐慌前後，各國為了保護國內產業，紛紛提高貿易壁壘，使國際貿易大幅
　　萎縮，釀成全球性的大衰退，各國在出口不振下，國內經濟難以改善，釀成
　　二次大戰的重要遠因。為避免重蹈二戰悲劇，各國維護全球政經秩序，首重
　　建立一個全球多邊主義的自由貿易體系，作為維護和平的基礎。（劉碧珍等，
　　2005：357-359）。

(二) 冷戰結構下區域經濟整合的區域成就

　　雖然全球多邊經濟整合努力與歐洲經濟整合帶來和平新願景，但在二戰後到八〇年代末，在美蘇強權對峙下的國際冷戰結構，東西兩大陣營的各自發展經濟整合集團，彼此較勁對抗，顯然兩極對立的內部整合並不能為世界和平帶來助益；在理論方面，經濟整合帶來和平的論述，也因兩極對抗而顯得不具說服力，而冷戰期間以權力為基礎的現實主義主導下，整合理論並非學界主流，直到 80 年代蘇聯東歐集團瓦解，整合理論重要性才又被重視，進入 90 年代隨著經濟全球化，整合理論成為國際關係理論的主流之一。

　　在實踐上，雖然美蘇冷戰東西對抗時期，讓經濟整合與和平關係的論述，無法發揮全球性的解釋效力。但不能否認在冷戰期間，在區域多邊的經濟整合仍有長足進步的成就，如歐洲經濟整合對和平的意義深遠。例如以歐洲六國攜手成立超國家組織的「歐洲煤鋼共同體」（the European Coal and Steel Community, ECSC），一項重要的理由就是讓德法永遠不再為了爭奪戰爭資源而兵戎相見，用煤鋼聯營共管的方式找到和平處理紛爭的最佳模式，轉化過去屬於戰爭資源成為未來和平資源[5]，並一舉化解了法、德兩大民族的宿怨仇恨，改變兩國人民相互猜忌的敏感心態。

　　從「歐洲煤鋼共同體」的確立，迄今演進發展到「歐洲聯盟」（Europe Union）的過程中，其中不斷加入新元素的經濟整合模式，

---

[5]　「歐洲煤鋼共同體」的構思並不是憑空構思，有其特殊的國際背景因素，主要是莫內（Jean Monnet）、舒曼（Robert Schuman）、愛得諾（Konrad Adenauer）等人煤鋼共營的理念就是要解決西德魯爾區與法國洛林區糾葛不清的宿怨難題，透過「歐洲煤鋼共同體」超國家政治體制，德法共同尋求和平合作的機制。（張維邦，2003）。

對全球各地的區域經濟整合帶來成功的示範，以經濟整合為核心的
國際合作新態樣，無疑成為當今確保國際合作與和平最重要的成就
之一。

(三) 西方整合理論的研究取向與重點

　　學界解釋全球區域整合上，紛紛提出各種整合理論，在發展上
大致可分兩種研究取向，一是國家中心取向（state-centered）、二是
社會中心取向（social-centered）（曾怡仁、張惠玲，2000：53）。國
家中心研究取向主要有：政府間主義（inter-governmentalism）、聯邦
主義（federalism）及超國家主義（supra-nationalism）；社會中心研
究取向主要有：功能主義（functionalism）、新功能主義（neo-
functionalism）和溝通理論（communication theory）等，這些整合理
論雖然觀點與假設不同，且沒有一個理論能對所有實徵整合案例（如
歐盟整合）具有完全的解釋能力，但歷經四十年的補充與修正，且
在全球化區域整合的國際新局勢下，整合理論對於區域整合的描
述、解釋與預測已逐步完備，日趨重要。茲將各主要整合理論，依
研究取向、代表人物、主要論點，及其評價與影響，請見如下（表
2-1）：

表 2-1：傳統區域整合理論發展

	理論	代表人物	主要論點	評價與影響
社會中心研究取向	功能主義（functionalism）	米特蘭尼（David Mitrany）	1、強調合作的擴張性，某一領域合作發展會導致另一部門的合作。如米特蘭尼的分歧論（doctrine of ramification） 2、各國部門合作的功能網將使民族國家能力降低，主張將權力讓渡給國際機制。	1、歐洲整合從較無爭議的經貿合作出發，再進一步在外交政策達成共識，不斷擴張的結果將導致歐洲聯邦的出現。 2、歐洲整合到了六〇年代遇到停滯，推翻功能主義的樂觀期待。
	交流理論（communicationism）	杜意契（Karl Deutsch）	1、各國人民與社會團體交流互動的數據與交流量，來測試整合的程度。 2、交流理論重視實質關係的全面交流，包括經貿、政府官員等，藉由交流增加，有利於政治上的整合。	1、受交流理論影響，歐盟國家自1974年開始定期舉行社會暨民意調查，作為歐盟整合、效益的參考。 2、交流理論強調藉由交流增加會造成人民認知與價值的改變，卻未說明人民認知改變的原因與條件。
	新功能主義（neo-functionalism）	哈斯（Ernst B. Hass）	1、延續功能主義的立論，使其理論更具可行性，將政治問題與經濟	1、新功能主義在「單一歐洲法案」通過後，獲得重視，但忽略

			福利問題分開，前者稱高階政治（high politics）後者稱為福利政治（politics of welfare）或低階政治（low politics）。高階政治不容易整合，但福利政治中人民間有較大共同利益，比較容易整合。 2、整合過程中政府領導人與利益團體精英扮演積極角色，使各個利益團體都能得到不同的利益滿足，才是整合擴張的基礎，外溢並非自動發生，而是精英份子的努力。	了政府間協商才是「外溢」效果得以對整合產生正面效果的因素。 2、新功能主義太強調利益團體會促成整合的進展，但今日看來利益團體正是造成整合過程中受阻礙的原因。 3、新功能主義未能解釋超國家機制功能停滯現象，也未能對主權國家扮演重要角色提出說明。
國家中心研究取向	政府間主義（inter-governmentalism）	莫拉維奇（Andrew Moravcsik）	1、強調主權中心性，維護主權保有自主性，不可能建立限制國家權力行使的國際機制。 2、政府間主義認為制度可以幫助國家解決行動的問	1、國家在整合過程中是有自主性的，因此若整合政策威脅到主權時，成員國就會採取消極態度造成整合過程的停滯狀況。 2、政府間主義仍無

		題，歐盟就是藉由一連串政府間協議而發展，重要整合協議（羅馬條約、單一歐洲法、馬斯垂克條約）都是由政府間自主性偏好努力達成。	法明確說明為何國家間會形成整合的政策偏好，而不是政府間的政策協調機制。
聯邦主義（federalism）	莫内（Jean Monnet）等人	1、認為功能主義想利用超國家性質的「外溢」效果，來解決經濟社會整合的困難，但卻忽略民族國家仍有堅持主權與傳統的需求，因此聯邦主義的目標在於以憲政架構為基礎，建立超國家組織，一方面將功能性合作加以制度化，另方面容許成員的差異性。 2、聯邦主義認為歐盟要成功必須力於兩大基礎，一是簽訂歐洲憲法條約，二是超國家組織需能獨立行使。	1、從歐盟組織發展確實從政府間架構往聯邦主義的方向發展，尤其1987年單一歐洲法擴大了條件多數決在理事會決策程序中適用範圍。 2、過於強調超國家組織的建制而忽略社會利益團體的分析與貢獻，此外，經過40年努力，1992年「馬斯垂克條約」生效亦無法出現「聯盟」字眼。

| 超國家主義
（supranatinalism） | | 1、超國家主義與聯邦主義都是追求高於國家之上的架構來解決所共同面臨的問題，但超國家主義不像聯邦主義追求明確憲政制度的安排，而是國家間共識建立，就可以決定渡讓給超國家機制的權責範圍。
2、藉由歐盟運作的議題連結（issue linkage）或包裹協商（package deals）的特別決策方式，使國家叫易形成合作與妥協。雖然國家是決策者，但超國家主義否定國家具有決定性的角色。 | 1、將整合過程簡化為整合決策，而忽略對執行的研究，因為常有決策無法落實或部分難落實的情形。
2、未能充分說明國家為什麼願意參與整合協商。 |

資料來源：作者整理自(吳新興，1995：22-40；曾怡仁、張惠玲，2000：53-70)；
　　　　　（Hass,1958:283-298；Moravcsik,1998:18-55）。

二、全球化下經濟整合論的發展與實踐

(一) 全球化下整合理論的發展

　　至九〇年代出現的辯證功能主義、歷史制度主義與政治經濟主義等新整合理論，強調多層次與動態的研究過程，提出更深入與更具啟發的觀點。各主要整合理論的基本論點整理如表 2-2：

表 2-2：全球化下新整合主義取向

	理論	代表人物	主要論點	評價與影響
全球化下新整合主義取向	辯證功能主義（dialectical functionalism）	寇爾貝（Dorette Corbey）	1、傳統整合理論無法解釋歐洲在整合過程中進展與停滯的階段，因為這些理論都將焦點放在單一成員國、歐盟超國家機制或國內利益團體在整合過程的角色，而忽略整合過程是這三者相互作用的結果。 2、成員國在整合政策制訂後，往往會設法介入，以求援助受害產業與社會補償，就會形成整合停滯，而利益團體多少會形成政策的競爭，但競爭過於激烈，國家又會尋	1、新功能主義認為歐盟機制和利益團體間會形成聯盟對抗國家，但辯證功能主義卻認為成員國與歐盟之間會形成聯盟來共同對抗利益團體的壓力，因而對新功能主義的「外溢」加以修正，認為從「停滯」到「進展」才是整合規律的現象。 2、辯證功能主義認為整合不是零和遊戲，歐盟並不企圖影響主權國家存在的正當性，歐盟也不只是為了國家目的而服務的工具，

		求歐盟制訂新的整合政策，於是新的整合又開始。	而是一種特殊的統治機制，除有制訂政策的自主性外，也有影響會員國的方式，以及會員國之國內利益結構。
歷史制度主義（historical institutionalism）	皮爾森（Paul Pierson）	1、歷史制度主義途徑之所以為「歷史的」，是因為任何政治經濟的發展都必須經歷長時間累積，「制度的」則是指這些過程當下意涵是鑲嵌於制度當中，包括正式規則、規範或政治結構。 2、歷史制度主義批判政府間主義觀點，認為制度功能不能僅從當初設計者意圖來理解，還必須從制度演變的非預期因素來思考，如歐洲各國對所創出來的歐盟機制演進越來越無法掌控，這是政府間主義所無法解釋的。	1、對政府間主義主張超國家機制乃是成員國為了促進本身利益的一種工具，且能支配運作，然而在實際運作下，超國家的自主性、成員國專注短期的利害關係、以及其他不可預期的結果，使得成員國控制歐盟機制的能力逐漸受限。 2、歷史制度主義也有缺點，如不易區分「預期結果」與「非預期結果」，以及該理論強調個案分析，但被選定個案是否具代表性很成問題。
政治經濟分析途徑（political economic approach）	烏格（Mehmet Ugur）	1、強調國家與社會間的互動關係，整合不是如社會中心論所主張是一條平順	1、歐洲整合政策是反應出越來越多元的社會力量歐洲國家轉變合法性策略之

| | | | 的直線發展過程，也非國家中心取向認為是主權國家間臨時聯盟的偶然產物，整合對國家是一種選擇，只要國家體認到透過與其他國家的政策聚合手段就可以制止國內社會離心的傾向，維持選民對政權的忠誠支持，就會發生整合。 | 間的關係，如此才能瞭解為何一個自主國家會參與國際系統的政策聚合，也可以解釋這些政策聚合需要以不同形式來進行。 |

資料來源：作者整理自（曾怡仁、張惠玲，2000：53-70）；（Moravcsik,1998:18-55）

(二) 全球化經濟整合的實踐

全球化與區域化的經濟整合的發動力主要可分為兩種，一是政府間的經濟整合，二是跨國企業間的經濟整合，茲說明如下：

1、政府間的經濟整合

各國政府間以公權力作為所達成的國際協議與合作行為，無論是多邊或雙邊協議或是全球性或區域性的經濟制度化合作皆屬之。在九〇年代後，政府間的經濟整合呈現加速度推動的現象，帶動整合區域內貿易擴大及投資機會的增加，自 1993 年至 2005 年，世界貿易總額從 7 兆 6570 億美元，大幅擴張至 21 兆 1460 億美元，平均年成長率為 8.1%（陸委會，2006b:1）。主因是全球與區域的經濟整合，大幅撤銷貿易壁壘所致，全球性整合如 WTO 貿易規範的整合，區域整合如歐盟 EU、北美自由貿易區 NAFTA、東協 ASEAN 加一、

加三、加六等區域貿易整合，加上各國政府間簽署各式各樣的雙邊FTA 與 CEPA，使得貿易總額因全球與區域整合而大幅增加[6]。

　　基本上，全球經貿架構若依簽約會員國數目分類，可分為全球多邊架構、區域多邊架構、雙邊架構；若依經貿整合程度分類，可分為世界貿易組織 WTO、自由貿易區 FTA、關稅同盟、共同市場、經濟同盟等（尹啟銘，2004：31）。全球經貿多邊架構主要以規範全球經貿秩序的世界貿易組織（WTO）為代表，至 2006 年 11 月之前，WTO 成員國共有 149 國，已佔世界貿易總量的 97%，另有 30 個會員體正申請加入中[7]。除了全球性多邊架構推動推動經貿自由化的GATT 與 WTO 之外，許多國家基於發展策略考量也同時推動包括，大型區域經貿整合以及雙邊自由貿易協定（FTA）等。根據 WTO 祕書處統計，全球所簽署區域經濟整合（Regional trade agreements, RTAs）協作經 WTO/GATT 祕書處認可的件數，從 1995 年的 130 件，到 2002 年 250 件，到 2005 年的 300 件[8]。這些區域整合協定遍及五大洲，其中以歐洲、美洲最積極，亞洲亦急起直追。

　　在大型經貿區域整合部分，依地區劃分（如下表 2-3），其中以歐洲由 27 國加盟的歐盟（EU），美洲由加拿大、美國、墨西哥三國組成的北美自由貿易區（NAFTA）、以及亞洲的「東協加一」（ASEAN+1）、「東協加三」（ASEAN＋3），號稱全球三大經濟整合區塊。

---

[6]　參見 WTO 網站之 International Trade Statistics 2006 Overview，p3-8。

[7]　2006 年 11 月 6 日世界貿易組織網站，http://www.wto.org/english/thewto_e/whatis_e/inbrief_e/inbr02_e.htm。

[8]　2006 年 11 月 7 日世界貿易組織網站，http://www.wto.org/english/tratop_e/region_e/region_e.htm。

表 2-3：全球三大區域經濟整合區塊比較表

	歐洲	美洲	亞洲
整合 現狀	1、歐盟（EU）：2004年共有歐洲 25 國加入，預計 2007 年再加入羅馬尼亞、保加利亞，未來土耳其亦可能加入。 2、歐洲自由貿易協會（EFTA）：由冰島等四國組成，並曾於 1994 年與歐盟組成歐洲經濟區（EEA）。 3、中歐貿易自由貿易區。	1、北美自由貿易區（NAFTA）：1994 年由美加墨三國組成。 2、中美洲共同市場（CACM）。 3、南方共同市場（MERCOSUR）。 4、加勒比海共同市場（CARICOM）。 5、安地諾共同體（Andean Community）。	1、東協加一、加三：2002 年東協 10 國組成「東協自由貿易區」，預計 2010 年成立中國與東協的自由貿易區。2015 年成立中日韓與東協的自由貿易區。東協更一致通過要於 2020 年成立東協共同體。 2、亞太自由貿易協定（FTAAP）：由美國於 2006 年在 APEC 發起，即由環太平洋 21 個 APEC 會員體共同簽署自由貿易協定，但因中國等國有疑慮，而列為長期目標★。
整合 特色	整合程度最高，並持續東擴。	整合程度次於歐盟，但經濟整合區塊持續進行合縱連橫。	整合程度尚屬初步階段，與歐美比較整合較鬆散，但潛力極大。
三大 區域 整合 統計 值	歐盟：27 國（EU） 人口：4 億 5 千萬人 GDP：13 兆 4 千億美金 貿易額：7 兆 5 千億美金	北美自由貿易區：3 國（NAFTA） 人口：4 億 1 千萬人 GDP：14 兆 3 千億美金 貿易額：3 兆 3 千億元	東協：10 國（ASEAN） 人口：5 億 9 千萬人 GDP：6 兆 8 百億美金 貿易額：1 兆零 5 百億美元

資料來源：人口數參見《維基百科》2004 年之歐盟、北美自由貿易區、東協之人口統計；GDP 參見 2005 年 IMF 之統計資料；貿易額則採 2004 年世界貿易組織 WTO 之統計。

註：★見（《自由時報》，2006.11.13：A4 版；《工商時報》，2006.11.13：A2 版）

　　從以上區域經濟整合組織無論在數目上，以及區域內的貿易、投資活動或會員國數目上，都有逐漸增加的趨勢，其對維護與促進國際和平穩定必帶來影響力。除了數量上，區域經濟整合逐漸上昇的影響力，在整合程度上，可依序劃分為優惠性貿易協定、自由貿易區、關稅同盟、共同市場以及經濟同盟（如下表 2-4）。而從區域經濟整合實踐經驗與區域和平的關聯性，正向關聯十分明顯，亦即經濟體整合程度越高，和平穩定的程度也隨著愈高與越有保障，亦即下表整合線（I）越高，和平線的 P 值越大。

表 2-4：區域經濟整合的型態與整合項目表

整合項目／整合型態	降低區域內產品關稅	消除區域內貿易之關稅與數量限額等貿易障礙	採取共同對外關稅與貿易政策	允許生產要素在區域內自由移動	制訂共同的貿易、貨幣、財政與社會福利政策
經濟同盟	V	V	V	V	V
共同市場	V	V	V	V	
關稅同盟	V	V	V	整合線（I）	
自由貿易區	V	V			
優惠性貿易協定	V				

和平線（P）

資料來源：引自（劉碧珍、陳添枝、翁永和等，2005：378）。
說明：兩國或兩區域隨著整合層次不斷提升，如圖整合線（I），將能提升這些整合國家與區域的和平穩定度，如和平線（P）。

2、企業間的經濟整合

更重要的是，經濟整合不只是政府間的政策選擇而已，跨國企業（multinational corporations, MNCs）在 1970 年代日趨重要，進入全球化後，經濟整合除了政府間的經濟合作外，跨國企業全球分工（geographic dispersion of MNC production）的經營型態更是重要，採取外包（out-sourcing；internatioal subcontracting）與企業策略聯盟（inter-firm alliance）等新的經營治理型態，此一更加細密與有效率的全球生產型態，構築出全球的產業鏈與供應鏈，對全球和平安全帶來深遠的影響（Brooks, 2005:17-46）。

產業間合作與企業聯盟與外包跨國生產，改變全球生產的面貌，1970 年代以前，經濟互動的主要特質與方式是貿易（trade），1990 年代以後，貿易已經成為第二層次經濟現象（second-order phenomenon），如今全球經濟整合現象，是全球跨國產業的組織生產的整合力量，展現在透過國際外包分工（international subcontracting）與國際企業間的策略聯盟（international interfirm alliances）（Brooks, 2005:3-5）。九〇年代全球化下的經濟整合方式，無論是透全球性或區域性，是政府間的努力，或跨國企業的合作模式，均對全球和平安全帶來正面效益，也更符合「商業帶來和平」的古典啟示。

三、經濟整合論對兩岸和平安全的適用

(一) 西方經濟整合論適用兩岸經濟整合的爭論

從經濟整合的角度談兩岸關係，在臺灣內部引發極大的爭論，並有兩種主要的說法，第一種說法是合乎全球化潮流的說法，亦即

經濟整合有助於兩岸和平的主流說法：在兩岸在經濟高度互賴下，啟動衝突與戰爭將帶來極高的代價，因此透過經貿的密切合作可以確保和平，主張積極推動與中國經濟整合，要求臺灣政府開放對大陸經貿投資。如國親立委提案修法要求放寬對大陸投資投資上限，開放金融服務業赴大陸、以變通模糊方式與中國達成貨幣清算、三通直航等議題[9]。

這些經濟整合的論調，自從 1980 年末開始，就以各種的中華經濟圈與協作區的概念紛紛出籠，蔚為潮流，如今部份兩岸政黨領導人亦達成共識將致力於推動兩岸共同市場與自由貿易區[10]。

另一對立的說法，在中國對臺灣持續軍事恫嚇、外交打壓以及不放棄對臺使用武力的威脅下，擔心與中國經濟越整合，越會陷入其對臺經濟統戰，越會對臺灣經濟產生磁吸作用，造成臺灣產業空洞化、失業率攀升、所得差距拉大，企業家親中等政治傾向，反而最後造成國家安全的危機，因此主張在中國不放棄對臺併吞野心前，對中國經濟交流要「積極管理」，避免對中國經濟過度依賴。（李登輝，2006：14-25）

上述兩種論述，不但是臺灣內部政黨的兩岸政策的分野，也是臺灣社會主要分歧所在。隨著全球化與區域化經濟整合的浪潮下，兩岸透過經濟整合來促進雙方的和解、增加彼此的合作、以及創造

---

[9] 2005 年起國民黨、親民黨聯手提案修正兩岸關係條例，包括修正第 28、29、30 條要求直航、修正第 35 條要求放寬企業投資大陸上限與限制，修正 36 條以間接開放金融業登陸，修正第 9 條擴大開放公務人員赴大陸觀光等等。

[10] 2005 年國民黨與共產黨的兩黨新聞公報，在九二共識下倡言推動兩岸共同市場，同年親民黨與共產黨宋胡會會談公報倡言在九二共識下兩岸簽署自由貿易區。

兩岸永久和平，已成為現階段臺灣政府大陸政策的主軸[11]；惟北京當局堅持「一中原則」的政治前提不願與臺灣政府進行官方對官方的協商，繼續對台灣進行外交封鎖，甚至阻撓我加入東亞的區域組織，反對美國、日本與臺灣簽訂 FTA，除了政治外交封殺外，就連經濟領域亦有邊緣化臺灣之企圖，逼迫臺灣向「一中原則」屈服，使兩岸持續僵局並處於非正常化的關係。

(二) 全球經濟整合趨勢對兩岸和平的啓示

在全球化的經濟整合趨勢下，主張與中國經濟整合主張較能順應時代的潮流，包括各國政府致力於降低經貿障礙並促進經濟整合發展的趨勢，而展開超國家組織的建立或加強政府間的合作。但由於兩岸因政治歧見與中國刻意打壓臺灣，雙方透過政府機制在全球化、區域化以及兩岸雙邊的三個不同層次的經濟整合，顯得極為緩慢而不易推動（詳見第三章）。不過兩岸於 2001 年 11 月同時成為世貿組織的會員，東亞各國區域化之經濟整合也不斷強化，從全球整體經濟整合趨勢，兩岸經貿的自由化與正常化勢將難以違逆，全球經貿規範已對兩岸經貿互動帶來重要的引導作用（詳見第四章、第五章），例如中共處處阻撓臺灣與其他國家簽訂 FTA，防堵臺灣加入東亞區域經濟整合，但以美國、日本、加拿大等國已轉向提出以亞太經合會（APEC）為基礎成立的亞太自由貿易區（FTAAP）為例，中國要想一再封殺臺灣加入，恐非各國所樂見（《中國時報》，2006.11. 16，A17 版）。

---

[11] 自陳水扁總統 2000 年五二〇就職演說提出兩岸交流秉持「善意和解、積極合作、永久和平」的原則，就成為民進黨大陸政策的主軸至今。（陸委會，2006：99；135）。

在兩岸雙邊的層次，2003 年開始兩岸政府透過委託的授權團體，利用所謂「澳門」模式進行春節包機協商，2005 年兩岸在客貨運包機直航、中國觀光客來臺等議題迭有進展，亦使雙方關係達到「非正常化的相對穩定關係」，這種關係雖然無法有效解決因雙方經貿緊密所衍生的問題[12]，也無法克服進一步經濟整合障礙[13]，但透過不間斷協商接觸亦能有效降低兩岸對立緊張的情勢，至少不會回到過去隨時有衝突爆發的敵對緊張狀態。

全球的經濟整合除了政府間政策達成共識外，在企業經營方面也出現全球化分工的新模式，這對全球和平安全帶來新影響（Brooks,2005）。自 1980 年代末開始，全球因各國關稅不斷降低，貿易障礙不斷減少，國際間產業分工也從過去產品或產業間的分工，逐漸轉為同一產品不同產銷過程的「垂直」國際分工[14]，此新全球產業分工形態與傳統貿易理論的貿易型態不同，如「產業內貿易」（intra-industry trade），加上跨國企業（MNCs）透過委外生產（offshore outsouring）與策略聯盟（strategic alliance）的經營方式，營造出企業界間最具效率的商品供應鏈與產業鏈等全球化經濟整合的趨勢。最佳範例其實就是在兩岸企業間的緊密合作，臺灣企業、大陸臺資企業與當地協力企業，已共構兩岸全球商品供應鏈，成為

---

[12] 因政治因素，兩岸之間缺乏官方有效關溝管道，舉凡目前衍生有關兩岸司法互助、臺商投資保障、貨幣清算、直航等問題缺乏官方機制作有有效解決。

[13] 兩岸金融相互投資，因中方拒絕與臺灣簽署諒解備忘錄（MOU），以致兩岸金融監理機制無法獲致解決，臺灣金融業登陸營業以及大陸金融業來臺受阻。

[14] 在 90 年代開始，全球生產分工方式發生變化，由過去產品之間的分工，逐漸演變為同一產品不同產銷過程的的國際垂直分工模式，亦即在臺灣接獲海外訂單後，將產生訂單轉至大陸子公司或其他廠商代工，而其所需的原物料與半成品則由臺灣或海外廠商供應。參見劉碧珍等，2005：16-17。

目前全球最重要的商品供應鏈之一。也因這條生產供應鏈，使得兩岸關係牽動全球經濟走勢，對臺海和平穩定帶來重要的影響力（詳見第四章）。

　　但是，兩岸之間並非是正常國家間的來往，只要中共不放棄對臺灣併吞野心，臺灣能否適用「經濟和平論」，亦即透過積極與中國經濟整合，在國家安全上是否就可高枕無憂，進而實現兩岸和平穩定呢？這是一個臺灣國家發展最大的困境與挑戰。如同在 Thomas Friedman 在其《凌志車與橄欖樹》（The Lexis and Olive tree）書中強調自存價值（橄欖樹）與全球競爭力（凌志車）的困境抉擇一樣（Friedman, 2000），臺灣則更加嚴肅面對國家安全與經濟發展的嚴重挑戰。但在企業面而言，兩岸產業緊密依存，中國高度仰賴臺灣技術轉移，以及兩岸共構全球商品供應鏈的經濟緊密合作現象來看，從總體而言，兩岸衝突發生可能性，在兩岸經濟整合的利益影響下，衝突發生可能性已被降至最低。

第二節　制度整合論對和平安全的爭論與適用

一、制度整合論的爭論

　　國際關係理論發展的脈絡，大致可分為四個時期[15]，1919～1948年為理想主義主導期、二次大戰後至 1979 年是現實主義主導期，

---

[15] 這是國際關係學界大致所接受國際關係理論「典範」主導的分期。亦即第一

1979～1992 年是自由主義復興時期，新自由制度主義成為理論化最高的自由主義流派，與新現實主義分庭抗禮，1992 年至今，強調觀念和認同的建構主義興起，並與現實主義、新自由制度主義、新現實主義形成三足鼎立（秦亞青，2004：56）。

順著國際關係理論的發展脈絡，制度整合論脫胎甚早，一次大戰後就有理想主義者所鼓吹並落實於國際聯盟，但經過二戰與冷戰影響，現實主義當道成為主流，制度整合論較為沒落，直到新自由制度主義興起，制度整合論又恢復熱度，在全球化與區域整合的潮流下，制度整合論已躍居主流，日顯重要。

以下茲說明制度整合論興衰起伏的背景，其與理想主義、自由主義與現實主義的時代交鋒可說是關係密切，並在新自由制度主義興起後奠下地位，吾人可瞭解制度整合論的爭論與其時代進步性。

(一) 以權力為核心的現實主義

首先，一次大戰後，各國希望建立一個和平社會，美國總統威爾遜提出 14 點和平計畫，反應其理想主義的思想，而威爾遜主義主要核心主張在於，建立一個可以維護世界和平的超國家組織與國際法，具體呈現在國際聯盟的誕生。然而自 1939 年的卡爾（E.H. Carl）的「二十年危機」（The Twenty Years' Crisis, 1919-1939），以現實主義觀點直指威爾遜主義是一種烏托邦主義，典型的實例就是國際聯

世界大戰至第二次大戰是理想主義主導時期、二戰至石油危機與不列敦森林體系崩潰的 1970 年代是現實主義主導的時期、1980 開始新自由主義與新現實主義展開長期論戰至今，在 80 年代中期以後新自由制度主義成為國際關係理論中具有典範地位的影響力，至 1990 年代建構主義開始興起，形成國際關係理論發展中四個主導分期，並確立現今新現實主義、新自由制度主義與建構主義三家鼎立的時代。

盟在制止侵略方面頻遭破壞，國聯的失敗也是理想主義的失敗，它忽略了現實世界實然的問題。卡爾指出國際關係最重要的要素就是權力。明顯的，卡爾的著作為現實主義奠下了重要的基礎[16]。

1948 年摩根索（Hans Morgenthau）的《國家間政治》（Politics Among Nations: The Struggle for Power and Peace）問世（Morganthau, 1985），有系統的表述現實主義的整體思想、基本原理與運用方式。摩根索也被譽為「戰後現實主義之父」，其最基本假設為：「國際關係的本質是權力，國家的一切行為動機歸於獲得權力、增加權力和保持權力，權力不僅是國家生存的手段，也是國際關係的目的和國家本身的目的。」傳統現實主義核心觀點認為，國際社會是無政府狀態，國家必須尋求自立自保，以權力界定國家利益是普遍有效的客觀主張，相較下道德並不能有效管轄世界（Morganthau, 1985: 3-18），國家行為是為爭奪權力等主張。

現實主義在摩根索與其他學者努力下，一些有影響的理論相繼出現，如強調權力結構決定世界體系的霸權穩定論、體系論與決策論等，一直到 1979 年華爾滋的「國際政治理論」被稱「新現實主義」[17]，達到最頂峰，此書至今是國際關係理論界最嚴謹、最簡約的著作，（新）現實主義主導國際關係學界近三十年之久。但 1970 年代，因

---

[16] 一次世界大戰後，人們希望建立一個和平社會，集中反映在威爾遜 14 點原則的理想主義思想上，該思想影響深遠，二戰後自由主義的後續發展有關民族自決、自由貿易、國際組織都是來自威爾遜所提出之觀念加以理論化，參見 Woodrow Wilson, 1999：23-26。然而卡爾對威爾遜主義進行批判，認為國際聯盟的失敗，二戰的爆發，就是威爾遜主義將國際秩序的維持設想的太過於樂觀理想，並指出現實主義就是一種與理想主義對立的理念，其所重視就是權利，卡爾的著作開啟了現實主義的先河。參見 Carr, 1964。

[17] 有關華爾滋著作，請參見 Waltz, Kenneth, 1979。

美蘇兩國國力衰退與石油危機事件，使得二元國際體系鬆動，現實
主義的理論面臨挑戰。

(二) 以制度為核心的新自由制度主義

　　1977 年基歐漢與奈依出版《權力與相互依賴》一書，以「複合
相互依賴」（complex inter-dependence）特徵為前提的新自由制度主
義[18]，不但開啟了國際關係理論的新里程碑，但在美國外交政策發
揮深遠的影響至今。這本書提出三個「複合相互依賴」與現實主義
針鋒相對的基本假定（羅伯特‧基歐漢、約瑟夫‧奈伊，1991:25-33），
第一，否定現實主義以國家為國際關係惟一行為體的命題，國家並
不是單一的理性行為體，其他超國家與次國家行為體也在國際關係
發揮著重大影響。第二，軍事安全並非總是國家首要問題，其他國
內與對外問題也會具有極大的政治意義。第三，是否軍事手段才是
權力？軍事手段不是惟一的權力，在同盟國的經濟爭議，軍事力量
可能毫無作用。例如軍事強大的美國和軍事較弱的加拿大為鄰，是
否美國可以因漁業糾紛而派兵進攻加拿大[19]？（羅伯特‧基歐漢、
約瑟夫‧奈，1991:222-227）；因當今國際關係已充分顯現，軍事強
權不見得是政治強權、經濟強權或科技強權[20]，即使軍事強權也不

---

[18] 新自由制度主義代表性著作主要有，Keohane,1984；Krasner ed.,1983，以及
　　許多研究歐洲整合的學者，如 Joseph S. Nye，Stanley H.Hoffmann 等，都算
　　新自由制度主義或新制度主義者，並且成為國際關係理論重要的研究取向。
[19] Keohane 曾歸納 60 年代美國、加拿大兩國縱然衝突很頻繁，但在兩國複合
　　相互依賴條件下，兩國的政治交易與解決衝突都不是現實主義所能說明的。
[20] 國際關係並非單一結構，任何權力資源轉型都是有限制的，因為每一個領域
　　都各自有其權力結構，不同領域間的權力轉移是有限制的，因此新自由制度
　　主義反對現實主義主張權力可以無限轉移的觀點。參見鄭端耀，1997：4。

見得在安全問題取得勝利，例如美國越戰的失敗以及俄國入侵阿富
汗的失利等。基歐漢認為，維持秩序既靠權力，也靠制度，一個國
家或社區成員服從制度保障秩序時，在沒有強權時仍可以維持秩
序，不因霸權消失，制度就因此瓦解。

　　1984 年基歐漢影響力最大的著作《霸權之後》（After Hegemony:
Cooperation and Discord in the World Political Economy）問世後，對
傳統現實主義的「霸權穩定論」流行觀點帶來挑戰與修正，發展出
國際機制（international institution）對確保世界政治經濟中合作與和
平才能發揮積極作用，而非霸權國家。然而基歐漢卻必須解釋國際
建制主要是霸權國家建立起來，一旦霸權國家衰落瓦解，原先由霸
權國家成立的國際機制，是否還能維持國際秩序？霸權穩定論的現
實主義者對這問題持肯定看法，但基歐漢在《霸權之後》認為，霸
權國家衰落和國際機制崩潰之間，存有一個「時滯」（Keohane, 1984 :
101），亦即霸權國家沒落不代表原由霸權國家領導下所創造的國際
機制也會衰落，機制維持的慣性，對確保霸權之後的國際合作與和
平仍能發揮獨立的功能，機制的維持，關係著霸權之後的國際合作
與和平能否維持的關鍵因素。

　　基歐漢的國際制度理論深受新制度經濟學的影響，結合商業自
由主義的精神，因此，自認其理論是介於於商業自由主義（commercial
liberalism）與管制的自由主義（regulatory liberalism）之間，並是對
兩者的綜合與超越，自稱為「成熟的自由主義」（sophisticated
liberalism）（Keohane, 1990a, 165-194）。而「成熟的自由主義」並不
認為經濟上的相互依賴和自由貿易的擴大會自動導致國際和平，但
他接受商業自由主義的看法，亦即經濟的互賴會產生有利於和平的
激勵因素，所以經濟互賴只是和平的必要條件而非充分條件，能不

能產生和平最終取決於國際制度[21]的效用（Keohane, 1990a：183），基歐漢認為貿易擴展導致國際相互依賴對國際和平是重要的，但僅由此不能真正帶來和平，還應通過國際制度的力量，使相互依賴處與於制度化的模式中，亦即國際互賴必須要國際制度干預的力量（Keohane, 1990a：184），基歐漢這種和平觀點可視為制度和平論（institutional peace theory）。

從理論面發展而言，新自由制度主義與 1950 年代的功能主義與 1960 新功能主義、區域整合理論，以及 1970 年代相互依賴理論有所連貫，一脈相承，並深受當時布列敦森林體系（Bretton Woods system）的崩解，與石油輸出國家（the Organization for Petroleum Exporting Countries, OPEC）引發全球性石油危機，以及西歐各國加入歐洲共同體（European Community）等局勢有關，而加速對國際制度與建制的研究。

(三) 新自由制度主義對和平貢獻與批評

新自由制度主義提出「國際建制」[22]對國際間的和平安全維護具有穩定的作用，削弱國際間無政府狀態的不確定因素，增加對手國家欺騙的成本，並使各方承諾更具可信賴度，同時制度能讓各方

---

[21] 依照其嚴謹度與拘束力來分，Keohane 將國際制度可分為，1.正式的政府間組織或跨國非政府組織；2.國際建制——具有明示規則的正式制度，常出現在國際特定議題領域中，如海洋公約，其特色為藉由談判建立秩序；3.國際慣例——屬於非正式制度，藉由彼此的共識與諒解，形成共同期望，並對成員國之間的互動、溝通、協調與來往提供助益。

[22] 基歐漢接受克拉斯納（stephan D. Krasner）對國際建制定義，亦即「國際行為者在特定領域所共同期望的一系列原則、規範、規則及決策程序」，參見 Krasner ed. 1983：2。

有明確的焦點與方式，減少紛爭，提高對未來的預期，有利於各國
的合作與整合，促進各國以和平的方式解決紛爭。基本上在新自由
制度主義以國際制度對國際和平的確保與維護亦即「制度和平論」，
新自由制度主義的理論主張如下：（鄭端耀，1997：9-14）

　　1、解決國際社會無政府狀態（anarchic），減少國際社會的不確
　　　　定性與猜疑。
　　2、國際合作與國際道德無關，只要國家本著理性與利益考量，
　　　　國際合作能使國家獲利。
　　3、解決國際間互動「囚犯困境」（prisoners' dilemma）模式，
　　　　以減少消息不足、溝通不易、監督困難、與制裁難行的情況
　　　　發生。
　　4、國際制度的建立主要是基於國際需求，從正面角度可以發揮
　　　　和平功能有：降低國際往來成本、提供法律架構依據、改善
　　　　消息的質與量、減輕監督與執行的困擾。
　　5、國際制度會改變國家處理國際關係方法與態度[23]，國家願意
　　　　透過制度的規則與決策程序來協商解決國際問題。
　　6、國際制度雖然是國家建立，但並不完全附屬在國家利益主
　　　　導下，它有自我的生命和自主性，以及自我的發展與影響
　　　　力[24]，能約束和改變國家行為的能力。

　　但現實主義的觀點，認為制度係由強權所制訂，也常由強權自
行推翻，早期的國際聯盟，現今的聯合國或是世界貿易組織，都無

---

[23] 基歐漢認為：「制度的改變肇因人類的行動，而制度所帶來期望與程序的改
　　變，卻能對國家行為產生深遠的影響」，參見 Keohane, 1989：10。
[24] 克拉斯納（Stephan D. Krasner）也認為國際體制有其自主的生命，超脫於其
　　原先設立時的基本形成因素。參見 Krasner ed., 1983：357。

法阻卻衝突與戰爭的發生，制度因強權轉變而改變，國際建制無法
改變國際間無政府狀態的本質，認為真正的和平是各方權力平衡
（balance of power）的結果（Mearsheimer, 1995: 13）。其對新自由制
度主義的批評如下（鄭端耀，1997：18-21）：

1、國際制度概念模糊定義不清，新自由制度主義常將國際「制
　　度」與「體制」混用，失去分析的精準性。

2、新自由制度主義錯誤解讀國家在國家社會並非只是追求利
　　益的個體，而忽略國家與國家間地位的問題，國家追求利益
　　不只是考量絕對獲利（absolute gains），還會考量因地位因
　　素的相對獲利（relative gains）。

3、新自由制度主義太過強調國家利益和制度的功能，卻明顯忽
　　略權力因素，在相對獲利的顧慮和維護國家地位的雙重因素
　　下，國際合作很難實現，即使有合作行為，亦難維持長久。

4、新自由制度主義高估制度的自主性和功能，忽略強權國家追
　　求權力的主導型態，現實主義認為國際制度對國家行為最多
　　僅具邊際效用（marginal effect）而已，國際制度基本上是作
　　為國際權力的外交工具，它反應國際權力分配狀態，並代表
　　國際強權的意志和利益延伸。

5、現實主義認為國際制度無法成為國際關係中的獨立變數
　　（independent variable），最多在國際強權容忍的情形下，扮
　　演中介變數（intervening variable）的角色而已（Mearsheimer,
　　1995: 13）。

　　雖然現實主義對新自由制度主義抨擊甚多，但 90 年代後在全球
化趨勢下，全球制度與區域組織蓬勃發展下，新自由制度主義對國
際組織功能性與制度性有較強的信心與期待，大致認為有三種角色

扮演與貢獻：1、國際組織可以破除「安全困境」（security dilemma）的疑慮，有效解決國際無政府狀態下缺乏權威導引致使各行為體間由於互不信任與彼此懷疑，最後導致直接對抗，甚至爆發軍事衝突。（蔡東杰，2003：69）；2、培養與發展共同價值與準則（norms），扮演規範與管理的角色，國際組織其實無形中提供一個觀念的自由市場（free market of ideas），供行為者選擇比較與理性討論，藉此發展共同規範與價值觀，進而加強合作意願（江啟臣，2005：142）；3、具有改善經濟、提高福利的功能、以及救助救難的功能，透過世界銀行（World Bank）、世界衛生組織（WHO）、國際特赦組織（AI）等國際機制，對國際共同的問題解決帶來希望與進步（Pease, 2003:64-67）。

　　二次大戰後到在五○至七○年代美蘇兩大陣營對峙冷戰結束前，制度和平論在國際現實主義的主流浪潮下，十分式微，直到八○年代開始，國際對抗緩和，自由主義制度論影響逐漸獲得重視，進入九○年代更成為國際關係的主流論述之一，在各國透過國際建制進行雙邊與多邊合作，帶來全球化與區域化趨勢。

二、全球化下制度整合論的發展與實踐

(一) 全球性、區域性官方整合組織大幅增加

　　隨著經濟全球化和相互依賴的加強，國際關係運行的制度化成為引人矚目的大趨勢，新自由制度主義已成為解釋當今國際關係變遷的重要理論。

在實踐上，有關全球性組織、區域性組織大量出現，從 80 年代開始各國透過國際組織進行溝通對話、分工合作大幅增加，且成果非凡。尤其在全球經濟整合方面上最有成就，其中以世界貿易組織 WTO 的成長與區域經濟整合擴大最為重要。在世貿方面經過長時間發展，從冷戰對立，到全球化時代，從關稅及貿易總協定（GATT）開始，到世界貿易組織正式成立，2006 年止全球共有 149 國家入會。

在區域貿易整合部分（regional trade agreement or arrangement, RTA）也從 90 年代開始有蓬勃發展的趨勢，向 WTO ／ GATT 登記的 RTA 由 1991 年的 42 個快速增加到 1994 年的 124 個，2002 的 168 個，2003 年超過 200 個，2005 年達到 300 個[25]，根據 WTO 統計參加 WTO 會員國平均至少都簽署一個或以上的 RTA[26]，超過一半的世界貿易量在 RTAs 的架構下進行，目前已有 197 個 RTA 通知（Notification）GATT ／ WTO[27]。

除數量的大幅增加外，區域經濟整合的深度、涵蓋領域以及結盟的對象都在加深與擴大，呈現出區域板塊高度經濟互賴的格局，此將會影響締約國之間或非締約國的財富分配、認同的形成與瓦解、貨品與勞務的流動、以及權力的重分配（Hveem, 1999: 90）。簽

---

[25] RTA 的快速增加主要因素有，全球經貿障礙減少、多邊貿易體系進展受阻，以及受到歐盟整合成功的刺激而引發其他區域的效法等，都會加速 RTA 協商的進度。例如美國因 WTO 杜哈回合的談判不順利，加上歐盟擴大整合的競爭，美國於 2006 年 11 月召開 APEC 會議時提出亞太自由貿易區（FTAAP）就是例子。

[26] 參見 11 月 15 日 WTO 網站 http://www.wto.org/English/tratop_e/region_/regfac _e.htm。

[27] 2006 年 7 月 10 日 WTO 新聞，〈有關規則談判小組通過區域貿易協定之新透明化機制之報導〉，參見國貿局 WTO 入口網 http://cwto.trade.gov.tw/KmDoit. asp?CAT2518&Node=1020。

訂 RTA 會增加成員國的經濟整合與互賴，尤其是新型態的 RTA 範圍包括廣泛的貿易投資等整合議題，將使整合效果更強。全球最主要的 RTA，是三大區域經濟整合區：包括歐洲聯盟（EU）、北美自由貿易區（NAFTA）與東亞經濟共同體。

(二) 全球化下非政府組織大量出現

新自由制度主義主張建立「國際機制與制度」來調和國家間利益與規範國家行為，降低國際間無政府狀態的負面影響，除了官方的國際組織外，非政府國際組織亦在國際合作制度化扮演重要角色，在 90 年代以後，全球性非政府組織如雨後春筍地增加，它們實際上經常扮演許多政府機關的角色，在協助政府解決國際議題發揮了重要角色（鍾京佑，2004：14），根據國際協會聯盟的《國際組織年鑑》（Year book of international organization），1999 年世界各式各樣的國際組織共有五萬個以上（50,373），其中約 13%（6415 個）為政府間國際組織，約 87%（43,958 個）屬於非政府組織（INGOs），其中並有一千多個獲得聯合國的諮商地位。在全球治理時代，許多全球化議題單一國家政府已無法單獨負責，全球治理的問題，這些各式各項的國際組織扮演著的重要角色，促進不同國家與人民的合作，甚至國際救助、人道援助以及維護和平，國際組織均扮演比國家更重要角色。

三、制度整合論對兩岸和平安全的適用

(一) 兩岸往來密切但缺乏制度化官方整合機制

雖然兩岸經濟社會往來密切，但兩岸間的制度整合幾乎付之闕如，兩岸官方沒有正常交往管道，中共基於政治考量拒絕恢復兩岸制度化協商，而雙方的白手套海基、海協兩會也於 1999 年以後中斷交流，兩岸目前僅能透過所謂二軌（tract two）、三軌（tract three）[28] 進行訊息傳遞與交流，若以制度整合的角度，兩岸訊息交易成本，比正常國家間明顯較高。

但官方除外，兩岸民間社會團體交流十分密切，宛如關係密切且良好的正常邦交國一樣。2003 年開始兩岸基於同時為彌補官方管道缺乏，但又涉及公權力事項，如春節包機、節日包機以及大陸觀光客來台議題，雙方以授權民間團體名義作為聯繫安排的窗口以及協商的平臺，但由負責主管業務的交通部民航局長負責參與協商。

雖然如此，兩岸經貿社會往來密切，臺灣有數萬家廠商赴大陸投資，長駐大陸臺商與幹部高達 50 萬至 100 萬人[29]，累積投資金額佔所有對外投資金額高居第一位，此外，臺灣赴中國大陸人數 2006 年有 441 萬人次前往大陸（陸委會《兩岸經濟統計月報》，2007：37），如此頻繁互動的兩岸關係，當然會衍生問題，亟待雙方公權力單位

---

[28] 大陸用語，政府與政府交往稱為「一軌」，由授權民間團體進行交流稱為「二軌」，由民間團體自發性展開交流可稱為「三軌」。

[29] 依照中共商務部統計，2006 年 6 月底，核准臺資企業赴大陸投資共有 7 萬家，若保守估計每一家企業臺商與幹部以 10 人來計，加上眷屬，有近百萬臺灣人長駐大陸的推估，應屬合理。另台灣海基會統計，長駐三至四個月台商約 80 萬人，其中婦女約 10 至 12 萬人。

的協商解決，但因政治問題，兩岸有關制度化解決機制仍毫無進展。兩岸「政冷經熱」、交流密切但缺乏共同的制度化解決機制，這種非正常化的兩岸關係，在目前國際上實屬最特別的例子。

(二) 中國設下政治前提的制度性障礙

中國方面中共當局提出「經濟合作機制」等制度性整合，都以「一個中國」原則、「九二共識」為協商前提，致使目前兩岸制度性整合幾乎完全闕如（邱垂正，2005：18-38）。雖然缺乏制度性機制，但畢竟兩岸交往密切，目前雙方正發展出一套默契式的「照會換文協商模式」（亦稱澳門模式），曾達成 2003 年、2005 年與 2006 年兩岸的春節包機，並於 2006 年 6 月達成 4 項專案包機，這種默契式的「照會協商模式」可算是一種突破，但由於雙方沒有真正簽訂協議，僅憑默契式相互照會換文各自執行，只能算是過渡性的制度化權宜措施，而非屬於常態制度化的正常機制[30]。

---

[30] 所謂「默契式換文照會模式」（亦稱澳門模式），不能算是正常完整的制度化機制，是因若有一方違約，亦無處罰規定，且無雙方簽約的協議書同意，沒有法律文本，沒有事後救濟的法律問題。

第三節　民主整合論與對兩岸和平的爭論與適用

一、民主和平論的爭論

(一) 古典民主和平論

「民主和平」論自康德以降就有很大爭論，但由於對美國冷戰後對外戰略影響很大，並成為現代國際安全模式，引發學界熱烈的討論，相信對兩岸臺海和平也有一定程度影響與啟示。

雖然「民主和平論」在冷戰後才真正引發人們矚目，但有關「民主和平」主張的爭論早已存在，大體而言，冷戰後在西方主流就是多了經驗認識，亦即從經驗事實（empirical facts）中民主國家間不會（或少有）有戰爭發生，這是因為民主的機制會讓國際間戰爭的衝突消弭下來。這項理論以歐洲 18 世紀理性時代的哲學家康德（Imannuel Kant）為代表，他論及「永久和平」（Perpetual Peace）的安全模式：具有民主與法制精神共和國「共和憲制」（republican constitutions），並在體現國際商業與自由貿易聯盟的「普世法則」（cosmopolitan law）國際法的原則下，各共和國政府根據國際法所組成且不斷擴大的共同體將建立「和平聯盟」（pacific union），最終達到「永久和平」（Russett, 1997:242-243；Russett & Oneal, 2001：29）。因為共和體制的制約機制能阻止國家領導人任意性以防止戰爭的發生，而專制體制國家決策全繫於不受制約的領導人意志所主導，而較易引發衝突與戰爭，康德的思想又被稱為「自由主義的國際主義」。

1918 年美國總統威爾遜提出一次大戰後的世界秩序，亦即著名的「14 點原則」，其中包括自決原則：「依照自己的方式生活，決定自己的國家制度」；以及和平共存原則：「各民族能獲得正義的保證，並得到世界上其他民族公平對待而不會遭到暴力和損人利己的侵略」等等，威爾遜的思想幾乎是將康德思想將以政策化，引起西方國際關係學界極大的迴響，威爾遜也成為理想主義的象徵。1955 年熊彼得（Joseph Schumpeter）進一步提出「民主的資本主義能導致和平」的命題（Schumpeter, 1999:395-575）。

(二) 後冷戰的民主和平論述

但一直到 70 年代以後，學界才開始掙脫現實主義主導局面，開始有系統地研究「民主和平」的理論，主要著作有：1976 年 Mekyin Small 與 David Singer 首先將民主和平作為經驗事實進行描述，1983 年 Michael Doyle 在其論文〈康德、自由遺產與外交事物〉（Kant, Liberal legacy and Foreign Affairs）中首先將民主和平當作一種理論提出來，此後西方學界開始熱烈討論，著作不斷。

Mekyin Small、David Singer 以及 Michael Doyle 等人認為，自 1816 年以來民主國家之間幾乎沒有真正發生過戰爭，使得西方「民主和平論」邏輯，其中隱含有國際和平的基礎，在於擴展西方所認同的民主制度，這對日後西方國際關係學界以及政界有很大的影響。

1993 年拉斯特（Bruce Russett）其大作《把握民主和平：後冷戰世界的原則》（Grasping the Democratic Peace: Principles for a Post-Cold War World）將民主和平進行有系統的論述，成為民主和平論的集大成代表作。拉斯特指出，民主和平在 19 世紀就已經存在，

20 世紀 70 年代以後，隨著民主國加數量的增加，這一現象才被學界所重視。

　　民主和平論主要探討的是，「民主取向」與「和平取向」的關聯性，儘管大多數民主國家同非民主國家一樣好戰，但民主國家間處理彼此關係和處理非民主國家間關係，卻採取不同的行為方式，為什麼民主國家不易對民主國家使用武力或威脅使用武力，卻常常對非民主國家發生戰爭，對此拉斯特（Bruce Russett）等人的理由，基本上有二，一是民主國家內部的制度約束（institution restraints）（Russett, 1993:40），民主國家之間的暴力會比較小是因為民主國家的制衡、分權機制以及政策公開辯論機制等，都會對決策者產生約束的效果，因此會減緩決策者制訂使用大規模暴力之決策過程，同時在與其他民主國家發生爭端時，民主國家決策行為容易被預測到，而有足夠的時間來處理爭端，不必擔心對手使用奇襲手段。二是民主國家間的共同的民主規範和文化（norm and culture）（Russett, 1993:35），在民主國家中，決策者一般會以透過協商非暴力方式，並在尊重對手權利與存在的前提下來解決爭端，因民主國家間將遵循和平途徑解決爭端，一個國家民主政體越穩固，其民主規範對該國處理與其他國家的關係之規範程度越強，而民主國家的對手國越能預期該國越會遵守民主規範來處理爭端；如果兩個民主國家真的發生暴力衝突，那麼至少有其中一個民主國家存在著國內政治的不穩定。

(三) 中國大陸學者對民主和平論的批評

　　中國大陸學者對西方式「民主和平」論十分不以為然並提出嚴厲抨擊，主要質疑說法包括，1、西方企圖以民主和平論來和平演變中國，西方國家不懷好意，2、以美國為首的民主國家為何成為對外

發起戰爭的頭號國家？3、西方式民主和平的標準不能成為和平的惟一標準，4、建構美國為首的民主國家以武力干涉別國內政有理的價值判斷（蘇長和，1996：10-14；王逸舟，1996：31-40；張曉慧，2002：30-32；肖平，2005：276-279；吳豔君，2005：136-139）。

　　概括來說，中國學者對於民主和平主要批評可歸納成，一、是來自意識型態批評，認為民主和平論在價值上預設了西方制度優於其他政體的偏見，認為民主和平本質上是維護西方民主制度霸權地位的重要工具（吳豔君，2005：137）。二、是來自歷史的考察，認為近現代國際關係的戰爭與和平的歷史，去找出許多民主國家不打仗的反例，加以辯駁（蘇長和，1996：10-14；王逸舟，1996：31-40）。三、來自現實主義的批評，民主和平的基本理論預設，強調國內層次而不是國際體系層次發揮決定作用是錯誤的，認為民主的規範和文化是一種典型的理想主義思考模式，它的預設前提是一個國家國內政治的行為與文化可以運用到對外關係，對此許多學者提出質疑（鄭安光，1999：43-44；李少軍，1995：6-7）。

二、民主和平的發展與實踐

(一) 冷戰後的民主和平的實踐

　　在上世紀 80 年代開始，民主和平論的學者們認為，儘管專制國家之間的戰爭與民主國家的戰爭幾乎從未間斷過，但民主國家之間卻幾乎從未（或很少）發生戰爭，並據此推斷成熟民主國家今後再也不會發生戰爭。民主和平論在冷戰後，儘管被部分學者以及中國

學者的質疑[31]有種種實證與邏輯問題，也被批評為一種「民主擴張論」服務於特定政治霸權的工具，然而它對西方學界、政界與一般閱聽大眾間產生極大的吸引力。

民主和平論的支持者認為，民主和平論的合法性不僅僅在它的學術意義，它還被政策制訂者與外交政策分析家廣泛接受，並成為美國冷戰後外交政策指導原則。中國學者（吳豔君，2005：136）認為民主和平論成為美國的外交政策與戰略有兩個因素，一、從實用主義的角度出發，係基於民主和平本質上是維護西方民主制度的霸權地位重要工具，以便於對於「干涉」其他國家的內政外交找到合法性藉口，從而實現美國在全世界滲透其影響力，建立單極世界的戰略構想。二是美國的意識型態與價值，冷戰後自由民主市場經濟獨領風騷，民主國家的建立有利於世界和平與自由貿易，有利於美國的安全與繁榮，因此為了美國安全與繁榮，要在全球推展民主制度，擴大民主的範圍，幫助非民主化國家進行民主化的改革。從民主和平到民主安全繁榮再到民主擴展，民主和平論從理論轉化到政策的轉型。

90 年代之後，冷戰結束使美國信心倍增，擴展民主成為老布希總統「世界新秩序」主張的重要內容，「……我們期待各國有超越冷戰的新夥伴關係……，這個夥伴關係的目標是增進民主、增進繁榮、增進和平和裁減軍備」，實際作為上，中國的學者認為，老布希在東歐蘇聯地區進行美國民主價值觀的宣揚，插手中美洲的政權重建，

---

[31] 對美國的民主和平論，中方學者幾乎全面採取質疑的態度，以邏輯推論、經驗案例、以及意識型態等角度，加以抨擊。

援助拉丁美洲的民主化運動，逐步引導到由美國主導美洲自由貿易區的框架中（吳豔君，2005：136）。

民主和平論與對外政策結合的首例是柯林頓政府，用於取代冷戰時期「圍堵戰略」的擴展戰略，1994 年發表的「擴大與交往的國家安全戰略報告」[32]中，美國對外政策的三個支柱被定為：安全、經濟和民主。強調「促進美國在全世界利益的最佳途徑是擴大全世界民主國家和自由市場制度」，對此美國的目標一方面是幫助「新興民主國家鞏固政權和擴大他們在實行民主的努力」，另一方面「使所有國家提高對基本人權的尊重程度，並在可能的條件下促進民主制度演變。」報告最後強調，「我們的長遠目標是建立一個這樣的願景，每一個大國都是民主國家，同時包括其他國家都加入實行市場經濟的民主共同體」。

1994 年美國總統柯林頓在國情諮文中說：「確保我們的安全，建立持久和平的最佳戰略就是支持世界的民主化進程，民主國家是不會相互侵犯的。」[33]在實際作為上，美國以幫助重建國家、恢復民主制度、以及制止種族屠殺為由，擴大對海地、索馬利亞、波士尼亞的軍事干預，透過荷姆斯—伯頓法案將古巴的民主化列為取消對古巴全面經濟制裁的條件；在對中國政策上，將人權問題與延長給予中國最惠國待遇掛勾，以貿易手段影響中國在人權問題的立場。

---

[32] 「擴大與交往」（Enlargement and Engagement）為美國 1994 年國家安全戰略主軸，有關內涵請參閱 William Clinton(1994), "National Security Strategy of the US 1994-1995: Enlargement and Engagement ", July.

[33] 原文為 the best strategy to ensure our security and to build a durable peace is to support the advance of democracy elsewhere. 參見 http://www.historycentral.com/Documents/Clinton/ClintonStateofUnion1994.html.

　　小布希總統上任後，延續了外交政策的民主輸出傳統，在推行民主外交方面，小布希與柯林頓政府基本上大同小異，在其 2002 年「美國國家安全戰略」的序言中說「今天美國擁有無與倫比的軍事力量與巨大的經濟政治力量」，「我們將用歷史性機遇、最好時機，把自由的好處推廣到全球各地，我們將積極致力於把民主、發展、自由市場和自由貿易的希望帶到世界每一個角落」，可見小布希與柯林頓一樣要將要將民主、自由的價值觀帶到世界每一個角落。例如因 911 事件美國基於反恐需要，結合全球反恐大力推行民主外交，美國即大刀闊斧地進行東歐、中亞和阿拉伯地區發起民主攻勢，將俄羅斯發展納入美國設計的民主軌道，美國一再指責俄羅斯民主倒退，在獨立國協中掀起多波的「民主浪潮」。[34]

　　2005 年 1 月 20 日小布希的就職演說中稱，「保衛美國安全的唯一途徑就是促進海外的民主，也只有這樣才能消除對美國本土形成威脅的根源……由民主國家尊重本國人民和鄰國，自由的前進必然導致和平……我們獲得和平最佳途徑就是把民主自由擴散到全世界」[35]2 月 2 日小布希在國情諮文提到：「由於民主國家尊重本國人民和鄰國，自由的前進必然獲得和平」，「為全世界推進自由理念是美國核心價值」，「美國為大中東區地的和平與穩定將大力推動各項

---

[34] 喬治亞的「玫瑰革命」、烏克蘭的「橙色革命」、吉爾吉斯斯坦的「檸檬革命」都有美國人介入，如派遣競選專家支持親西方勢力的黨派或候選人，美國情報委員會曾指出，進行干預的目的是幫助他們穩定並重建處於轉型中的社會，使他們能走上和平、民主和市場經濟的道路。

[35] 請參見美國國務院網站 http://usinfo.state.gov/specail/inauguration.html.。President Bush Inauguration, January 20, 2005.網頁副標為：Bush Ties Second Term Policy to the Advancer of Freedom. Says US will support democratic movement and institutions worldwide。

民主工程的援助計畫」,「在美國影響下阿富汗、巴勒斯坦、伊拉克,甚至烏克蘭順利產生民選政府……」[36]。在具體實踐上,從 2004 年 3 月開始布希政府便大力推銷「大中東民主計畫」,範圍不但包括了從北非到西亞的 22 個阿拉伯國家,還包括土耳其、伊朗、巴基斯坦、阿富汗以及中亞和高加索地區。美國為這些國家制訂了一套政治、經濟、社會與文化全方面的改造計畫,核心內容就是要建立起西方的民主,推行民主改革、建立民主選舉制度,以及促進市場經濟發展,布希政府稱該計畫為「冷戰結束以來最雄心勃勃的民主努力」(肖平,2005:276-279)。

2006 年布希總統國情諮文,繼續強調他將以全世界推廣自由民主為主軸,並指出 1945 年全球只有 24 個民主國家,如今自由國家已擴大到 122 個國,在 2006 年之初地球上已有一半以上的人生活在自由國家裡[37]。

綜上所言,冷戰後「和平民主」論的重要性與影響力,已經不在學理邏輯或實務經驗的探討,而是已成為美國政府外交政策與戰略的核心價值,正被執行落實中。這對臺灣民主的鞏固深化會帶來鼓舞,對中國政治發展則會帶來挑戰,對兩岸的和平與穩定也會有重要的影響力。

---

[36] 有關布希 2005 年的國情諮文全文,請參見白宮網站 state of the Union Address:http://www.whitehouse/news/releases/2005/02/20020202-11.html。

[37] 參見中央社 2006 年 2 月 1 日華盛頓 31 日記者劉坤原專電「布希國情諮文強調在全球傳播自由」。

三、民主整合論對兩岸和平安全的適用

(一) 借用建構主義分析途徑

　　本文借用溫特（Alexander Wendt）的建構主義中，所提出國際無政府體系的三種文化結構，即霍布斯文化結構、洛克文化結構、以及康德的文化結構（Wendt,1999；秦亞青，2001：254），透過者三項的文化結構來分析兩岸目前非正常化的兩岸關係，這裡可用政府、精英份子（如企業家與知識份子）、與兩岸人民都是「能動者」（agents），經過互動交流，彼此社會建構的社會事實，所建構兩岸間文化結構是否帶來和平，還是朝向戰爭，在探討這個研究途徑下，這裡以「民主和平」理論的相互理解與認同之標準，作為兩岸互動的觀察與預測的指標。

　　溫特歸納國際體系的三項無政府文化結構，所謂霍布斯文化結構就是現實主義的無政府邏輯，亦即相互仇殺、相互敵視的無政府狀態，在國家間互存敵意的無政府狀態文化。如果國家間關係的目的是為了摧毀與併吞對方，其行為特徵就是積極改變現狀，這些國家的實踐活動必然導致霍布斯的文化。

　　至於洛克文化結構，就不再以毀滅對方為主要目的，他們承認對方基本生存權與財產權，典型的標誌就是 1648 年西發里亞條約（Westphalia Treaty）體系對各國主權的確認。在洛克文化結構中，國際間是處於競爭狀態，雖然利益衝突會使國家動用武力，但征服他國與侵佔領土已經不是主要目的，洛克文化結構的國際局勢基本特徵是各國處於維護現狀的狀態。1648 年至今，洛克文化結構主導著當今國際體系，弱小國家的低死亡率，說明了強大國家並沒有將

征服與併吞弱小國家作為國家的目的，而在霍布斯文化結構中強大國家早已將弱小國家併吞。

在康德的文化結構特徵是和平非暴力的，國家間的關係是朋友關係，實際上是的互助關係，若朋友國遭受威脅時，另一方會不計代價，全力相挺，這種文化結構就是安全共同體。

在建構主義中，霍布斯、洛克、康德文化結構都是國際間無政府狀態的文化型態，因此實際上任何一種國際間關係，其實不存在純粹單一文化結構存在，都是以上三種文化結構綜合組成，至於哪一種文化佔據主導地位，則要看國家的行為能動者，如何透過實踐活動進行文化建構，這就是溫特著名的推論：「無政府狀態是國家造就的」、「任何整合關係都是社會建構的產物」。兩岸關係也必然是社會建構的產物。

但畢竟中國仍是非民主國家，至少絕不是西方標準的民主國家，因此民主臺灣與非民主中國之間能否維持穩定和平關係，以「民主和平論」套用在兩岸的互動上顯然無法樂觀，Bruce Russett 甚至強調，「非民主國家之間，或者民主國家與非民主國家間的暴力衝突可能性比較大，乃是因為非民主國家領導人不像民主國家領導人那樣必須受制於國內政治制度的約制，他們相對地可以更容易地、快速地、祕密地動用大規模武力之解決手段，因此無論民主或是非民主的領導人，在與非民主國家發生爭端時，將可能寧願先主動使用武力，而非冒著被奇襲的風險，同時非民主國家的領袖知道民主國家領袖更須受限於國內政治與憲政，將壓迫民主國家做更大的讓步，但民主國家領袖洞悉非民主國家領袖之企圖，更可能對非民主國家動用大規模武力，而非對其做更大的讓步。」（Russett, 1993:40）

另外，非民主國家之間，或者民主國家與非民主國家間的暴力衝突較大，係因非民主國家會使用暴力或威脅使用暴力來解決爭端，同時民主規範比非民主規範更容易被對手利用來迫使某國做出讓步，基於此一預測，民主國家在處理與非民主國家的關係時，也往往會採取非和平原則，以免被對手利用民主體制弱點（Russett, 1993:35）。

(二) 用建構主義看兩岸的「民主和平」發展

這裡將建構主義的理論，用到目前兩岸關係上，兩岸關係所處的文化結構為何？在霍布斯、洛克、康德三種文化結構與特徵，那一種主導著兩岸關係，這並不是一項容易回答的問題，例如，兩岸政府在外交零和爭奪戰幾乎是標準的霍布斯文化，但從兩岸經濟合作角度，所呈現兩岸共構全球商品供應鏈，幾乎又是近似康德式的文化結構，其他各式各項的交流與互動存在著，既是敵人、競爭者與朋友等三種混雜的文化結構類型，因此很難加以評估，必須有一組指標或觀察面向。在西方的「民主和平」的論述，甚至成為美國政府的戰略核心價值，兩岸之間若用「民主和平」概念評估，因中國並非民主國家，在中國尚未民主化之前，兩岸和平將難以確保，兩岸關係也將會持續出現不穩定。

從建構主義的角度，強調觀念價值與認同的重要性，各種關係的物質性結構必須放入觀念結構的框架中，才有意義。這裡所要關注的焦點是，中國對臺政策方面呼應臺灣民主價值與實踐的程度如何，正向看待的程度越高，越能保障兩岸和平與穩定，反之越以負面看待及處理臺灣民主價值與成就，兩岸的對立與衝突越會昇高。

(三) 兩岸民主價值整合機制

本文並不以中國能否民主化作為觀察指標，而是以中國政府對臺灣民主生活的價值理解與尊重程度來加以分析，表現在於中國對臺政策上，雙方政府與人民的善意與敵意，尤其是作為大國的中國，是否願意尊重民主社會價值（容忍、多元），尊重小國——臺灣人民的民主決定。例如，兩岸整合互動方案可以被解釋為是一套信心建立機制（Confidence Building Mechanism），包括方案主張是否基於尊重人民意願，是否具有過渡性安排，是否具有明確終局之解決，是否具有可操作性的互動架構，例如軍事互動機制、溝通協商機制、互動行為準則等。

本文的研究預設前提為，愈尊重人民意願、愈具有過渡性安排、愈沒有明確終局解決、以及愈有可操作性的互動設計等，「民主價值」面向越正向，愈能促進臺海雙方的和平整合。

本章主要說明，本書所建構的研究途徑與架構以及所發展出來的兩岸三角和平理論，並非主觀的願望，而是有西方國際關係理論的學理脈絡，以及客觀的全球與區域整合的歷史事實為基礎，作為分析兩岸和平整合模式的學理與事實的依據。

雖然以美國新自由主義所發展和平三角論，是繼承康德永久和平論思想並結合當代新自由主義國際關係理論所提出，論證出增加經濟相互依賴、努力創造出國際組織網絡，以及促進民主等三要素，這三項要素彼此加強，將直接或間接促進國際和平，並提供和平解決國際衝突的框架與架構（Russett & Oneal, 2001：35-42），本章則盡一步轉化與發展兩岸的和平整合模式架構，以經濟和平、制度和平與民主和平來建構兩岸三角和平整合模式，並作為後續的章節論述架構。

第三章　現階段兩岸非正常化
的整合關係

　　現階段兩岸互動密切，無論是從經貿、投資、產業依存與相關
市場佔有等各方面，在人員、資金、通訊的龐大交流數額與產值[1]，
足以說明兩岸經貿整合關係十分頻密，與任何正常往來的兩個友好
國家比較，有過之而無不及。但從兩岸的歷史恩怨、政治對立、外
交爭奪、軍事威脅等衝突對立面向，又與正常國家整合發展截然不
同，現階段兩岸實處於尚未解除敵對狀態，也未能進入兩岸正常化
的整合關係。

　　兩岸的特殊關係出現在一方面是經濟、文化與社會的交往密切
與高度整合，另一方面是主權、軍事、外交與政府之間的對立衝突，
兩岸之間如此「經熱政冷」，政治高度敵對與經濟高度整合的特殊關
係，實是歷史上罕見。本文則以「兩岸非正常化的整合關係」來定
義，本章主要在回答現階段兩岸非正常化的整合關係是如何形成因
素，以及說明兩岸「非正常化」現象的對臺效應。

　　首先，是臺灣對中國不對稱的經濟依賴。在 1980 年代中期之
前，兩岸幾乎沒有太多的交流，八〇年代中期以後基於臺灣開放探
親與間接貿易[2]（張讚合，1996：375-377；邵宗海，2006：11），加

---

[1] 本章兩岸交流數據與產值皆引用兩岸政府相關之公開出版品與機關網路。

[2] 兩岸經貿自 1979 年鄧小平上臺採取改革開放經濟政策肇始，當年兩岸貿易
　額有 7700 萬美元，1988 年貿易額 27 億美元。臺灣政府自 1985 年 7 月宣布
　對大陸轉口輸出採取「不接觸、不鼓勵、不干涉」的原則，使臺灣產品轉口

上臺幣升值、傳統產業需要外移、中國大陸進行改革開放政策等因素，兩岸在政府間未解除敵對狀態下，政府尚未進行協商建立制度化的交流機制的情形下，民間卻已展開一波波的經濟交流與整合，隨著客觀上中國的經濟崛起與全球化區域化的整合趨勢，以及中共統戰的刻意吸納，現階段兩岸經貿的整合格局，已呈現出臺灣對中國的不對稱經濟依賴，這是形成兩岸非正常化整合關係的內在因素與扭曲現象之一。

第二，中共對臺非正常化的統戰作為，隨著經貿往來日漸密切，因經貿與社會交流所衍生的問題也日益增多，但由於政治主權問題的障礙，兩岸一直無法順利展開協商，以致於兩岸經貿與社會往來交流成果缺乏穩定的機制加以確保，因交流與整合所衍生問題，亦無制度化的途徑與方法可以解決，形成獨特的「非制度化兩岸關係」，非制度化也成為了兩岸非正常化的整合關係的核心概念，值得注意的是兩岸非制度化的因素，主要都是兩岸政府政策僵局造成的，尤其是中共對臺的非制度化的統戰作為，是造成兩岸非正常化的整合關係的關鍵因素。

第三，在兩岸非正常化的整合關係中，產生危機衝突代價勢必十分龐大，但中國方面，2005 年 3 月不顧國際社會與臺灣方面的反對與質疑，依然通過「反分裂國家法」，要用「非和平方式」來防止臺灣從中國分裂出去，給了中共解放軍武力侵略、併吞臺灣的空白支票（陸委會，2005：21-22）。使得兩岸進行經濟整合，無論發展到何種緊密的程度，只要中共當局認為臺灣有分裂之意圖，對臺灣

至大陸地區合法化，1988 年 6 月成立行政院大陸工作會報，才開始協調各機關建立兩岸經貿秩序，8 月經濟部公告「大陸產品間接輸入處理原則」及「准許間接進口大陸產原料」共 50 項，此後批准間接進口項目逐步擴大。

就存在著揮之不去的衝突陰霾。因此現階段兩岸非正常化整合關係的對臺效應，亦即隨著兩岸整合越加頻密，就越將升高臺灣內部的矛盾問題。換言之，在臺灣方面，面臨中共不肯放棄對臺動武，不停止對我外交打壓，使得臺灣內部對與中國大陸經濟整合的程度與速度，存在著有兩項路線抉擇的激烈爭論，一是「交流雙贏論」，二是「經濟安全論」，現階段這兩種政策路線爭議不但是朝野主要差異所在，也構成臺灣國家發展的挑戰。

現階段兩岸非正常化的整合模式，經濟上存在著「臺灣對中國經濟的不對稱互賴（asymmetric interdependence）」、以及兩岸制度面存在著「中共對臺非制度化的統戰作為」，進而政治問題上，形成現階段兩岸經濟整合所帶來在臺灣內部朝野之間有關「交流雙贏論」與「經濟安全論」的爭論，以下依節次逐一加以論證。

第一節　臺灣對中國不對稱的經濟依賴

現階段臺灣對大陸經濟的緊密關係主要反映在，經貿面部分自2000年以來，兩岸貿易逐年快速成長，根據我國海關統計資料，2006年臺灣對中國貿易（含香港）總額為1158億美金，佔全年我外貿比重高達為27.2%，我對大陸出口達891.9億美元，較上年成長14.8%，佔總出口比重為39.8%（見表3-1）；皆創下歷史新高記錄，中國大陸已成為臺灣最重要的出口地區及最大的出超來源。

全世界沒有其他國家的出口比臺灣更依賴中國，以陸委會保守估算我國出口至中國大陸佔所出口比重，從2004年是26.8%，2005

年 28.4%，2006 年累計 1 至 10 月為 28.2%，比重高達世界第一，就
算排名第二高的南韓，同時間 2004 年也只有 19.6%，2005 年 21.8%，
以及 2006 年累計 1 至 10 月為 21.4%的產品銷到中國（見表 3-2）。
顯示臺灣出口比重高度依賴中國，與全球主要國家對中國大陸出口
佔該國的出口比重相較，高居世界第一。

一、臺灣對中國貿易之不對稱依賴

中國自 2002 年之後成為我國第一大出口國以及主要的出超來
源，從 1985 年至 2005 年，臺灣從中國獲取的貿易順差累計高達
2793.8 億美元[3]，2004 年臺灣對大陸貿易順差達 502 億美金，2005
年達 554 億美元，2006 年更創下 625 億美元新高（如附表 3-1），2005
年臺灣表面上擁有 158 億美元的貿易順差，但實際上扣除兩岸貿易
賺到的 554 億多美元順差，臺灣出現對外貿易逆差竟達 396 億美金
之多。

兩岸經濟依賴的不對稱現象，首先反映在雙方進出口的依賴
上，2006 年依賴比重可望達到 4 成，臺灣對中國貿易依賴迭創歷史
新高之同時，大陸對臺灣出口依賴比重卻從 2000 年的 2.5%，到 2005
年的 2.64%，2006 年的 2.56%對中國大陸而言依賴比重幾乎沒有增
加，至於進口依賴卻從 2000 年的 11.1%，降至 2005 年的 8.72%[4]，
以及 2006 年的 8.00%，隨著臺灣對中國大陸的出口依賴增加，但大

---

[3] 依照《兩岸經濟統計月報》，第 164 期，臺北，行政院大陸委員會印行，2006
年 10 月，p27，有關臺灣對中國之貿易順差之歷年統計，作者自行加總得出。
[4] 本段相關數據請參見陸委會出版《兩岸經濟統計月報》（陸委會《兩岸經濟
統計月報》，2007b：27）。

陸對臺灣進口依賴竟出現不昇反降現象，足以具體說明，兩岸經濟
整合的不對稱依賴。在進出口方面，臺灣對中國進出口依賴比重明
顯攀升，中國對臺灣進口依賴（出口依賴維持持平）反而減少，從
貿易統計數值上，近幾年隨著兩岸經貿的整合，臺灣對大陸進出口
貿易依賴的不對稱現象，有逐漸擴大的趨勢。

表 3-1：臺灣對中國大陸（含香港）貿易統計

單位：百萬美元

年月	貿易總額			出口			進口			出（入）超	
	金額	比重	成長率	金額	比重	成長率	金額	比重	成長率	金額	成長率
1996	32,175.5	14.6%	2.4%	27,411.0	23.3%	3.5%	4,764.5	4.6%	-3.4%	22,646.5	5.1%
1997	35,226.0	14.7%	9.5%	29,314.5	23.6%	6.9%	5,911.4	5.1%	24.1%	23,403.1	3.3%
1998	32,499.7	14.9%	-7.7%	26,313.1	23.4%	-10.2%	6,186.6	5.9%	4.7%	20,126.5	-14.0%
1999	36,177.3	15.4%	11.3%	29,427.4	23.8%	11.8%	6,749.9	6.1%	9.1%	22,677.4	12.7%
2000	45,720.7	15.6%	26.4%	37,133.2	24.4%	26.2%	8,587.4	6.1%	27.2%	28,545.8	25.9%
2001	41,561.6	17.7%	-9.1%	33,608.1	26.6%	-9.5%	7,953.5	7.4%	-7.4%	25,654.6	-10.1%
2002	53,349.1	21.5%	28.4%	43,486.5	32.1%	29.4%	9,862.6	8.7%	24.0%	33,623.8	31.1%
2003	66,636.7	23.9%	24.9%	53,759.0	35.7%	23.6%	12,877.7	10.1%	30.6%	40,881.3	21.6%
2004	88,233.4	25.1%	32.4%	69,245.6	38.0%	28.8%	18,987.9	11.3%	47.4%	50,257.7	22.9%
2005	99,882.6	26.2%	13.2%	77,679.2	39.1%	12.2%	22,203.4	12.2%	16.9%	55,475.8	10.4%
2006	115,856.8	27.2%	16.0%	89,190.7	39.8%	14.8%	26,666.1	13.2%	20.1%	62,524.6	13.8%

資料來源：《灣進出口貿易統計月報》，445 期，財政部統計處編印，2007 年 3
月 30 日出版。
註：1、比重係指我對中國大陸及香港貿易額占我國同期對全球貿易總額之比
例，其餘類推。
　　2、成長率係指比上年同期增減比例。

表 3-2：全球主要國家對中國出口成長統計表

國家 (地區)	2004 年			2005 年			2006 年			當年累 計期間
	出口金額 (百萬美 元)	成長 率 (%)	佔該國 出口比 重 (%)	出口金額 (百萬美 元)	成長 率 (%)	佔該國 出口比 重 (%)	出口金額 (百萬美 元)	成長 率 (%)	佔該國 出口比 重 (%)	
臺灣	48,930.4	27.8%	26.8%	56,271.5	15.0%	28.4%	52,111.9	13.4%	28.2%	1～10月
歐盟	59,202.7	28.3%	4.9%	63,270.8	6.9%	4.8%	55,941.8	20.4%	5.2%	1～9月
日本	73,971.7	28.7%	13.1%	79,948.2	8.1%	13.4%	75,080.1	15.2%	14.1%	1～10月
南韓	49,763.2	41.7%	19.6%	61,915.0	24.4%	21.8%	56,850.9	11.7%	21.4%	1～10月
美國	34,744.1	22.5%	4.2%	41,925.3	20.7%	4.6%	45,177.4	33.8%	5.3%	1～10月
新加坡	15,396.3	51.7%	7.7%	19,749.4	28.3%	8.6%	19,268.5	38.3%	9.5%	1～9月
馬來西亞	8,384.0	30.4%	6.7%	9,303.1	11.0%	6.6%	7,327.8	29.4%	7.0%	1～8月
泰國	7,085.4	24.5%	7.3%	9,104.4	28.5%	8.3%	9,404.2	28.0%	8.8%	1～10月
印尼	4,604.7	21.1%	6.4%	6,662.4	44.7%	7.8%	5,435.7	41.1%	8.4%	1～8月
紐西蘭	1,154.4	44.4%	5.7%	1,104.7	-4.3%	5.1%	892.7	10.4%	5.3%	1～9月

資料來源：1、上表資料係根據各國海關統計資料整理
　　　　　2、「臺灣」部分，係根據經濟部國際貿易局整理我國及香港海關
　　　　　　統計資料之估算值
註：2006 年各國海關更新統計時間不一，請詳「當年累計期間」一欄

二、臺灣對中國投資之不對稱依賴

　　在投資方面，雖然兩岸尚未直航（2007 年前），但臺灣可說是世界上利用中國經濟程度最高的國家，根據大陸公布資料，從 1991 年累計至 2006 年底，臺商赴大陸投資金額 548.9 億美金，佔全部對外投資的 54.54%，加上透過從第三地轉投資，如透過香港或免稅天堂「錢進大陸」（包括投資香港的 2.47%、英屬中美洲的 18.33%）（見

表 3-3），臺商在大陸投資可能超過千億美金，比重將達七成以上[5]。就以投資金額來看，臺灣是僅次於美國、香港的第三外資來源。據陳博志估計，我國每年到中國投資金額約佔 GDP 的 2 到 4%，遠高於其他國家，但美國和日本每年到中國投資金額，只有其 GDP 的萬分之五左右，臺灣是美、日等國的 40 倍，對中國的依賴遠超過其他國家（陳博志，2003：15）。

表 3-3：臺灣對外投資累計統計（1991～2006）

單位：百萬美元 ％

地區	大陸	英屬中美洲	美國	新加坡	巴拿馬	日本	泰國	香港	南韓	越南	菲律賓	德國	其他地區
件數	35542	1798	4489	391	52	398	264	862	119	324	121	124	1686
金額	54899	18450	7630	3477	1090	1102	992	2483	133	1353	499	133	8306
比重	54.54	18.33	7.58	3.45	1.08	1.10	0.99	2.47	0.13	1.34	0.50	0.13	8.25

資料來源：經濟部投審會；（陸委會《兩岸經濟統計月報》，2007：33）。

在兩岸投資不對稱方面，2006 年 1～7 月份，臺灣最近赴大陸投資佔我核准對外投資金額的 63.95%，位居第一位，累計自 1991 年至 2006 年 7 月底止，臺商對中國大陸總核准金額達 511.9 億美元，佔我核准對外投資總額的 53.97%，位居第一位[6]，加上英屬中美洲 12%與香港 5.57%部分，實際投資勢必超越七成以上；依據陸委會

---

[5] 投資金額與比例數據來源同上註，p33。
[6] 同註 5，p4。

估計[7]，對大陸投資佔對外投資比例，從 2001 年的 38.8%，2002 年的 53.4%，2003 年的 53.7%，2004 年 67.2%，到 2005 年的 71.1%，顯示近幾年臺灣對外投資快速地向中國集中，對外投資明顯地向中國依賴傾斜。

相對地，大陸方面利用外資直接投資實際金額（見表 3-4），臺灣佔中國大陸利用所有外資的比重，從 2001 的 9.99%，逐步下降到 2002 年的 8.14%，2003 年的 7.44%，2004 年的 6.06%，2005 年的 5.48%，2006 年更降到 3.07%。臺灣投資中國資金比重與其他國家地區比較，逐年下降，顯示中國整體利用外商直接投資的依賴情形，對臺灣的依賴有逐漸減少趨勢，相對地，臺灣對中國投資佔對外投資比例卻逐年攀升，因此單就臺灣對中投資就已形成兩岸投資的不對稱性。

至於大陸資金來臺投資，因中國與臺灣政府尚未開放核准大陸企業來臺投資，法令限制致使投資金額十分有限，微不足道，與臺商蜂擁前往中國投資的情況，以及臺商投資大陸工廠與市場的依賴程度不斷加深，顯見兩岸投資往來具有高度的不對稱。

表 3-4：中國利用外商直接投資實際金額統計（2001～2006）

單位：百萬美元　%

期間\地區		港澳	英屬維爾京群島	韓國	美國	日本	臺灣	新加坡	德國	其他
2001	金額	21,189	8,772	3,487	7,515	5,420	6,914	1,984	1,717	12,742
	比重	30.62	12.68	5.4	10.86	7.83	9.99	2.87	1.69	18.41

---

[7] 資料來源係根據「對大陸投資及相關重要總體經濟指標」有關臺灣對大陸投資佔對外投資比例，陸委會 95 年 5 月 24 日製表。

2002	金額	25,833	12,650	5,282	8,156	5,298	6,741	2,785	915	15,107
	比重	31.21	15.28	6.38	9.85	6.40	8.14	3.37	1.11	18.26
2003	金額	18,117	12,664	9,177	10,161	7,955	8,558	3,419	1,391	19,741
	比重	33.86	11.01	7.98	8.83	6.91	7.44	2.97	1.21	17.16
2004	金額	19,547	19,369	13,911	12,165	9,162	9,306	4,423	2,282	12,589
	比重	32.4	12.64	9.06	7.93	5.97	6.06	2.88	1.49	20.07
2005	金額	18549	22,028	19,760	13,512	11,920	10,358	5,214	3,425	12,109
	比重	30.75	11.65	10.45	7.15	6.30	5.48	2.76	1.81	20.03
2006	金額	20835	11,248	3,895	2,865	4,598	2,136	2,260	1,979	19,652
	比重	29.99	16.19	5.61	4.12	6.62	3.07	3.25	2.85	28.29

資料來源：《中國統計年鑑》、《中國對外經濟貿易統計年鑑》；（陸委會《兩岸經濟統計月報》，2007：50），2001 年數據參考（陸委會《兩岸經濟統計月報》，2004：44）。百萬美元以下四捨五入。

三、臺灣與中國對國際市場之不對稱依賴

　　向中國傾斜整合的不對稱風險，也出現在兩岸在美國、日本等主要市場的消長上，亦即與中國快速而緊密的經貿關係，亦帶來同國際市場經濟整合的隱憂與危機，最明顯趨勢就是降低臺灣與美國、日本等主要國家經貿關係做為代價。

　　過去臺灣高度依賴美國這個國際市場，但隨著兩岸經貿逐漸整合，臺灣在美國市場佔有率逐年遞減，反觀中國在美國市場卻逐年快速遞增（如表 3-5）；臺灣出口美國佔總出口比重從 1994 年的 26.2%，至 2005 年僅剩下 14.3%；中國大陸出口美國佔總出口比重，則從 1994 年的 32%，至 2005 年也是維持 32%。美國市場佔有率部分，1994 年臺灣對美國市場從佔有率 4.02%，中國大陸是 5.84%，兩者美國市佔率相差不大，但至 2005 年，臺灣僅剩 2.08%，市場佔有率減少超過半數，中國對美國市佔率則大幅挺升至 14.57%。

在日本方面，1997 年臺灣輸往日本市場佔有率 3.69%，同時間中國輸往日本的市佔率為 12.36%，至 2005 年臺灣產品在日本市佔率降至 3.50%，變化不大呈微幅縮減，但中國在日本市佔率則增至 21.04%，市場佔有率增幅高達 59%，從趨勢而言，從 1997 年至 2005 年臺灣輸日出口成長率 9 年來平均成長率為 3.7%，至於中國方面出口至中國 9 年來平均成長率為 12.36%，中國大陸對日出口成長率是臺灣 4 倍。（如附表 3-6）

表 3-5：兩岸輸往美國產品市場佔有率之比較

單位：美元

期間	臺灣			大陸		
	輸美金額	市場佔有率	佔出口比重	輸美金額	市場佔有率	佔出口比重
1994	267.11	4.02	26..2	387.81	5.84	32
1995	289.75	3.90	23.6	455.55	6.13	30
1996	299.11	3.78	23.2	514.95	6.51	34
1997	326.24	3.75	24.2	625.52	7.19	34
1998	331.23	3.62	26.6	711.56	7.79	38
1999	351.99	3.43	25.4	817.86	7.98	41
2000	405.14	3.33	23.5	1.000.63	8.22	40
2001	333.91	2.92	22.5	1.022.80	8.96	38
2002	321.99	2.77	20.5	1.251.79	10.76	38
2003	316.00	2.51	18.0	1.523.79	12.10	34
2004	346.17	2.36	16.2	1.966.99	13.38	33
2005	348.38	2.08	14.3	2434.62	14.57	32

資料來源：臺灣、中國大陸、美國海關統計；陸委會《兩岸經濟統計月報》，2006：54-56。

表 3-6：兩岸輸日產品市場佔有率比較

單位：億美元

	臺灣			中國大陸		
	輸日金額	輸日金額成長率	市場佔有率	輸日金額	輸日金額成長率	市場佔有率
1997	125.61	-7.17	3.69	420.61	15.05	12.36
1998	101.56	-11.56	3.65	368.55	-4.30	13.22
1999	129.51	8.91	4.13	435.76	0.58	13.84
2000	178.10	37.99	4.71	548.78	26.38	14.53
2001	141.17	-20.74	4.06	575.29	4.83	16.57
2002	136.41	-3.37	4.03	621.73	8.07	18.32
2003	143.09	4.90	3.74	757.76	21.88	19.76
2004	167.47	17.01	3.67	948.30	25.04	20.74
2005	179.72	7.32	3.50	1,018.81	13.76	21.04

資料來源：臺灣、中國大陸、日本海關統計；陸委會《兩岸經濟統計月報》，
　　　　　2006a：63。

　　臺灣對美、日市場佔有率的銳減，以及對美日出口比率下降，
與臺商赴大陸投資生產有息息相關。臺商將技術較低、勞力密集的
生產階段移往中國，臺灣則專注高附加價值與技術密集的部分，這
從臺灣輸往大陸的主要產品，大都以半成品、設備零件為主可得知；
此外臺灣將原本出口到美國市場的生產工序，轉移到大陸生產基
地，再出口到美國、日本等發達國家，自然會造成對美、日出口的
減少。但從經濟地緣學的觀點[8]，臺灣因與中國大陸高度又密集的經

---

[8]　地緣經濟學是在全球化和經濟一體化不斷發展所衍生出來，關於地緣經濟學
　　美國學者 Luttwak 曾生動地說：「由國家提供或引導的產業投資資本等同於
　　傳統戰爭要素——軍火」，「私營企業每天都在為純粹商業利益做一樣的事，
　　如投資、市場研究、開拓市場，但是當國家出面支持或指導這些相同的經濟
　　行為時他已經不再是純粹的經濟行為，而是地緣經濟學。」參見 Luttwak,

濟整合，減少與美、日等國際市場整合關係，至少是增加對中國市場依賴程度，減少或減弱了臺灣與國際市場直接關係。

　　雖然兩岸經濟分工已成為全球生產網絡與全球商品鏈的重要環節（童振源，2003：46-51），問題是臺灣對中國大陸不對稱經濟依賴的整合關係，朝向互補雙贏關係能維持多久？是否對臺灣經濟帶來長遠性的傷害？中國產品是否在美國市場已逐步取代臺灣產品？根據日本野村研究機構報告指出，亞洲輸往美國的產品中，亞洲國家與中國產品競爭關係值中，日本競爭最少，顯然與中國產品最具互補關係，也就是日本輸往美國產品因技術與品質區隔與中國競爭最小，反觀臺灣則與中國產品競爭值逐漸加大，在 2003 年已佔亞洲第二高（見表 3-6），從 1994 年至 2005 年我國高科技產品在美國市場率減少 2.2%，中國大陸高科技產品則增加 18.9%（陸委會，2006b：25），令人擔憂臺灣競爭優勢是否在對中國過度依賴下而快速流失？

表 3-7：亞洲國家與中國對美輸出產品之競爭指數（Asian countries' competition with Chinese exports to US）

單位：%

	1990	1995	2000	2003
日本	3.2	8.5	16.2	21.9
南韓	24.8	28.4	37.3	40.9
台灣	27.5	40.2	49.5	68.8
新加坡	14.7	19.2	34.8	40.1
印尼	48.5	59.7	68.0	66.8

Edward(1994), "The Theory and Practice of Geo-Economic", in Armand Clesse, et al (eds.), The International System after Collapse of the East-West Order, Martine Nijhoff Publishers.

馬來西亞	37.4	36.8	47.3	65.0
菲律賓	41.9	45.6	45.9	60.7
泰國	36.4	47.5	55.7	69.8

*Value of exports to US from China in same product categories as country's exports, as % of country's total exports to US.
Quoted from C.H. Kwan, Nomura Institute of Capital Markets Research, edited by The Economist , Mar.26-Apr. 1 2005 ,p 24.

　　臺灣面對與中國嚴重的貿易、投資、國際市場消長等三項不對稱依賴的經濟整合，就會出現如基歐漢與奈依（Keohane and Nye）所強調的，不對稱的相互依賴具有控制資源的力量泉源，或是影響結果的潛能，它是一種潛在權力。他們認為：「在一組互相關係中，依賴較少的行動者通常具有重要政治資源，較少的依賴者成為發起者將擁有潛在權力或權力來源，影響目標國」（Keohane and Nye，2001：10）。臺灣與中國的經濟整合關係出現了貿易、投資以及過度向中國市場集中的三種不對稱依賴，提供依賴較少的中國對臺灣已具備有政治勒索潛力與權力。而臺灣方面要思考的問題，是對中國不對稱經濟依賴後，經濟安全方面所要面對有關「敏感性」（sensitivity）與「脆弱性」（vulnerability）的問題，以及「機會成本」的考量，這些都會明顯降低政府政策的自主性，並引發臺灣朝野對於與中國經濟往來主張的極大差異與爭議。

第二節　現階段中國對臺非制度化的統戰作為

　　臺灣與中國高度經濟整合，可發揮對兩岸衝突緊張帶來緩衝作用，但兩岸政治敵對卻未隨經濟整合而有效降低政治對抗，而中國對臺政策主要基調，從 1993 年 8 月 31 日，中國國臺辦以七種語言對外發表的「臺灣問題與中國的統一白皮書」所提出「和平統一、一國兩制」、「在一個中國的前提下，什麼問題都可以談」等基本方針（邵宗海，2006：175-273），經過江澤民、胡錦濤兩位領導人對臺重要文告的詮釋包裝，如「江八點」、「胡四點」、「胡連公報」、「胡宋公報」等，至今未曾重大修正就是明顯例子[9]，甚至於 2005 年通過「反分裂國家法」，將臺灣絕不可能接受的條件加以法律化，建立了「依法治臺」的原則，中共「一中原則」對臺方針，更非領導人好惡可任意變動。

　　兩岸關係充滿政治圖謀與不對稱的經濟整合，這種充滿政治考量的經濟整合是否會使臺海成為全球化下經濟整合第一個以非和平收場例子？前述歸納兩岸經濟不正常整合關係的「三項不對稱經濟依賴」現狀，已造成臺灣經濟安全挑戰，中國已取得對臺灣擁有政策勒索的資源與潛力。對臺灣政府而言，面對「兩岸非正常化的整

---

[9] 中共對臺政策基調之評估，學者邵宗海將之分為四個時期，分別是：1949～1978 年：武裝解放到和平解放時期；1979～1983 年：三通四流，兩黨談判鼓吹時期；1983～1994 年：和平統一、一國兩制主張時期；1995～2002 年：一個中國原則，任何問題均可談時期。請參見，邵宗海，2006：175-237。無論中共任何領導人在各種不同場合詮釋對臺政策，「一中」主軸論調與基本框架未曾改變。

合關係」的挑戰，就如 Tanner 在其《中國對臺灣經濟威脅》（Chinese Economic Coercion against Taiwan）書中指出，臺灣政府將長期陷於經濟成長與過度依賴中國的痛苦掙扎（Tanner, 2007: 136）。有必要針對中共對臺的統戰作為進行分析，以瞭解中共對臺經濟整合的非正常化與非制度化的政治操作，利用對臺灣經濟影響力轉變成對臺統戰或政治籌碼（political leverage），這是形成兩岸非正常化整合關係的政治因素。

根據 Tanner 分析，中國可能利用臺灣經濟脆弱性（Vulnerability），發動對臺威脅，情境想定（specific coercion Scenarios）有下列五種類型：第一、對臺灣進口展開制裁，第二、對臺灣出口展開制裁，第三、中國對臺灣投資的制裁，第四、對臺灣經濟體系的中斷、損害與破壞，第五、選擇性地對臺商進行騷擾與脅迫。（Tanner, 2007: 137-140）以上中國對臺灣威脅已對臺灣政府構成長期的國家安全負擔，也使中國能輕易地影響臺灣內部。但 Tanner 也分析上述五項經濟制裁實施，中國必須付出極大代價，制裁也可能失敗，因此真正啟動的可能性不高[10]。

---

[10] Tanner 認為以對臺灣出口制裁而言，以臺灣資訊產業實力而言，其負面嚴重程度將超過過去的區域與全球的經濟衰退，美國極可能軍事介入；此外臺灣出口到中國大陸都經過第三國或地區，制裁上將引發周邊國家的反對，其次將嚴重打擊中國地方與部門企業利益，以及影響中國企業的生產成本與出口聲譽，制裁臺灣出口最後將使中國走私與官員貪汙更加嚴重。對臺灣進口制裁部分，僅對煤礦與建材的供應有影響，很難脅迫臺灣做出政治讓步。對投資制裁而言，恐引發中國企業失去技術轉移、大量員工失業，將先使中國經濟蒙受重大損失。至於，在對臺灣經濟體系直接破壞的威脅，如對股票債券、外匯金融、資訊網絡的破壞，會立刻使臺灣經濟活力停頓，這是臺灣經濟體系最為脆弱的一環，也是中國經濟制裁臺灣成效最好的方式。最後，對臺商的騷擾與脅迫制裁，如許文龍事件，長期而言會使主要的中國投資者撤離中

　　由經濟制裁代價大，失敗可能性極高。自 90 年代兩岸經濟整合開始，中國內部要求對臺直接經濟制裁的聲浪變小，相反地是採取經濟吸納的對臺政策，從胡錦濤上臺開始，更展開一連串善意釋出（charm offensive）的新對台政策。這些中國政府經濟吸納或善意釋出，與全球化經濟整合趨勢如全球性的制度整合與價值共享卻出現極大差異，成為臺灣國家發展除遭遇全球化挑戰外，還必須應付來自中國經濟崛起與整合的挑戰。

　　以「新自由制度主義」的觀點分析全球化經濟整合特質，在 90 年代以後完全正常國家之間，經濟整合正常發展至某一程度，透過制度化與機制建立，可創造更可信賴的和平安全的國際環境，也能為下一階段的再整合奠下基礎。但用來解釋兩岸經濟整合關係卻必須謹慎，首先兩岸經濟整合關係雖然從數量與交流層面而言，十分龐大與關係緊密，但因政治理由，雙方政府無法協商以安排制度與機制，用以承載兩岸交流成果以及解決因交流整合所衍生出來的問題。加上中國刻意打壓臺灣參與國際組織，因此兩岸透過國際機制處理兩岸經貿問題的途徑也被阻擋，形成兩岸非制度的整合關係。而非制度化的兩岸整合能否帶來和平與安全，「新自由制度主義」顯然無法適用並有力解釋現階段兩岸整合會促進和平穩定；反而是，因兩岸的非制度化與非正常化整合，以及中共刻意的統戰作為，埋下了兩岸緊張衝突的誘因。

　　以「建構論」觀點而言，雖然兩岸民間交流、經濟整合密切，但兩岸政府仍處於充滿敵意或不信任，無論政府與人民在基本價值

國，留下來的臺商將採取迴避政治的態度，長期而言中國想利用對付臺商使臺灣政府做出重大政治讓步的可能性不高。（Tanner, 2007: 137-140）。

認知，如民主、自由與人權觀念與作法，差異性頗大；且中共在國際社會對臺灣政府與民間參與各項活動打壓從未歇手（見表 3-8），兩岸過去所累積的敵意實大過於善意（參見圖 6-1），這也是在歷次民調皆反應出臺灣人民認為中共對臺灣人民與政府敵意偏高的主要因素。因此雙方仍在敵對狀態下，兩岸整合關係尚未制度化、正常化之前，認為現階段兩岸經濟整合現狀，就認為兩岸已出現康德式文化結構，進而走向和平發展共存共榮的境界，顯然違反建構理論，也不符合兩岸的交流事實。

　　在全球化區域化整合的潮流，「新自由制度主義」雖然可以解釋國際政治經濟因整合與相互依存而日趨穩定與和平，或是「建構論」強調物質結構的價值性基礎的角度，但用以觀察現階段兩岸整合關係將無法樂觀。

表 3-8：中共對臺灣打壓行動一覽表（擷取 2004 至 2005 年間）

日期	行動內容
2004.7.8～18	第三屆奧林匹克合唱團比賽，中共向主辦單位施壓，使我成為惟一無法持國旗進場的隊伍
2004.8.1	大陸學生抵制臺大學生參加在韓國舉行的「東亞共同空間」國際會議
2004.8.16	中共施壓聯合國，取消臺灣國中生楊智淵郵票圖案創作優勝資格
2004.10.29	德國紐倫堡發明大展，中共大使向大會施壓要我卸下國旗。中共代表團在展覽會場叫囂表示，這裡沒有中華民國存在的地方
2004.11.7～9	義大利米蘭世界美髮大賽，中國代表團向大會杯葛，要求我代表團須將「中華臺北」改為「中華人民共和國臺灣省」
2005.1.6	因中共干涉，印有中華民國國旗、國號的救援物質無法進入斯里蘭卡、馬爾地夫等受災最嚴重的區域
2005.4.8	教宗逝世，中共抗議教廷准扁簽證，取消致哀團，此前並施壓教廷與臺灣斷絕外交關係

2005.5.4	臺灣醫衛專家參加 WHO「亞洲海嘯災後衛生議題會議」，遭中共打壓，無法出席開幕典禮
2005.5.12	民進黨受邀參加國際自由聯盟會議，但因中共施壓，游錫堃祕書長申請保加利亞簽證遭拒
2005.5.13	WHA 會議前夕，中共向我友邦發出說帖，要求不要提出、贊助、支持任何與臺灣有關的議案
2005.5.14	中共與 WHO 簽署備忘錄，聲稱 WHO 在與臺灣的技術交流或協助時，需先與中國政府諮商
2005.5.16	沙祖康表示，中國只有一個，臺灣沒有主權，而是中國的一省，並以連宋在中國訪問的說法來背書
2005.6.7	臺南市以「TAINAN.TAIWAN」參加聯合國的世界環境日會議，中國向大會抗議無效後，包括北京在內的五位中國受邀市長全部缺席抗議
2005.6.8	芬蘭舉行的國際技能競賽，因中國打壓，我國選手被要求不得帶國旗入場，但為維護國家尊嚴，小選手們千方百計藏在衣服內夾帶，或蓋在工作檯上等。

資料來源：Important Documents on the Government's Mainland Policy, published by the Mainland Affairs Council, May 2005(3rd Edition),p3-4.

一、「經濟吸納」香港模式的統戰作為

　　兩岸經濟整合最大的敵意應屬來自中共對臺灣的「經濟吸納」統戰，對臺灣而言，兩岸經貿上除有經濟面客觀結構性問題所帶來挑戰外，最具安全威脅則是中共對臺的經濟吸納統戰。

　　「經濟吸納」是中共得自處理香港問題的經驗，由於收回香港主權經驗讓中共當局十分滿意，即以「一國兩制」模式收回香港主權，並保持香港的繁榮與經濟地位，令中共當局積極企圖將收回香港主權經驗垂範臺灣（陳明通等，2005：131；邱垂正，1999：141）。經濟吸納操作模式具體作法，是中共依憑其巨大的市場、廣大充沛

又廉價的勞動力與土地，吸引外來資金與技術的持續投入。俟一定時間發展，當對手在經濟上產生對中國大陸的依賴性之後，中共便開始收網、施壓。香港在一九九七年前的香港過渡期，除了水電、基本民生物質仰賴大陸供應外，其製造業絕大部分早已移往大陸地區投資設廠，形成中港經濟的一體化，這些現象包括中港兩地貿易的高度依存、產業分工的緊密連接、以及中資企業在香港大肆投資等等，由於生活與經濟發展幾乎操控在中共手裡，使得香港在主權轉移過渡期的經濟自主性逐漸蕩然無存，香港資本家的政治態度幾乎都受制於客觀經濟環境影響，由原效忠港英政府全部轉向中共政權叩頭（邱垂正，1999：134-141）。

依據中共統計，在大陸投資的臺商已經超過 7 萬家[11]，這些企業家人士在臺灣也都有一定的影響力，因此中共也充分運用施壓、籠絡等手段，迫使臺商在政治立場上向其靠攏，使臺灣內部產生分化效應（邱垂正，2005：第 13 版）。而中共也一直將「經濟吸納統戰」作為對臺工作的指導原則，自 1990 年代的「中發三號文件」中即明白宣示，「強化兩岸經貿交流是抑遏臺灣分離的最有利工具，兩岸經貿交流既要按照經濟規律辦事，更要為祖國統一的政治任務服務。」（陳明通等，2005：131），一直到現階段對臺統戰策略都是為加深兩岸經貿依存度而努力，為政治統一奠下基礎[12]。因此，中共對我經濟吸納與經濟統戰作為，是現階段對臺灣安全威脅與製造我

---

[11] 據中國商務部對外公布資料，累計至 2006 年 7 月底，中共核准臺商對中國大陸投資項目 70,566 項。請參見陸委會《兩岸經濟統計月報》，2006：30。

[12] 2003 年元月中共召開「全國臺辦主任會議」，會議重點包括提出「二十年對臺工作計畫」，以擱置兩岸政治爭議、全力推動直接三通、擴大兩岸經貿交流合作、加深兩岸經貿依存度為未來對臺工作主軸。

內部紛爭、分化我內部團結的主要威脅來源，對我國家發展構成相當嚴厲之挑戰，也是兩岸經濟整合無法正常化的主因之一。

　　2003 年 6 月 29 日中國與香港簽訂一中架構原則的「更緊密的經濟關係安排」（CEPA），協定的目的是為了使雙方「經濟一體化」，CEPA 的內容主要有三個支柱構成，包括「商品貿易自由化」、「服務貿易自由化」、「貿易投資便利化」等[13]，CEPA 的成立具有多重戰略意涵，除有中國區域經濟發展需要、防止 WTO 將中國大陸內部分割化之外，就是要對臺灣發揮統戰的效果。

　　中港 CEPA 協定是中共整體區域戰略的一部份，臺灣若長久被排斥在區域經濟圈，將會面臨「邊緣化」危機，但 CEPA 的定位在中共總理溫家寶出席見證簽訂中港 CEPA 時致詞指出：「更緊密的經濟關係安排是在一國兩制與 WTO 框架內所作出之特殊安排，反映了中國作為主權國家，與香港作為單獨關稅區之間建立更緊密的經濟關係」[14]。因此，中港 CEPA 模式便成為對臺統戰宣傳重要訴求，自 2003 年中港簽訂 CEPA 以來，且在 2004 年、2006 年逐步落實實施之際，中方學者與官員便趁勢大力向臺灣朝野推銷中港 CEPA 模式，建議兩岸也可以比照簽訂屬於兩岸的 CEPA。但是，無論是接受 CEPA 香港模式或是兩岸建立經濟合作機制，北京當局設下的「一中原則」政治框架為前提，除非臺灣接受，否則就不可能與臺灣建立經貿制度化與建立經濟合作機制，也不可能簽訂中臺之間的 CEPA。

---

[13]　見《文匯報》，陸秀霞，〈CEPA 協議主要內容〉，2006 年 6 月 30 日，參見文匯報網站：http://www.wenweipo.com/news.phtml?news_id=YO0306300201&cat=001YO

[14]　參見香港中國通訊社，〈CEPA 在港簽署，溫家寶發表談話〉，2003 年 6 月 29 日電文。

二、中共對臺灣國際政治經濟邊緣化作為

以香港模式垂範臺灣不只是經濟面而已，還包括中共企圖將臺灣地位港澳化，阻止臺灣與各國簽訂各項區域經濟整合協議，如自由貿易組織（FTA），在東亞區域經濟整合方面，如 ASEAN 加 3 或 ASEAN 加 6 的經濟整合也刻意排除臺灣加入（《經濟日報》，96.1.16：A8 版），企圖矮化與邊緣化臺灣的國際地位，即使兩岸在 2002 年同時加入世界貿易組織（WTO）後，中共當局仍繼續在 WTO 場合持續打壓臺灣，並企圖修改臺灣代表處的名稱與職銜，這些都是中共在國際組織場合對臺灣國際政治經濟關係邊緣化作為。

因此，兩岸經貿互動除缺乏制度性保障外，在國際經貿的整合層次，兩岸雖已在 2002 年加入世界貿易組織 WTO，但兩岸依照 WTO 規範互動也是相當不順利，主要原因還是中共以政治理由拒絕與臺灣進行協商，並刻意迴避與我在 WTO 場合正式協商，換言之，中共無意或迴避依據 WTO 規範解決彼此間貿易糾紛，甚至藉 WTO 之機制，繼續擴大對我經濟吸納（邱垂正，2003：4-23）。具體操作模式藉著 WTO 規範對臺灣產業進行反傾銷控訴，派人直接與台灣產業界人士商議懲罰性關稅（見表 3-9），中共在與我產業界互動時，刻意排除我官方介入，一方面直接建立起與臺灣產業界的協商管道，使我產業界從此聽命於大陸當局（不然將透過關稅槓桿以高關稅懲罰），或是迫使我業者直接投資大陸，以避開反傾銷稅，這種透過關稅槓桿強化對臺灣招商引資的新方式，更使得兩岸經濟交流充滿著不信任與非制度化。

表 3-9：中國大陸對臺灣產品反傾銷調查情形

被調查產品	被控國家	立案時間	初裁稅率	實地調查	終裁反傾銷稅率
冷軋板捲	韓、俄、烏、哈、臺	2002.3.23	8%～55%	大陸未查證	6%～55%
聚氯乙烯	美、韓、日、俄、臺	2002.3.29	10%～27%	大陸未查證	10%～25%
苯酚	臺、日、美、韓	2002.8.1	7%～27%	大陸官員來臺	3%～19%
乙醇胺	美、臺、馬、日、德、伊朗、墨	2003.5.14	23%、43%	大陸官員來臺	20%、74%
尼龍絲及尼龍加工絲	臺灣	2003.10.31	0～29%	大陸官員來臺	2%以下
未漂白牛皮箱紙板	美、臺、韓、泰	2004.03.31	7.2%～65.2%		
雙酚 A	日、俄、新、韓、臺	2004.5.12		大陸官員來臺	
氨綸	日、美、新、韓、臺	2005.4.13			
PBT 樹脂	日、臺	2005..6.6			
壬基酚	印度、臺	2005.12.19	9.07%～20.38%		4.08%～20.38%
雙酚 A	日、韓、新、臺	2006.8.30	5..3%～37.1%		
甲乙酮	日、新、臺	2006.11.22			
丙酮	臺、韓、日、新	2007.03.07			

資料來源：作者整理自經濟部國貿局公布「中國大陸反傾銷控訴案件彙總表」，國貿局網站 http://ekm92.trade.gov.tw/BOFT/OpenFileService，2007年 5 月 20 日下載。

　　綜合上述，中共現階段對臺統戰作為，包括對臺灣的經濟吸納以及邊緣化臺灣國際政經地位的統戰作為，是形塑兩岸非正常化的經濟整合關係的內在因素，已對臺灣的安全與發展構成很大的威脅，也使臺灣內部陷入朝野對立的紛擾。

　　非正常化兩岸經濟整合關係肇因於中共統戰的結果，使得不對稱經濟整合依賴產生不對稱的權力關係，此一關係並非純由客觀經濟規律造成，而是有中共統戰政策的偏好與動員，拉大了兩岸不對稱的整合關係，同時兩岸也缺乏制度化的合作與管理機制可以處理所衍生問題，造成現階段兩岸關係的非正常化。

　　基歐漢和奈伊給相互依賴（mutual interdependence）下定義時明確指出，當互動行為產生彼此都付代價的結果，就存在相互依賴，相互依賴關係總包含著代價，因為相互依賴意味限制自主權（Keohane and Nye，1977：10）。兩岸因不對稱經濟依賴，衍生出不對稱的權力關係，依賴較大的臺灣面臨國家自主權的限制將比中國為大，面對中國的政治意圖，臺灣經濟依賴的代價有兩種，一是脆弱性，在於擺脫依賴的難易程度，以及選擇替代方案的機會成本。二是敏感性，亦即對於因依賴國政策變動，本國受波及影響程度。

　　在脆弱性方面，若兩岸不對稱依賴的整合關係解除，對於依賴較大的臺灣，其國家安全的維護與實現的手段將更加有限，臺灣脆弱性程度比中國更高，包括：一、國家自主性受到外部制約，使得替代政策的效果與政府風險管理的效率將成為主要議題，臺灣能否擺脫對中國依賴的能力，以及政府被要求提高治理職能將被高度期待。二、內部政策也受到外部制約，而臺灣是否要進一步向中國經濟整合，或者是討論經貿政策開放的問題，都會引發內部政策的爭論。

　　在敏感度方面，中國利用在兩岸非制度化整合關係，透過片面的對臺政策調整，來企圖影響臺灣內部朝野的關係、企業與政府的關係、民眾與政府的關係等，製造臺灣內部分化，引發朝野各黨對中國政策的嚴重爭論。

　　臺灣對中國非正常化的整合關係，所呈現臺灣對中國三項不對稱經濟依賴，臺灣在不對稱經濟依賴下面臨那些政治後果，若藉中國學者蘇長和的分析指出，經濟相互依賴有國內政治意涵與國際政治意涵（蘇長和，1998，36-38）。以臺灣而言，臺灣內部明顯地遭受中共對臺統戰就是細膩操作兩岸不對稱依賴的「脆弱性」與「敏感性」，致使內部對於兩岸經貿政策有嚴重爭議，至於兩岸與國際政治意涵部分，亦即兩岸現階段不對稱依賴關係並不能確保兩岸之間的和平與穩定。

三、「一中原則」架構下的統戰策略與作為

　　中共對臺統戰策略，無論是「經濟吸納策略」或是「對臺灣國際政治經濟邊緣化策略」，其策略目標都在體現在「一個中國」原則架構（大陸稱「框架」）。

　　自 1993 年以後，中共的對臺政策主軸都在體現「一個中國」原則，其中在 2004 年「五一七聲明」[15]明確指出，只要臺灣承認一個中國原則之下，大陸方面願意與臺灣進行各種協商事宜，重點包括：

——恢復兩岸對話與協商，平等協商，正式結束敵對狀態，建立軍事互信機制，共同構造兩岸關係和平穩定發展的框架。

——實現全面、直接、雙向「三通」，以利兩岸同胞便捷地進行經貿、交流、旅行、觀光等活動。

---

[15] 陳水扁連任當選第 11 屆總統就職前，中共中央臺灣工作辦公室、國務院臺灣辦公室受權就當前兩岸關係問題發表聲明，簡稱「五一七聲明」，聲明全文參見新華社，2004 年 5 月 17 日。陸委會網站 http://csin.mac.gov.tw/machtml/alldb2.htm。

——建立緊密的兩岸經濟合作安排，互利互惠。臺灣經濟在兩岸經濟交流與合作，優化產業結構，提升企業競爭力，同大陸一起應對經濟全球化和區域一體化的挑戰。臺灣農產品也可以在大陸獲得廣闊的銷售市場。

——通過協商，妥善解決臺灣地區在國際上與其身份相適應的活動空間問題，共享中華民族的尊嚴。

同時強調「如果臺灣當權者堅持『臺獨』分裂立場，堅持『一邊一國』，非但上述前景不能實現，而且將葬送兩岸的和平穩定、互利雙贏」，甚至以罕見的要脅字眼指出「有兩條路擺在臺灣當權者面前，一條是懸崖勒馬，停止臺獨分裂活動，承認兩岸同屬一個中國，促進兩岸關係發展；一條是一意孤行，妄圖把臺灣從中國分割出去，最終玩火自焚」。這篇聲明直接要脅臺灣領導人選擇是否接受「一個中國」原則，作為未來兩岸關係發展好壞的唯一標準，是歷來中共對臺文獻中講得最露骨、最清楚的一次。

為何「一個中國原則」會是中共對臺統戰的核心目標，根據學者陳明通等認為，「一個中國」原則對中共而言，同時對中國內部、對臺灣及對國際社會的具有統戰作用（陳明通等，2005：122-124），是不能棄守的戰略高地。

(一)「一中原則」是中國所設定對臺政策的戰略框架

充分應用在對臺作為的各種層面，包括：在國際上，定位臺灣問題是內政問題，打壓臺灣的外交空間；在中國國內，以維護中國主權與領土完整為藉口，鞏固中國共產黨在中國獨裁統治的正當性；在兩岸關係上，否定我國政府的法律體系及管轄權，並在兩岸談判上設定一套戰略框架。因此，中國一再宣稱，臺灣必須接受其

所界定的「九二共識」是「一個中國原則」的共識，兩岸才有可能正式復談。除非接受「一中原則」，兩岸才能透過協商建立制度化的整合關係，兩岸才可能正常化。

(二)「一中原則」是中國設下的談判框架

「一個中國」原則與許多經濟整合制度協商看似一般原則，與實質議題無關，但卻是中共用來主導整個談判過程及結果的框架與方針，依過去與中共談判的經驗，會設立一個談判基本原則要求對手接受，但是對原則內容絕不加以界定，等到進入談判期間就會隨時搬出來，抨擊對手違反基本原則與精神，讓對手承受談判破局的壓力。「一中原則」的談判框架就是當臺灣接受抽象的「一中原則」後，當進入談判框架裡，中共就掌握對「一中原則」具體內容的界定權、修改權、解釋權、批判權與懲罰權。

因此，從「五一七聲明」對於「一中原則」的堅持就是明白宣示，除非臺灣接受「一中原則」，兩岸才可能協商建立制度化、正常化的兩岸關係。在臺灣尚未接受「一中原則」之前，中共一方面透過經濟吸納策略，以擴大臺灣對中國的不對稱依賴繼續加深，把臺灣經濟與大陸經濟緊緊整合在一起，同時這種整合關係是非制度化的，缺乏建立雙向互惠合作機制；而是出於中國大陸單方面的善意與優惠政策的作為上，希望藉由「經濟吸納」，讓臺灣經濟如香港澳門依附中國大陸，無法自存自主，臺灣民間與企業自然會壓迫政府屈服，產業界企業家就會影響政治人物與政黨，達成「以民逼官、以商圍政」的對臺統戰目的。

另方面，在經濟全球化與區域整合潮流，中共除一方面透過經濟吸納使臺灣與中國經濟一體化外，另方面就是切斷臺灣經濟同全

球與區域的整合，企圖將臺灣經濟邊緣化，而只能選擇與中國經濟整合，如此推拉策略，使臺灣經濟不得不只向中國依賴傾斜，以達成其政治統一臺灣的目的。

在臺灣政府尚未接受「一個中國」原則或「九二共識」之前，也沒有做出能夠給中國指控臺灣宣布臺獨或具體分裂中國行動，在此現狀下，兩岸關係要如何維繫與發展，中共於 2005 年 3 月 14 日制訂通過的「反分裂國家法」[16]，其中第六條提出中國將採取下列措施，維護臺海的和平穩定，發展兩岸關係。

(1) 鼓勵和推動兩岸人員往來，增進瞭解，增強互信；

(2) 鼓勵和推動兩岸經濟交流與合作，直接通郵通航通商，密切兩岸經濟關係，互利互惠；

(3) 鼓勵和推動兩岸教育、科技、文化、衛生、體育交流，共同弘揚中華文化的優秀傳統；

(4) 鼓勵和推動兩岸共同打擊犯罪；

(5) 鼓勵和推動有利於維護臺灣海峽地區和平穩定、發展兩岸關係的其他活動。

以上五項「鼓勵與推動」措施，並未觸及兩岸進行官方協商，以建立正式制度化關係，而是在非制度化非官方化的現狀下，中國方面將繼續強化兩岸的整合關係所要進行方向。

從 2005 年至 2007 年 1 月為止，中國與臺灣授權團體針對推動兩岸客貨運包機、中國人民赴臺觀光、以及臺灣農產品出口等交流議題，展開一連串的磋商。以上政策議題若能完成磋商並落實推動，

---

[16] 反分裂國家法全文請參見，2005 年 3 月 14 日新華網。參見陸委會網站：http://csin.mac.gov.tw/machtml/alldb2.htm。

有可能創造出兩岸交流的新模式，亦即在「一中」原則尚未被臺灣政府接受的前提下，涉及公權力事項將是以授權的民間團體進行接觸安排，沒有官方正式簽約儀式，而是透過雙方授權的民間團體進行磋商，並以換文照會的模式達成協議，這就是兩岸協商的「澳門模式」[17]。

　　而兩岸非正常化的整合關係，是否可藉「澳門模式」突破兩岸非制度化限制，值得觀察，畢竟目前可透過授權團體協商的議題，都是經過中共當局同意的，一些政治性較高的議題，或是屬於重大經貿議題，例如陸委會吳釗燮主委曾提出 20 項兩岸需要協商項目（吳釗燮，2006：135），包括和平穩定互動架構、軍事信心建立機制、貨幣清算、投資保障、金融監理、避免雙重課稅、貨品進出口、智慧財產權保障、司法互助、商務仲裁、漁事糾紛仲裁、人身保護、人貨包機、海運直航、空運直航、大陸人民來臺觀光、偷渡犯遣返、共同打擊犯罪、海飄垃圾與漁工協議等等，目前除了大陸人士來臺觀光正在協商外，中國方面均毫無回應，未來上述這些議題能否透過「澳門模式」來進行協商，或是中共仍將許多議題視為核心議題必須在「一中原則」之下才同意協商，將是兩岸關係能否突破的關鍵所在。

　　然而中國堅持「一中政治框架」的影響下，不但使兩岸整合關係遭到扭曲發展，更妨礙兩岸關係的正常化。德國歷史學者普芬寧（Werner Pfenning）認為，分裂國家要邁向和平統一（peaceful unification）或和平分裂（peaceful separation），都必須經過一段很長

---

[17]　兩岸 2003 年、2005 年、2006 年春節包機都是在澳門會商完成，故有「澳門模式」之稱。

的正常化過程（normalization），他強調沒有接受現狀不可能達成正常化（Normalization is not possible without the acceptance of the status quo）。因此，他認為分裂國家到和平相處的進程是，第一階段是接受現狀（acceptance of reality），第二階段進入正常化（normalization）（Pfenning,2002:1-8）。（參見圖 3-1）

普芬寧指出如果不接受現狀，將會導致降低資訊減少，或是對資訊錯誤評估，將至少導致三種負面結果，雙方都將付出沉重代價[18]：

(1) 對假定情勢的估計錯誤

(2) 限制了替代方案與可能選項

(3) 片面行動帶來反效果

無論正常化的過程要經歷多少階段，普芬寧經過實證研究，認為正常化至少有下列四種主要特徵：

(1) 尋求更明確的接觸（Search for more substantial contacts）

(2) 放棄聲稱為唯一合法代表（Dropping of claim of being the sole legitimate representative）

(3) 區分政治與經濟的發展（Decoupling of economic and political developments）

(4) 正常化對民主脆弱政體具有危險性（Normalization is dangerous to lesser democratic part of a divided nation）

---

[18] 臺灣歐洲商會曾提出研究報告指出，若兩岸關係經貿正常化發展，臺灣經濟成長率至少提高一個百分點，折合臺幣 1200 億美元（《聯合報》，2007.1.2：A12）。此外，兩岸關係正常化對國防、外交、政治領域影響更大，所帶來正面效果將超乎估量。

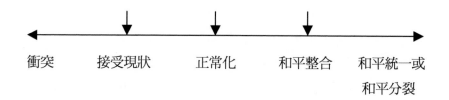

圖 3-1：普芬寧提出和平整合階段歷程

　　從上述普芬寧教授觀點，除非北京當局接受兩岸分立分治、互不隸屬的現狀，並尊重臺灣前途由臺灣人民決定的民主發展現狀，或是以民主方式說服臺灣人民與政府接受「一中政治框架」，否則兩岸要進入正常化的整合階段仍屬困難。

第三節　兩岸非正常化整合關係的效應

一、發動對臺灣「以經促政」統戰攻勢

　　在中國通過「反分裂國家法」不久後，在一次中共國臺辦記者會中[19]，國臺辦經濟局局長何世忠特別闡述兩岸經濟緊密整合現狀，在兩岸投資貿易部分，截至今年（2005 年）五月底：投資批准項目 65568 項，合同金額 827.65 億美元，實際臺資 405.8 億美金。貿易總額累計 4381.85 億美金，其中大陸對臺出口 715.08 億美元，

---

[19] 2005 年 6 月 29 日國臺辦例行記者會。http://csin.mac.gov.tw/machtml/news/important/2005zt585.txt。

大陸從臺灣進口 3666.77 億美元，何世忠特別強調：「中國是臺灣第一大出口市場和最大貿易順差來源」。

最值得注意的是，這次國臺辦記者會中，何世忠總結了兩岸交流合作層次持續提高的具體成效，包括：

(1) 成立臺商投資區：福州馬尾、廈門海滄、杏林、集美。

(2) 成立各式兩岸經貿科技園區：瀋陽、南京設立「海峽兩岸科技工業園區」，成都和武漢「海峽兩岸科技產業區」，在福建、山東、南海、黑龍江、陝西等省設立「海峽兩岸農業合作試驗區」，福建山東、四川、黑龍江等地創建「臺灣農民創業園」。

(3) 兩岸金融交流：批准 2 家臺資銀行、1 家合資臺資保險公司、7 家銀行代表處、12 家臺資證券公司和 9 家保險公司近 30 個代表處。

(4) 臺灣海運與航空公司在大陸布局逐漸增加，目前臺灣海運公司在大陸設立 38 家代表處、2 家獨資海運公司、5 家合資公司，臺灣 4 家航空公司在大陸設立 4 家代表處。

(5) 臺灣企業在大陸籌資上市，目前有浙江國祥制冷、深圳成霖潔具等兩家，還有多家申請中。

何世忠最後帶出一項核心問題：「我們願意兩岸在『九二共識』基礎上恢復協商談判後，同臺灣方面就建立長期、穩定的兩岸經濟合作機制進行磋商，以促進兩岸共同發展繁榮」。

從上述何世忠的談話，看似充滿善意，然而卻是詳述了中國對臺經濟吸納的「戰果」，更重要的是，暴露出中共對臺的真正政經意圖，換言之，臺灣不接受一中原則的「九二共識」，兩岸就不可能進

行經濟合作機制的磋商，兩岸也就無法獲致正常化與制度化的經濟交流，那麼兩岸經貿往來與臺商投資就不可能獲致制度性的保障。

　　本章的主旨，就是分析中共當局現階段對臺經濟統戰的核心，提出「非正常化的兩岸經濟整合關係」概念架構，描述目前兩岸經濟整合不對稱依賴的現象，從「新自由制度主義」（Neoliberal-Institutionalism）或「建構論」（Constructivism）的觀點，對於透過兩岸經濟深層互賴就可確保兩岸和平的主流論述提出反思。

　　值得注意的是，自從兩岸先後加入 WTO 以來，有關建立「兩岸經濟合作機制」的概念一直被中共當局所提到，其意義正逐漸被衍生化、具體化。它基本的概念是將建立兩岸經濟合作框架的目標加以明確化、規範化與機制化。而兩岸加入 WTO 後，在經貿領域必須適用 WTO 基本規範，因此兩岸要加強經貿合作，加上區域經濟合作的國際趨勢，勢必要突破以往「民間、單向、間接」的模式，朝「官方、雙向、直接」的目標，進行合作。

　　「兩岸經濟合作機制」係由 2002 年 1 月 28 日，在紀念「江八點」7 週年大會上，由中共前國務院副總理錢其琛首次提出（盛九元，2005：147）。到了 2005 年 4 月 29 日國民黨主席連戰訪問中國，與中共總書記胡錦濤簽署「連胡會」會談的新聞公報，在國共兩黨的 4 個共同促進中，有關要促進兩岸經濟全面交流，就是要建立兩岸經濟合作機制，以促進兩岸展開全面的經濟合作[20]。5 月 12 日親民黨主席宋楚瑜訪問中國與胡錦濤達成「六項共識」，其中第四項有

---

[20] 2005 年 4 月 29 日連胡會新聞公報，其中「……進而建立穩定經濟合作機制，並促進恢復兩岸協商後優先討論兩岸共同市場」見新華社北京 4 月 29 日電全文。參見陸委會網站 http://csin.mac.gov.tw/machtml/news/important/20050502-1.txt

關兩岸經貿也是標舉著「加強兩岸經貿交流，促進建立兩岸經貿合作機制」[21]。同年 9 月 15 日，親民黨與中共合辦「第一屆兩岸民間精英論壇」，中共代表政協主席賈慶林在致詞時，曾四度重申「著眼長遠，建構兩岸經濟合作機制」的重要性。10 月 11 日中共第 16 屆第 5 中全會，通過「中央關於制定國民經濟和社會發展第十一個五年規劃的建議」報告，其中涉及兩岸關係擴大兩岸民間交流與往來部分的政策方向為：「擴大兩岸民間交流與往來，維護臺灣同胞的正當權益，推動全面、直接、雙向『三通』，促進建立穩定的兩岸經貿合作機制，促進兩岸關係發展，維護臺海和平穩定，支持海峽西岸和其他臺商投資相對集中地區的經濟發展，促進兩岸經濟技術交流與合作。」[22]

　　但是必須明確指出，中共同意要建構「兩岸經濟合作機制」並不是無條件的，上述「連胡會」、「宋胡會」的會談共識，或是五中全會的十一·五建議報告，也都有以一個中國的「九二共識」作為恢復兩岸商協的前提要件，亦即臺灣方面不接受「九二共識」，兩岸就不可能恢復協商，也就不可能建構兩岸經濟合作機制。2005 年 6 月 29 日國臺辦例行記者會，國臺辦經濟局何世忠表示：「我們願意

---

[21] 見 2005 年 5 月 12 日宋胡會會談公報，其中「兩岸恢復協商後，就建立兩岸貿易便利和自由化（兩岸自由貿易區）等長期穩定的相關機制問題進行磋商」。新華社北京 5 月 12 日電全文，參見陸委會網站 http://csin.mac.gov.tw/machtml/news/important/t051302.txt。
[22] 2005 年 10 月 18 日中共第十六大五中全會通過〈中共中央關於制定國民經濟與社會發展第十一年規劃的建議〉中有關兩岸關係的內容。參見陸委會網站 http://www.gov.tw/jrzg/2005-10/18/content-79267.htm

兩岸在「九二共識」基礎上恢復協商談判後，同臺灣方面就建立長期、穩定的兩岸經濟合作機制進行磋商……」[23]。

二、兩岸整合「非制度化」是中共對臺統戰的必然過程

　　臺灣與中國高度經濟整合，可發揮對兩岸衝突緊張帶來緩衝作用，但兩岸政治敵對卻未隨經濟整合而有效降低政治對抗，中國對臺政策基調，從93年至今未曾改變就是明顯例子，甚至於2005年通過反分裂國家法，將臺灣絕不可能接受的條件加以法律化。兩岸關係是否成為經濟整合會達成和解與和平的反例？其實不然，前述歸納兩岸經濟整合呈現出「三個不對稱的經濟依賴」現象，造成臺灣經濟安全挑戰，使得中國對臺灣擁有勒索的資源與潛力，而為何會形成兩岸不對稱的經濟依賴現象，以及兩岸非正常化的經濟整合關係，其實這些都是中國統戰臺灣的必然過程。

　　以制度論角度舉例而言，由於兩岸官方沒有簽訂「投資保護協定」，臺商遇有商務糾紛，大都牽連複雜，且多涉及地方保護主義，加上大陸非法治地區，常有地方官員貪贓枉法，官官相護的情事，致使侵害臺商權益情事層出不窮，對於侵權事件，臺商大都透過兩種途徑尋求解決，第一、依循中共片面制訂各項臺商貿易與投資、稅務等法規或各項政策，但大陸司法透明度有限，法治程度不高，執法內外有別，臺商願意訴諸行政救濟、機關仲裁與司法途徑的人

---

[23] 2005年6月29日國臺辦例行記者會。全文參見陸委會網站 http://csin.mac.gov.tw/machtml/news/important/2005zt585.txt

不多，大都透過「關係」尋求解決[24]，原因是臺商對大陸司法沒有信心，且經常曠日廢時，司法訴訟的時間壓力與花費都會對臺商造成巨大壓力（張源容，2005：58），第二、是透過臺商協會系統，以集體交涉方式，透過運用與各地地方政府的關係解決，這是中小型臺商最常使用途徑[25]。因此上述無論哪一種途徑皆缺乏可信賴與穩定的固定制度，現階段解決兩岸爭議的制度化安排，因政府沒有協商，使得解決問題的效果與效率十分有限與薄弱。

除了大陸臺商無法獲得制度化的保障外，兩岸民間交流雖然極為密切，但截至目前為止，兩岸尚未共同發展出經貿雙邊的合作機制與管理機制，雙方也沒有公權力的單位協商簽訂經貿整合議題的協議，這種缺乏制度保障的兩岸經貿整合，在一般正常國家間的經濟整合，無論是個體或總體經濟行為人皆有明確與可信賴的制度加以保障與依循的情形比較，實屬罕見而不正常。而造成這種非制度化、非正常化的兩岸整合關係，正是中國對臺灣統戰的必然過程。

中國正是利用其增長快速的政經實力，營造兩岸的非正常化、非制度化的環境現狀，針對臺灣的脆弱性與敏感性，製造臺灣內部與外部壓力，壓迫臺灣政府在各方壓力之下，屈服接收「一中原則」，而在統戰過程中也勢必引發臺灣內部極大的爭論

---

[24] 大型臺商在遇有糾紛，皆運用關係協商解決，甚至賦稅比例方面多有用協商方式達成，不過臺商逃漏稅也成為中共當局制裁或威脅「不聽話的」臺商的手段之一，如曾對針對「綠色臺商」加強查逃漏稅。

[25] 根據陸委會經濟處官員歸納，遇有糾紛透過臺商協會提出交涉，大都以中小型臺商為主。

三、引發臺灣內部對中國關係的嚴重爭論

　　兩岸非正常化的經濟整合，形成對大陸不對稱性的經濟依賴，由於中共擁有經濟制裁臺灣的潛力，使得臺灣政府擔心中共利用經濟威脅來影響臺灣政治，在中國的經濟吸納與靈活善意的統戰下，引發臺灣朝野面對兩岸的經濟整合看法有很大的歧異，一方面是面對兩岸經貿已呈現高度整合且不斷強化的趨勢，尤其是「出口貿易」與「資本流出」兩項指標上，因臺灣出口依賴集中於大陸，臺灣對外投資也集中在大陸，且因投資帶動貿易，臺灣提供大陸臺商或企業的中間財，以及最終產品出口賣到發達國家的產業分工模式，構成臺灣經由中國生產基地再轉運至世界主要市場，在全球經濟分工扮演全球商品供應鏈的角色等，因此中國生產基地與市場對台灣企業具有不可抗拒的吸引力。

　　另一方面，中共對臺持續軍事威脅、外交打壓，以及加強經濟吸納統戰下，其「以經促統」「以商圍政」「以民逼官」統戰，已使臺灣經濟安全出現嚴重危機，並可能進一步蔓延成政治、社會的衝突。以下為國內對此問題主要的兩種理念型（ideal type）思考脈絡：

(一) 和平雙贏論

　　強調兩岸互利互補，雙贏共榮，兩岸經濟交流是兩岸關係的安全係數，交流越密切，卻能維護臺海和平。兩岸經貿緊密相互依賴關係，是全球商品鏈的構成要素，也是兩岸與國際互賴上的關鍵鏈結。因此主張積極開放對中國經濟交流，繼續強化對中國投資，如推動海空直航，要求進一步鬆綁兩岸經貿政策等等。在臺灣內部主張此等論述主要包括國民黨、親民黨與統派人士、中時報系、聯合

報系與 TVBS 等媒體、以及臺灣與中國布局的臺商與外資等企業
界。例如,國民黨主張與大陸簽訂兩岸共同市場;親民黨主張兩岸
自由貿易協定[26],國親兩黨立委立院提出多項要求鬆綁兩岸經貿的
兩岸條例修正案等[27],嚴厲抨擊陳水扁政府「臺獨傾向」的大陸政
策,認為是「鎖國政策」。甚至連美國在臺協會 AIT 處長楊甦棣都
曾多次[28]公開呼籲臺灣應放寬海峽兩岸商品、資金、人員流通之限
制,這是臺灣保持亞太地區經濟地位的關鍵因素(《蘋果日報》,
2007.5.22:A2 版)。

(二) 經濟安全論

主張在兩岸關係未正常化前,臺灣對大陸持續不對稱的經濟互
賴關係發展,以及中共綿密「經濟吸納」統戰攻勢,已動搖臺灣經
濟自主權,危害我經濟安全。勢若不止,將逐漸瓦解臺灣主體性的
經濟基礎,造成高失業率與貧富不均。長期恐對民眾對臺灣主體性
的認同與支持有負面影響。主張經濟安全論主要以執政的陳水扁政
府與泛綠政黨為主,在兩岸政策上主張落實「積極管理」、「深耕臺

---

[26] 參見 2005 年「連胡公報」、「宋胡公報」。
[27] 國民黨、親民黨團提案修改兩岸條例第 28、29、30 條要求推動直航;李紀
珠提案修正第 36 條要求開放金融保險業赴大陸;蔡正元、李紀珠、劉憶如
等提案修正第 38 條要求建立貨幣清算機制;賴世葆、劉憶如、李紀珠、謝
國樑等人提案修正修正第 35 條要求企業投資中國上限;國民黨團與馮定國
提出離島建設條例第 18 條修正案,要求全面開放小三通中轉等等。2005 年
5 月 22 日瀏覽立法院網站:http://lci.ly.gov.tw。
[28] AIT 處長楊甦棣曾於 2007 年 5 月 22 日工商協進會致詞、3 月 20 日美僑商會
謝年飯演說、2006 年 11 月 21 日臺北美僑商會演說、2006 年 8 月 16 日中美
經濟合作策進會演講,多次提到「臺灣要成為區域及全球中心,需正視開放
與中國關係的重要性,臺灣要繁榮,應讓人員、商品及資金自由往來兩岸」。

灣、全球布局」、嚴格管制技術輸出中國，強調中國投資風險觀，批判國親兩黨「聯共制臺」，罔顧國家安全。

　　若思考兩岸關係特殊性，中共尚屬專制政權，且不放棄武力威脅臺灣，因主權爭議爆發主觀的尋戰意志仍強烈下，因此臺灣方面有部分政治人物與學界大聲疾呼加強「經濟整合」（economical integration）的客觀力量來營造兩岸和平環境，用以降低大陸領導人決策的任意性，防止爆發任何形勢衝突的可能性，是臺灣現階段生存發展之道。但另一方面，中國對我壓迫日趨嚴峻，臺灣毫無防備地對中國經濟開放，將陷入喪失經濟自主性的危機，進而危及政治的自主性，因此不可不防。

　　兩岸經貿整合是否真能帶來和平穩定？只要「非正常化經濟整合模式」無法突破，對中國經濟不對稱依賴仍存在，經濟互賴和平雙贏的觀點適用在兩岸就無法過度樂觀。

表 3-10：當前朝野兩岸經貿政策的兩種思考

朝野主張人士	論述	基本政策	現階段議題發展
泛藍人士 泛藍學界 主流媒體 大企業家 產業界人士 旅遊業 政府內部分人士 美僑、歐僑商會 中共官方與學者	**和平雙贏論**：強調兩岸互利互補，雙贏共榮，兩岸經濟交流是兩岸關係的安全係數。兩岸經貿緊密相互依賴關係，是全球商品鏈的構成要素，彼此與國際互賴上的關鍵鏈結。故於現實上，兩岸持續交流已實質制約兩岸	1、主張積極對中國經濟交流，繼續強化對中國投資。如推動海空直航。 2、國民黨：兩岸共同市場。 3、親民黨：簽訂兩岸自由貿易協定。 4、嚴厲抨擊扁政府	1、定期化包機、貨運包機。 2、開放中國觀光客來臺。 3、臺灣農產品輸往大陸。 4、開放陸資來臺投資（設立銀行辦事處等等）

		臺獨傾向的大陸政策，認為是「鎖國政策」。	
臺聯 民進黨 泛綠（獨派）學者與團體 陳水扁政府 自由、三立、民視等媒體	**經濟安全論**：在兩岸關係未正常化前，臺灣對大陸持續不對稱的經濟互賴關係發展，以及中共綿密「經濟吸納」統戰攻勢，已動搖臺灣經濟自主權，危害我經濟安全。勢若不止，將逐漸瓦解臺灣主體性的經濟基礎。長期恐對民眾對臺灣主體性的認同與支持有負面影響。	1、落實有效管理、嚴格管制技術輸出。 2、強調中國投資風險。 3、深耕臺灣、全球布局。 4、批判國親兩黨罔顧國家安全，「聯共制臺」。	1、做好風險評估、相關配套措施，將負面降至最低。 2、主導對經貿開放議題的節奏。 3、貨運包機、農產品、觀光等三項議題的推動。

　　現階段兩岸非正常化的整合關係，是一個不穩定的關係。以「新自由制度主義」（Neo-liberal Institutionalism）的論點出發，從經濟互賴、制度相嵌的合作發展，進而獲致和平的論證，投射到兩岸經濟整合事例，能檢視出現今兩岸客觀經濟互賴發展是否能促進臺海和平安全？但兩岸經濟互動的緊密程度與和平安全的關聯性如何？並不是非西方「新自由制度主義」所能充分解釋。

　　但是「新自由制度主義」觀點卻能直指兩岸問題的核心，兩岸非正常化的整合關係就是因為缺乏制度化的「載具」，包括兩岸與國際的機制與制度化，來確保交流經貿成果，以及建立糾紛解決機制來有效處理所衍生的問題。因此非制度化不但是兩岸政府衝突的來

源，也是兩岸經貿無法進一步深化整合的障礙，無疑的，這也是兩岸無法和平穩定的主要因素。

北京當局運用兩岸不對稱經濟整合關係，繼續結合其經貿、市場資源的優勢，以政客、臺商為工具，給予實質的經濟誘因或威攝以達成其政治目的。現階段中共對臺經貿戰的政治目標層次分明，包括擴大兩岸經貿整合的不對稱性關係，邊緣化臺灣在全球與區域經濟整合的地位，弱化臺灣政府自主性與公權力，扶持臺灣內部政黨與臺商成為「利益代理人」，並挾持臺商成為「政治人質」，引發臺灣內部對與發展中國關係的爭論等等，這一系列的對臺統戰作為，正是北京當局透過對臺統戰操作下，造成現階段兩岸非正常化整合關係的必然結果。

另方面，是否可以用歐洲整合理論來解釋？歐盟整合的經驗，提供了兩岸經濟整合，甚至是政治整合的借鏡參考，但臺灣部分學者對詮釋歐盟的過度偏向「新功能主義」與「功能主義」，卻刻意淡化主權意涵，以致於對歐盟模式適用在兩岸有過度樂觀錯誤期待，事實上歐盟整合經驗是各國主權問題已經獲得解決前提下，所進行各項功能性、安全性、甚至政治性議題的整合。兩岸由於主權爭議無法有效解決，就無法進行政府間協商，缺乏政府間制度化協商與整合機制的兩岸關係，能否以歐盟整合經驗與模式來類比適用或相提並論，在比較基礎與前提的不同下，歐盟整合經驗模式適用在兩岸整合關係，宜慎重為之。

第四章 「經濟互賴」與兩岸和平整合

　　臺灣與中國自 1987 年交流以來，有威脅也有機會。「和平共存、互利共榮」本應是兩岸最好的發展，但是中國對臺灣的併吞、軍事恫嚇、外交壓迫及政治分化等威脅，至今沒有鬆懈跡象；但另一方面，兩岸經貿、文教與社會各層面的密切交流，尤其經貿密切的依賴關係，創下歷史上敵對國家中，「政治敵對、經濟密切」的奇特互動現象。臺灣經濟對中國高度依賴的現象，包括中國是臺灣最大的出口國家，2005 年出口依賴高達 37.8%，2006 年更創下 39.8%歷史新高（如表 3-1），臺灣對外投資竟然有 71.1%以上集中在中國[1]，臺灣依賴中國生產基地製造，再行銷世界的比例迅速遽增，臺灣廠商利用中國程度世界第一，兩岸經貿現狀幾乎可宣告：「臺灣經貿已高度依賴中國，被中國大陸緊密地吸納住」。

　　面對中國改革開放後的經濟磁吸，臺灣政府也曾運用強化「經濟民族（國家）主義」的思考與防衛[2]，避免對中國傾斜造成對臺灣經濟安全的威脅，過去李登輝時代的「戒急用忍」就是代表作，但依然無法抗拒中國經濟吸納力量，理由不外乎是臺灣國家認同分

---

[1] 依照國貿局網站資料，2005 年我國出口結構為，中國大陸 37.8%，美國 15.1%，東協五國 9.8%，歐洲 8.0%，日本 7.6%，其他 21.8。另我國 2005 年對外投資地區結構部分，中國大陸 71.1%，美國 3.7%，歐洲 3.5%，香港 1.3%，新加坡 1.2%，東協五國 2.0%，其他地區 17.3%，另可見（陸委會，2006b：8-10），亦可參見陸委會網站（http://www.mac.gov.tw）。

[2] 「經濟民族主義」觀點，參見（Glipin,1989：205-209）。但本文要強調採取「戒急用忍」或對兩岸經貿緊縮政策者，是針對中國的「經濟民族主義」防禦，而非全方位或對全球的防禦。

歧，臺灣廠商企業家願意為國家長期利益而調整經濟行為的人畢竟
太少；加上中國對臺商的經濟吸納統戰成功，從中央到地方政府對
臺商的親切接待與優惠政策奏效。

本文的重要假設是，雖然兩岸經貿整合密切，但必須基於全球
化的大架構下進行觀察與解釋才有意義，舉凡進出口、投資、市場
佔有等統計數字，已失去雙邊經濟往來的意義，只有放在全球化的
生產架構思考，才能獲致真正意涵。

例如：臺灣對中國出超金額逐年增長快速（見表 4-1），從 1997
年臺灣對中國（含香港）出超為 234 億美金，經過 10 年，2006 年
為 625 億美金，增長 267%，2006 年 WTO 祕書處所撰關於中國貿易
政策檢討之祕書處報告，特別凸顯臺灣對中國龐大累積的出超金
額，高居世界第一[3]。

在數據上看似臺灣對中國佔盡便宜，中國官員動輒以此強調對
臺灣經濟的貢獻，但真正意涵是，不是臺灣專門只賺中國的錢，而
是臺灣與中國經濟合作，賺美國以及全世界市場的錢。

同時，從兩岸經貿數據看兩岸雙邊貿易與投資整合關係，兩岸
經貿呈現非正常化的整合關係，在臺灣對中國不對稱的經貿依賴脈
絡下，也存在著對臺灣經濟安全的脆弱性與敏感性問題，亟待重視。
然而本章則從全球化下的兩岸經濟互賴整合觀點，尤其從企業整合
的形式與全球分工新模式，以及兩岸互賴的利益分享，來論證兩岸
經貿整合如何可以降低衝突，增加兩岸和平與穩定的機率。

---

[3] WTO 祕書處所撰關於中國大陸貿易政策檢討之祕書處報告之第一章第 50
項，中國大陸 2005 年貿易逆差國依序為臺灣 580 億美元、韓國 420 億美元
及日本 165 億美元。貿易逆差反應上述這些國家至大陸設廠之公司，輸入母
國零組件並於大陸完成製品，再將成品銷往其他國家，亦即，臺灣、韓國及
日本係透國中國大陸將貨品運往美國與歐盟。

　　在90年代的經濟全球化下，產業經營布局型態出現本質性的改變，例如兩岸之間因「產業內貿易」（intra-industry），而導致臺灣出口模式進行了分工轉化。簡言之，臺灣企業大多將關鍵零組、半成品與中間產品出口到中國，利用中國的工廠再行「組裝」與「加工生產」，然後由中國再出口至歐美日市場；顯然在區域產業分工體系下，兩岸產業分工的合作模式取代了過去臺灣直接出口至歐美日等主要市場的營運模式。依照WTO祕書處公布「中國貿易政策檢討」報告，臺灣不但已是大陸貿易逆差最大來源，臺海兩岸「產業內貿易」額竟然超過中國大陸與全球產業間貿易額的一半[4]，充分顯示兩岸經貿整合，不能以單純雙邊的角度來理解，而要以新的全球化觀點來詮釋，才能得到最真實的意義，本章嘗試這方面的努力。

表4-1：臺灣與中國（含香港）的貿易關係：1997～2006

單位：億美元

年度	1997	1998	1999	2000	2001	2002	2003	2004	2005	2006
出口	293	263	294	371	336	435	538	692	777	892
進口	59	62	67	86	80	99	129	190	222	266
貿易總額	352	325	361	457	416	534	667	882	999	1158
貿易順差	234	201	227	285	256	336	409	503	555	625

資料來源：我國海關統計，參考表3-1計算整理。

---

[4]　見"Trade police review－People's Republic of China"(2006) ,report by the Secretariat, World Trade Organization, Feb28,No.50,p24.見 http://intranet.mac. gov.tw/macrpir/report/s161.pdf，或《經濟日報》，2006年3月20日，第一版。在WTO秘書處的統計報告中，1998到2004年同時間中國與全球的產業內貿易為40.39%，其中中國與臺灣的產業內貿易比率達24.02%，超過一半。

　　21 世紀的臺灣面臨兩大挑戰：一是中國經濟的崛起，二是全球化的快速變遷，臺灣不能再以過去「遠離中國、小心統戰」的思維來面對現況。臺灣與中國大陸的經貿關係到底應如何定位才能滿足對國家安全與經濟發展的雙重要求？臺灣要如何正確認識兩岸經貿交往現狀，進而尋找經濟發展戰略？本文將以「兩岸共構全球商品供應鏈」（constructing global commodity supply chain by both sides of Taiwan Strait），作為以臺灣為中心的經濟戰略思考架構，來解釋現狀，並掌握未來。

第一節　兩岸共構全球商品供應鏈的形成

一、全球化下兩岸經濟整合分工新趨勢

　　在上世紀 90 年代經濟全球化的影響下，企業在全球生產與布局與二次大戰前以及冷戰期間比較，有顯著的不同，一方面是包括中國在內的開發中國家加入全球化生產要素的行列，中國已成為最大的生產基地（陳博志，2003：3），另方面是企業生產特性的轉變，呈現前所未有的現象。美國學者 Stephen Brooks 認為跨國企業（multinational corporations ,MNCs）生產全球化模式（the globalization of production）有別於以往，1870 年以來的經濟全球化特質主要是國際貿易（trade）的拓展與加速，如今則以跨國企業的全球布局為主要特色（the geographic dispersion of MNCs），而這種全球生產特性的轉變主要表現在國際代工生產（international subcontracting）以

及企業間的國際策略聯盟（international inter-firm alliances）（Brook, 2005:1-12）。

Brooks 指出，跨國企業區域布局的委外分工（outsourcing）大幅激增，無論在產值與比重方面皆節節升高，另方面跨國企業間的策略聯盟也快速增加。透過不斷委外分工以及策略聯盟，不但帶動全球貿易的快速增長，更重要的是形成目前全球經濟生產產業鏈與商品供應鏈，這些產業鏈與供應鏈就是目前經濟全球化的主要特色（Brook, 2005:16-46），也對國際安全（international security）帶來重要的劃時代影響。

美國康乃爾大學研究全球經濟的學者 Gary Gereffi 則將商品供應鏈區分為「生產者驅動的全球商品鏈」（producer-driven commodity chains）以及「買方所驅動全球供應鏈」（buyer-driven commodity chains）（Gereffi, 1999：41-44），前者係大型製造廠商協調生產網絡，並在其中扮演核心重要角色，它擁有多層次生產系統，涵蓋成百上千的公司（母公司、子公司、包商）[5]，例如汽車業、資訊電子業等等。後者則是以品牌製造業者為中心，在各不同出口國家建立生產網絡，這種貿易導向的工業化情形在勞力密集產業以及消費性電子產品最為明顯，產品通常由第三世界承包商幫外國買家製造完成，產品訂單由下單的品牌製造商、市場商家提供，亦即下單的買方只設計、行銷產品，卻不從事製造。

---

[5] Gereffi 總結日本汽車商生產模式研究，指出自 1990 年代開始，平均日本汽車製造商的生產體系包含了 170 個首要承包商，4700 次要承包商，31600 再其次的承包商，並透過這個複雜分工架構出日本在東亞與東南亞龐大的生產體系與商品供應鏈，日本在北美洲建立起類似的汽車生產模式。

　　Gereffi 指出，全球商品鏈分析全球化產業的方法，主要是掌握發展產業要與最重要的領導公司（lead firm）連結，這些領導公司不見得是傳統垂直整合的公司，也不見得要參與製造成品，領導公司可以是製造的上游或下游，如設計研發、品牌銷售者（private label retailers）或是重要關鍵零組件的提供者，如 Intel、Microsoft。這些領導大廠憑藉關鍵新技術、產品設計、品牌、與符合市場運作的通路與需求，掌控主要資源並獲取大部分利益。然而，全球商品供應鏈內公司企業間互動與效益的研究，存在各種不同的運作模式，Gereffi 以價值鏈（value chain）概念來分析其效益之高低，並提出五種價值鏈管理（Gereffi, 2005：82-88）：市場式（market）、組模式（modular）、關係式（relational）、受制式（captive）及科層組織式（hierarchy）[6]。

二、「兩岸共構全球商品供應鏈」的形成因素

　　歸納前述全球化生產與商品鏈的概念，本文提出所謂「兩岸共構全球商品供應鏈」定義，即由臺灣企業主導下，臺商赴中國投資生產基地，並結合中國協力企業與當地生產要素，所共構出來的全球代工製造業商品供應鏈。換言之，中間財與資本財由臺灣輸往中

---

[6] 影響全球價值鏈的三大因素，包括交易的複雜度（complexity of transaction）、解讀交易的能力（ability to codify transactions）、供應部位的能力（capabilities in the supply-base），依是否需要明確溝通協調由高到低，及雙方權力不對稱情況由高到低排列，可分為「科層式」、「受制式」、「關係式」、「模組式」以及「市場式」。臺灣電子代工產業與歐美日領導企業的關係，比較接近「模組式」運作模式。

國,經中國工廠加工後,再將成品輸往先進國家市場,尤其是美國、歐盟和日本。這種臺灣、中國與先進國家間的貿易轉向,反映了區域之間的全球生產鏈的重組(童振源,2003:47)。

臺灣在冷戰時期就進入國際產業分工鏈,以歐美－日本－臺灣國際產業分工模式發展,加上地理位置優越,在生產經驗與空間優勢,奠下全球產業分工與供應鏈經過的良好條件,自 90 年代以來,兩岸在全球商品供應鏈運作模式,呈現出「臺灣研發－臺灣製造－中國加工製造－中國出口」、「臺灣接單－臺灣研發－中國製造－中國出口」、「臺灣接單－中國製造－中國出口」的生產模式與商品供應鏈,並成為構成全球商品供應鏈的重要環節,臺灣有機會成為東亞營運新平臺(尹啟明,2004:190-216)。

「兩岸共構全球商品供應鏈」帶來生產模式之空間與時間變革的意義,除了供給面生產模式運作,具有跨越國界結合區域空間的特性外,另一重要特性是,生產具有「即時性」(just in time),亦即商品供應必須源源不斷生產以因應全球市場所需。反之,若具有中斷性,不可能成為商品供應鏈。而全球商品供應鏈的「即時性」特質,「沒時間」衝突的生產特性,為兩岸的和平穩定帶來有利的條件(Friedman, 2005:357-360)。

因此「兩岸共構全球商品供應鏈」概念架構基本符合經濟全球化趨勢,可解釋兩岸經貿現狀,以及預測未來兩岸產業競爭。

(一) 以中國大陸作為全球生產基地

臺灣製造業外移生產線到中國或直接到中國投資,大部分都是以降低生產成本為由,以中國作為生產基地,再出口行銷海外市場,

大部分大陸臺商的製造業都屬「出口導向」的生產模式[7]，亦即配合臺灣營運基地的研發設計、關鍵元件以及運籌通路，形成「臺灣接單、大陸生產、大陸出口」的全球運籌模式，這是由兩岸所共構出來的全球經濟分工運作模式以及全球商品供應鏈。例如臺灣電子資訊產業投資中國後，其終端產品有 90%以上外銷，所以對中投資和大量出口乃成臺商全球運籌的一環。根據大陸商務部 2006 年 7 月 12 日公布 2005 年出口額最高的 200 家中外企業中，有 37 家臺灣電子資訊大廠進榜，合計為大陸創造 713 億美元的出口額，佔大陸全年出口總額近一成比重[8]（經濟日報，2006.7.13：A7 版）。

臺灣全球代工製造業優勢結合中國生產要素，尤其是電子資訊產業，臺灣在全球製造代工的競爭優勢與成就，幾乎獨領風騷，稱霸全球，這不得不歸功於兩岸共構的全球商品供應鏈已發揮出極大效益，並使兩岸產業合作分工，成為全球經濟運行規律不可或缺的全球商品供應鏈（蘇元良，2005：40-65）。

(二) 臺商企業成為中國大陸出口的主力

兩岸經貿的現狀，就是臺灣與大陸共構全球商品供應鏈，其中臺灣企業與中國臺商扮演關鍵性角色，而且成就非凡。以中國貿易部所公布的 2004 年「中國外商投資報告」為例，其中以「加工貿易」

---

[7]　雖無精確數字，但以臺商 9 成 5 以上集中沿海省分，製造業比例將更高，去大陸投資之主要誘因為尋求生產基地，以及擴大第三國外銷市場。以大陸臺商出口金額驚人，可研判大陸臺商以出口導向為主，惟近來臺商製造業內銷中國市場比例稍有增加，但仍以出口為導向。

[8]　詳細數字可參見中國商務部網站 http://www.mofcom.gov.cn，2006 年 7 月 13 日上網。

出口的外資大型企業前十名出口廠商均為電子資訊產業，其中臺商企業鴻海（深圳鴻富錦）、友達（蘇州友達光電）、華碩（蘇州名碩電腦）、廣達（上海達豐、上海達功）竟囊括前五名，英業達（上海英業達）、華映（吳江）、神達（順德順達）分佔第八、九、十名（見表 4-2），其餘六、七名分別是國際大廠的摩托羅拉與英特爾，在在證明中國臺商在國際代工製造業成就輝煌，具有舉足輕重地位；在2004 年出口 10 億美元以上的全部外商投資企業共有 27 家，臺商實力堅強竟包辦 14 家，足以說明這是臺灣與大陸在全球化經濟合作的成果（2005 中國外商投資報告，2005.10.9：182）。

表 4-2：2004 年中國前十位外商投資大型出口企業

企業名稱	原投資企業★	出口金額（億美元）
鴻富錦精密工業（深圳）有限公司	鴻海－臺灣	75.92
友達光電（蘇州）有限公司	友達－臺灣	36.47
名碩電腦（蘇州）有限公司	華碩－臺灣	30.5
達豐（上海）電腦有限公司	廣達－臺灣	23.57
達功（上海）電腦有限公司	廣達－臺灣	20.7
摩托羅拉（中國）電子有限公司	摩托羅拉－美國	19.1
英特爾產品（上海）有限公司	英特爾－美國	18.4
英業達集團（上海）電子技術有限公司	英業達－臺灣	17.67
華映視訊（吳江有限公司）	華映－臺灣	17.24
順德市順達電腦廠有限公司	神達－臺灣	16.41

資料來源：中國商務部，中國外商投資報告。
★ 有關臺灣投資企業部分係以經濟部赴大陸投資資訊查詢。

　　根據中共商務部統計，2005 年大陸企業出口額排名，臺資企業在前 30 名囊括 11 家（見表 4-3），在前 200 大出口企業排名，臺商

囊括 37 家，且清一色是電子資訊業者。2005 年中國出口前 200 大最高額企業之結構比重，外商投資企業佔 62.5%，大陸國有企業佔 28.5%，其他類型企業佔 9%，外商投資企業佔大部分比例，其中臺商企業佔重要地位[9]。

表 4-3：2005 年中國大陸臺資企業出口額排名

（前 30 大企業之臺資企業排名）

排名	大陸企業名稱	臺灣母公司	出口額（億美元）
1	鴻富錦精密工業（深圳）	鴻海	144.7
2	達豐電腦（上海）	廣達	114.5
4	名碩電腦（蘇州）	華碩	62.1
6	英順達科技（上海）	英業達	41.9
11	仁寶電子科技（昆山）	仁寶	28.0
12	冠捷電子（福建）	冠捷	27.8
14	英華達電子（上海）	英業達	27.1
21	仁寶資訊工業（昆山）	仁寶	23.8
22	明基電通（江蘇）	明基	23.6
28	深圳富泰宏精密工業（深圳）	鴻海	19.1
30	友達光電（蘇州）	友達	18.3

資料來源：中共商務部網站，http://www.mofcom.gov.cn，2005 年出口額最大的 200 家企業名單，2006 年 7 月 13 日下載。作者自行整理

(三) 符合全球經濟合作需求與國際共同期待

「兩岸共構全球商品供應鏈」是由臺灣企業所主導，臺灣赴中國投資的生產基地，以及中國協力企業與當地生產要素，所共構出

---

[9]　同註 8。

來的全球代工製造業商品供應鏈。全球知名品牌大廠、市場通路商
與供應商高度依賴這條供應鏈，誰要破壞這條商品供應鏈都會招致全
球市場與各國政府的高度關切與制裁（Addison, 2001：267-268；
Friedman, 2005：361）。若從臺灣國家安全的角度，要解釋為何各國（包
括中國與臺灣）對臺海問題的一致性期待都是「維持和平現狀」[10]，
雖然對於政治與主權的現狀解釋美中臺三方雖然各有不同，但針對
全球商品供應鏈要求正常運作的「維持現狀」，各國發出的訊息卻是
具體而一致的。

　　除了全球利益之外，臺海爭端更會將兩岸經濟成就推向毀滅性
的邊緣，因為企業外逃，資金避險，生產中斷，無法依約交貨，兩
岸可能失去全球商品供應鏈角色，供應鏈源源不斷的龐大經濟利益
將隨企業移動而喪失殆盡。臺海啟動戰爭所付出的經濟成本代價，
將大大超越軍事成本，換言之，對臺軍事動武，中國要以犧牲 25 年
來經濟成就與政權穩定孤注一擲，其代價浩大難以估量。

---

[10] 美國、日本、歐盟、澳洲曾對希望臺海能維持和平，反對大陸與臺灣破壞臺
海現狀。參見〈白宮反對中國反分裂法〉，中央社華盛頓 14 日法新電；劉坤
原，〈中國制定反分裂法偷雞不著蝕把米〉，中央社華盛頓電，2005.3.14；〈歐
盟對反分裂法表態　籲兩岸避免使緊張升高〉，中央社布魯塞爾 14 日法新
電，2005.3.15；〈日本擔心反分裂法將造成中國攻擊臺灣〉，中央社東京 14
日法新電，2004.3.14。而中共推動反分裂國家法向國際說明的立法原因，竟
也以為了維持臺海和平現狀；而維繫臺海和平穩定也是臺灣大陸政策的主
軸，詳細內容參見北京向各國發出中國制訂反分裂國家法之說帖。

三、兩岸共構全球商品供應鏈的競爭與變動

(一) 兩岸共構全球商品供應鏈並非固定不變

　　綜上所述，全球商品供應鏈其實是全球政治經濟的安全線與和平線。但全球商品供應鏈並非高枕無憂，Gereffi 就認為因為全球商品供應鏈是變動不居的，不會附著在固定地方，是隨企業的移動布局而變動，並依企業競爭力強弱而變化，也會隨產業群聚效應而移動（Gereffi, 1999：39）。戰爭固然會立即驅走企業，長期地失去經濟吸引力的地方，也會迫使企業出走或消失。因此，現階段臺灣首要和平政經戰略，應是強化、擴大與鞏固臺灣在兩岸共構全球商品供應鏈的主導性與影響力，以壯大臺灣經濟利益，並確保臺灣國家安全。

　　臺灣固然積極掌握對商品供應鏈的優勢，大陸方面也利用其優勢，如龐大市場潛力、豐沛勞動力與後來居上的科技能力等，急起直追，並在兩岸共構全球商品供應鏈中逐漸掌握更多的經濟利益。因此，供應鏈雖有賴兩岸的合作，也出現相互競爭的態勢。隨著臺商企業經營型態當地化程度提高，兩岸垂直分工程度已逐漸降低，不論是原料或是零組件之半成品，臺商向臺灣回購比例有呈現下滑的趨勢，以及大陸在高技術產品出口比重增長快速，都對臺灣在兩岸共構全球供應鏈優勢上形成挑戰局面（張建一，2006：10-13；張瑞育，2006：112），也顯示兩岸供應鏈合作上亦有出現轉移與疏離之傾向。

　　因此，如何強化與壯大臺灣在兩岸共構全球商品供應鏈的優勢位置，打造臺灣能為全球經濟運行無可取代的關鍵基地，而非一味

採取背離全球化經濟邏輯的行政管制措施，限制或延緩企業進入供應鏈中找到最佳競爭位置，這是臺灣制訂經濟戰略思維的核心問題。

(二) 「兩岸共構全球商品供應鏈」政策競爭

在現階段爭奪兩岸共構全球商品供應鏈的主導權競爭上，至少在政府政策層面，中共當局顯然已較我方政府更能理解「兩岸共構全球商品供應鏈」維持或改變現狀的意義，並已著手運用相關作為來拉攏討好我方企業界。例如今年 4 月國共論壇，中共政協主席賈慶林建議兩岸應共同創造國際品牌，以及共同建立自主技術標準，幾乎完全命中目前「兩岸共構全球商品供應鏈」發展現狀的瓶頸與要害，並以提昇供應鏈的價值作為對臺灣企業的號召（《聯合晚報》，2006.4.14：第一版；《工商時報》，2006.4.15：A 版）。

隨即 5 月份大陸信息部副部長蔣耀平率團來臺，與我兩百多位重量級科技業代表進行「海峽兩岸信息產業技術標準論壇」[11]，並達成多項合作共識（《經濟日報》，2006.5.10：A2 版；《工商時報》，2006.5.10：A5 版），期許兩岸共訂華人標準，進而變成國際標準主流，扭轉臺灣企業代工形象，藉由兩岸共同制訂產業標準，成為主宰全球產業發展的標準制定者，大陸方面能主動推出提升「兩岸共構全球商品供應鏈」價值的合作計畫，對臺灣科技業將發揮相當程度的吸引力與號召力。

---

[11] 海峽兩岸信息產業技術標準論壇由臺灣華聚產業共同標準推動基金會，以及大陸的中國通訊標準化協會、中國電子工業標準化技術協會，於 2005 年 7 月 5 日於北京舉行第一屆，第二屆於 2006 年 5 月在臺北召開，第三屆 2006 年 10 月 15 日於南京市召開，每次召開均有兩岸產業及研究機構精英與相關官員參與，討論各項標準議題之交流合作也逐屆增加。

第二節　兩岸共構全球商品供應鏈的運作與特質

一、「全球商品供應鏈」的運作模式──以資訊產業為例

(一) 臺灣資訊硬體產業發展

　　以兩岸資訊硬體生產為例，2000 年時臺灣本地資訊硬體產值達 231 億美金，高居全球第四位，2005 年降至 52 億美元，萎縮幅度高達 78%，然而若將海內外生產合併計算，則臺灣 2005 年海內外的資訊硬體產值高達 770 億美元，高居全球第一位。臺灣資訊產業結合大陸臺商企業與大陸生產要素，成就了全球資訊硬體的供應重鎮。從大陸生產的角度而言，2000 年臺商在大陸生產產值為 147 億美元，2005 年則達到 612 億美元，5 年間增加 4.16 倍，平均每年增加 28%，臺商在大陸生產的資訊硬體產值高佔臺灣海內外資訊硬體產業總產值的八成（79.5%），已成為臺灣資訊硬體海內外生產的主導力量。（以上數據見表 4-4、4-5）

　　至於大陸本地生產的資訊硬體產值，自 2000 年的 255 億美元，至 2005 年即高達 720 億美元，以生產地標準計算，已超過美國，高居全球第一位，大陸已被國際間譽為資訊硬體生產王國，其中臺商在大陸生產貢獻 612 億美金，佔總生產 85%，臺商對大陸資訊硬體產值貢獻比例，至為鉅大。若沒有臺商到大陸生產，則臺灣與其他海外地區生產不過 158 億美金，大陸也只生產 108 億美金，在國際間的產值都沒有重要地位，兩岸資訊硬體產值的發展實例，最能顯示兩岸共構全球商品供應鏈的價值與意義。（以上數據見表 4-4、4-5）

　　產業型態的分工整合是全球商品供應鏈的主要特徵，90 年代以後的硬體電子製造業的供應鏈是由一連串的供應商、製造商、通路商、買家、賣家所組成的全球性網路，無論是零件供應商或 OEM 客戶、通路商與品牌商等，都是供應鏈聯鎖上的獨立單位，每個單位都是供應鏈的環節，每個環節都是至關重要，供應鏈的關鍵環節若出現問題，對全球電子產品的供應就會出現毀滅性的影響。

　　臺灣在全球電子資訊產業扮演舉足輕重的角色，擁有最先進半導體 12 吋晶圓廠全球密度最高，並掌握最完整的資訊產業代工群聚，成為全球矽產品主要供應源之一，深深影響全球資訊產業市場。澳洲學者 Craig 研究台灣半導體產業與國家安全關聯性，甚至以「矽屏障」（silicon shield）形容，認為是臺灣國家安全最重要的防護罩（Craig Addison，2001：267-274）。

表 4-4：2000～2005 年臺灣資訊產業產值

單位：百萬美元

產值	2000 年	2001 年	2002 年	2003 年	2004 年	2005 年
資訊硬體	47,019	42,750	48,435	57,105	69,664	77,012
數據網路	3,017	3,044	3,176	3,348	4,524	5,107
行動裝置	996	1,349	2,911	4,311	5,464	7,770
資訊軟體	3,802	3,947	4,134	4,360	4,700	5,200
總計	54,834	51,090	58,656	69,124	84,352	95,089

資料來源：資策會 MIC 資訊市場情報中心整理；資策會網站 http://www.iii.org.tw/intelligent，2006 年 3 月下載。

表 4-5：2000～2005 年臺灣資訊硬體生產地產值分析

百萬美元%

產地 時間	臺灣		中國大陸		其他海外地區	
	產值	比重	產值	比重	產值	比重
2000	23,086	49.1	14,717	31.3	9,216	19.6
2001	20,135	47.1	15,775	36.9	6,840	16
2002	17,291	35.7	23,007	47.5	8,137	16
2003	10,736	18.8	37,118	65.0	9,251	16.2
2004	10,868	15.6	49,601	71.2	9,195	13.2
2005	5,237	6.8	61,225	79.5	10,550	13.7

資料來源：產值資料係由資策會 MIC 資訊市場情報中心整理；資策會網站 http://www.iii.org.tw/intelligent，2006 年 3 月 30 日下載。產地比重資料係由產值計算出來。

(二) 以筆記型電腦為例

再以個別商品為例，從兩岸筆記型電腦產業的生產來看，2002 年政府開放筆記型電腦赴大陸投資前，2001 年臺灣生產筆記型電腦 1416 萬臺，佔全球總生產量 2500 萬臺的 56%。當 2001 年及 2002 年全球經濟不景氣，跨國品牌大廠包括 Dell、HP、IBM，甚至大陸的聯想，皆要求臺灣降低代工價格（朱炎，2006：179），然而當時臺灣生產廠商毛利已相當低，若再降低將無利可圖，跨國企業也瞭解臺灣廠商的困境，開始建議甚至要求臺商到大陸投資生產，以保持合理毛利。自此，從 2002 年開始臺灣筆記型電腦逐向大陸轉移[12]，到 2005 年底幾乎全部轉移大陸生產。

---

[12] 2001 年 11 月臺灣政府召開經發會，調整「戒急用忍」政策，開放筆記型電腦赴大陸投資。

　　由於臺商赴大陸生產，促使筆記型電腦在國際市場中得以降價推銷，在全球經濟不景氣中，筆記型電腦銷售反而一枝獨秀，平均每年有 25.7%的高度成長，至 2005 年全球產量擴充至 4907 萬臺，高占全球生產量的 82%，而且在這四年間全球生產量大幅增加 3500萬臺，恰是臺商增加的生產量（即 4900 萬減 1400 萬等於增加 3500萬臺）。顯示近四年間全球筆記型電腦的大幅增長，幾乎全係兩岸所合作生產的增幅（以上數據見圖 4-1、圖 4-2）。

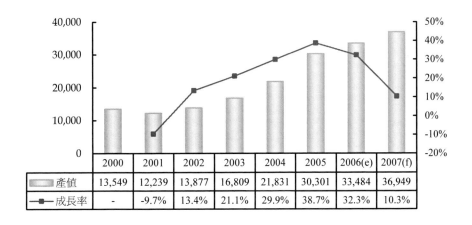

	2000	2001	2002	2003	2004	2005	2006(e)	2007(f)
產值	13,549	12,239	13,877	16,809	21,831	30,301	33,484	36,949
成長率	-	-9.7%	13.4%	21.1%	29.9%	38.7%	32.3%	10.3%

單位：百萬美元、%

圖 4-1：2000～2007 年臺灣筆記型電腦產業產值

資料來源：資策會 MIC 資訊市場情報中心整理；資策會網站 http://www.iii.
org,tw/intelligent，2006 年 3 月 30 日下載。

　　臺灣筆記型電腦轉移到大陸生產，2005 年為大陸創造近 303 億美元的產值，加速了經濟成長，創造大量就業機會與外匯收入。對臺灣而言，雖沒有筆記型電腦生產，卻因臺商在大陸生產筆記型電腦迅速擴充到 4900 萬臺，帶動大量的中間零組件與設備出口大陸，

創造更多就業機會，以及對大陸出超的擴大，皆對臺灣經濟持續成長扮演了重要的支撐力量。對臺灣企業與大陸臺商而言，得以掌握全球筆記型電腦供應的主導權，雖然毛利下降，但筆記型電腦銷售額自 2001 年的 122 億美元，至 2005 年卻增加到 303 億美元，2006年、2007 年亦有穩定成長之預測，建構出無可取代的筆記型電腦全球生產供應鏈。（如圖 4-1、圖 4-2）

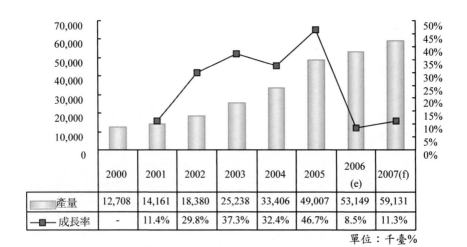

	2000	2001	2002	2003	2004	2005	2006 (e)	2007(f)
產量	12,708	14,161	18,380	25,238	33,406	49,007	53,149	59,131
成長率	-	11.4%	29.8%	37.3%	32.4%	46.7%	8.5%	11.3%

單位：千臺%

圖 4-2：2000～2007 年臺灣筆記型電腦產業產量

資料來源：資策會 MIC 資訊市場情報中心整理；資策會網站 http://www.iii.org,tw/intelligent，2006 年 3 月 30 日下載。

二、現階段兩岸共構全球商品供應鏈的主要特質

(一) 現狀為臺灣企業所主導（技術主導、生產運籌管理）

從上述資訊硬體產業得知，兩岸共構全球商品供應鏈，主要由臺灣企業投資大陸，臺灣企業（母公司）除提供大陸臺商（子公司）技術、管理之外，並供應必要的關鍵零組件與中間產品。臺資企業投資中國最初集中勞力密集產業與低附加價值產業，自 90 年代後半開始，有別於早期的夕陽產業，漸漸連資本密集與技術密集產業也前往中國投資，而且變成主流（Jack W. Hou and Kevin H Zhang, 2002：197）。

但無論投資結構型態如何轉變，台灣企業大部分在中國設立生產線展開大量生產的同時，多半把營運總部留在臺灣，也就是實施臺灣接單、大陸生產的分業體制。其運用模式包括：在技術方面，中國工廠生產所需技術，主要由臺灣總公司提供，臺灣資訊科技產業即使生產線移到中國，研究開發工作主要仍在臺灣進行，更有不少臺灣企業在其他先進國家有研發基地；在經營權限方面，針對中國外資企業經營型態調查，發現主要權限都掌握在母公司中；根據富士通總研經濟研究所研究員朱炎調查為例（朱炎，2006：83-86），臺灣企業即使在中國成立生產線或子公司，最終決策權，特別是經營戰略與財務都由母公司決定，只有人事與銷售等方面大陸廠與大陸子公司才享有某種程度的決定權。

因此，臺灣企業根據中國戰略與產業特性，已發展出臺灣母公司與中國子公司的分業架構，基本上中國事業的發展與決策，都以臺灣總公司的利益為優先考量。簡言之，中國子公司大都為生產線，不具備有自主性與主導性。

　　然而，因經營環境逐漸改變[13]，中國臺商企業已開始加強「在地化」經營策略，有逐漸不倚賴臺灣公司，並逐漸掌握有相對獨立性的趨勢（朱炎，2006：87-88），但臺灣企業掌握兩岸共構全球商品供應鏈的絕對優勢，至少短期內沒有改變。

(二) 臺灣企業與大陸臺商獲得大部分利益

　　在中國設廠生產的產品主要用來外銷，臺灣資訊科技以代工業為主，產品幾乎全部出口。從最終產品（finished goods）產值價值分配而言，處於代工製造業位置價值鏈的臺灣代工企業，其利潤遠低於品牌大廠以及技術專利企業，但是就代工利潤而言，臺灣企業的獲益則遠遠超過大陸方面提供生產要素的成本，在兩岸共構全球商品供應鏈，相對於大陸方面的獲益，臺灣企業與大陸臺商仍獲取大部分的代工利益。學者調查，中國生產 DVD 播放器佔全球 70%，一臺輸往美國標價 32 美元的 DVD 播放器，其中 18 美元必需支付在專利技術費用，13 美元是生產成本，中國的生產要素（工資）真正獲益只有 1 美元。同樣情形，MP3 播放器標價 79 美元，其中 45 美元付掉專利技術費用，32.5 美元是生產成本，生產要素（工資）真正獲利僅有 1.5 美元（Sung, 2005：42）。

　　臺灣廠商能在專利技術部分獲得的利益很可能必須與歐美大廠分享，但憑藉技術轉移與經營管理的優勢，可望在降低成本方面具有競爭優勢。不過擠壓中國大陸所提供的廉價勞力與生產要素成本已日趨困難，部分缺乏技術與管理優勢的臺資企業，有逐漸被大陸當地企業凌駕的趨勢。

---

[13] 最主要經營環境的改變包括，臺商在中國投資逐漸出現群聚效應，以及開始拓展大陸本身的市場等因素出現，會使臺商加強「在地化」經營策略。

(三) 兩岸商品供應鏈結構的轉變

近年來臺灣產業致力於國際化，雖展現全球布局的強烈企圖心，但因大陸經濟的強力磁吸效應，加上臺灣本身投資環境惡化，導致產業發展向大陸嚴重傾斜。2006 年臺灣出口中國大陸比重將高達 4 成；企業對大陸投資佔整體對外投資比重高達 71%以上；此外，臺灣接單、海外生產（大陸為主）佔出口訂單比重創下 42.31%的新高點，其中資訊及通訊產品比重更高達 76.48%（見圖 4-3），充分反映出臺灣產業對大陸生產要素的高度依賴，形成兩岸共構全球商品供應鏈，但產業「全球化」的努力，也常被認為是「中國化」，從而引起臺灣內部的爭議。

圖 4-3：歷年來「臺灣接單、海外生產」之比例

資料來源：經濟部統計處經濟統計資訊查詢系統，查詢網站 http://2k3dmz2. moea.gov.tw，2007 年 3 月 29 日下載整理。

　　在中國投資設廠的臺商企業，雖然相當多關鍵原材料與零組件必須從臺灣調貨，例如 2005 年臺灣出口到大陸的產品型態，中間產品比重仍高達 84.51%，其次是臺商投資所帶動的機器設備出口也佔比重的 13.12%[14]，投資所驅動的貿易型態依然明顯；但由於赴大陸生產臺資企業已有當地化、群聚化趨勢，且大陸企業增長快速，已能提供臺商方便就地取貨，使得臺商回購臺灣生產的中間半成品與零組件呈現下降趨勢。臺商回購原料從 1995 年的 52.47%，降至 1999 年的 43.16%，2004 年再降至 35.06%；回購零組件與半成品部分則從 1995 年的 56.26%，降至 1999 年的 46.56%，2004 年更降至 40.88%（張建一，2006：13）。顯示投資大陸帶動出口增長的效果日趨遞減，而且因半成品由當地臺商或非臺商提供的比例增加，且當地非臺商提供比例已超過當地臺商所提供的比例，致使兩岸間產業合作關係，已逐漸轉為競爭關係，使得兩岸共構全球商品供應鏈出現內部利益競爭情形。

　　兩岸共構全球商品供應鏈中，除了產業鏈垂直合作關係已出現競爭的結構轉變外，在供應鏈的市場佔有率也出現競逐現象。主要係因大陸企業的產業層次提升速度快，其產品出口在主要市場打擊了臺灣的出口。例如，從 1994 年至 2004 年，我國「高科技產品」在美國市場佔有率減少 2.2 個百方比，中國則增加 18.9 個百分點（見表 4-6），大陸在高科技能力的主導性越強，在兩岸共構全球商品供應鏈的產業重心已逐漸移向大陸內地，這對臺灣構成全球商品供應鏈優勢轉移的嚴重挑戰。

---

[14] 相關數據參考陸委會、經濟部國貿局網站，有關臺灣出口中國產品分類統計。

表 4-6：臺灣、韓國、中國在美國市場市占率之變化──依科技產業區分

單位：%

		1994	1995	1996	1997	1998	1999	2000	2001	2002	2003	2004	1994～2004 變動 百分點
臺灣	高科技	7.8	8.1	8.4	8.9	8.4	7.9	8.0	7.3	6.8	6.2	5.6	-2.2
	中高科技	2.2	2.1	2.1	2.0	1.9	1.8	1.7	1.5	1.5	1.5	1.5	-0.8
	中低科技	3.1	2.9	2.5	2.4	2.7	2.5	2.1	2.0	2.0	1.8	1.8	-1.3
	低科技	4.7	4.0	3.6	3.3	3.0	2.7	2.6	2.2	2.1	1.9	1.7	-3.0
韓國	高科技	7.0	8.7	7.5	6.8	5.9	7.4	8.1	6.7	6.7	6.7	7.2	0.2
	中高科技	1.6	1.6	1.6	1.6	1.6	1.9	2.4	2.8	2.9	3.0	3.5	1.9
	中低科技	1.6	1.5	1.4	1.4	1.8	1.7	1.5	1.5	1.4	1.2	1.3	-0.3
	低科技	3.2	2.6	2.2	2.0	2.1	2.1	2.1	2.0	1.9	1.6	1.5	-1.7
中國	高科技	4.6	4.9	5.3	6.0	7.3	7.9	8.6	10.0	14.4	18.5	23.6	18.9
	中高科技	2.6	3.1	3.5	3.9	4.2	4.5	5.0	5.1	5.8	6.7	7.4	4.8
	中低科技	4.4	5.0	4.9	5.3	6.1	6.1	5.5	6.1	7.1	7.2	7.3	2.9
	低科技	13.9	13.5	14.4	15.6	15.7	16.0	16.9	17.9	19.9	21.5	22.6	8.7

資料來源：臺灣經濟研究院，參見（陸委會，2006b:25）
註1：根據 OECD 的標準，將產業依不同的技術密集度區分為四大技術產業，高科技產業：製藥、電腦與 OA 設備、電子與通訊設備、航太；中高科技產業：化工（不含製藥）、科學儀器、非電力機械（不含 OA 與電腦設備）、電力機械（不含通訊）、汽車、其他運輸工具；中低技術產業：橡膠與塑膠製品、造船與維修、其他製造業、非鐵金屬、非金屬製品、金屬製品、石油煉製與產品、鐵金屬；低科技產業：食品、飲料與煙草、紡織、成衣與皮革製品、造紙與印刷、家具與其他製造業。
註2：2002 年起中國高科技產業在美國的市占率明顯上升，與臺灣開放筆記型電腦赴中國投資有關。

第三節　兩岸共構全球商品供應鏈
對兩岸和平的影響

一、中國對臺動武的代價評估

　　若是中國對臺灣進行非和平的經濟制裁或軍事行動，造成全球商品供應鏈傷害，不僅對臺灣打擊嚴重，對全世界也將造成傷害，從下列中國對兩岸共構全球商品供應鏈的依賴程度，對中國恐將帶來更大的損失，包括：

(一) 中國的外貿依存度 2005 年突破 85%，而且依存度上升的趨勢沒有減緩的跡象，預計在三年內依存度將可能突破 100%，這對破億人人口的大型國家是無法想像的，同時期美國 19%、日本 21%、歐盟 17%、印度 24%、巴西 28%、俄羅斯 45%、印尼 19%[15]。這顯示中國的內需市場仍然無法成為中國經濟發展的主力推手，中國仍極度依賴國際貿易，尤其是依賴兩岸共構全球商品供應鏈。

(二) 中國經濟高度依賴外貿，而中國外貿則高度依賴外資，根據國家統計局統計，2005 年外貿由外資企業掌控度已經高達 58%[16]，若兩岸共構商品供應鏈發生斷裂，對中國經濟發展傷害之大，實難以估計。

---

[15] 有關各國貿易依存度之數據參見 Global Insight 網站。中國外貿依存度之不正常現象討論，參見劉力（2004），〈貿易依存度的國際比較〉，2006 年 1 月 25 日查閱學習時報網站，http://www.studytime.com.cn。

[16] 根據中國對外貿易形勢報告，2005 年外商投資投資企業進出口達到 8317.2 億美元，占進出口總額的 58.5%，2006 年前三季也大約維持 58%的控制額。

(三) 中國外匯存底於 2006 年底達一兆美元（《臺灣新生報》，
95.11.08，A3 版），超越日本成為世界第一，但是扣除國際熱錢
與外資投資與貿易出超外資超控的部分，剩下來真正屬於中國
的外匯存底不到兩千億美元。這破紀錄的龐大數目不但不是中
國的資產，反而是中國的隱藏負債。

(四) 中國極度依賴全球市場，尤其是美國市場，單對美出超高達2000
億美金[17]，對美出口就佔中國 GDP 的 8%，臺資公司又是對美
出口的主要推手。

(五) 臺灣是中國重要外資來源，估計已累計超過 1000 至 1500 億美
元[18]。

(六) 臺灣提供中國最多的管理階層人員，約有一百多萬人[19]。

(七) 7 萬家臺資公司提供大量的工作機會，估計有 2000 萬工作機
會[20]。

請參見〈2006 年中國對外貿易形勢報告〉，商務部綜合司、研究院，2006 年
秋季，p5，2007 年 1 月 25 日查詢中國商務部網站 http://www.mofcom.gov.cn/
aarticle。

[17] 依據美國海關統計，2005 年中國向美國出口 2343 億美金，進口 418 億美金，
對美出超高達 2000 億美金，請參見陸委會《兩岸經濟統計月報》，166 期，
2006 年 12 月出版，p56。約佔 2005 年中國 GDP 共 22,592 億美元的 8%。

[18] 臺灣投資中國到底有多少資金，因涉及第三地轉往投資，真實數字難以估
算，若參考兩岸政府發表數據，加上第三地轉投資的權數，大致在 1,000 億
美元至 1,500 億美元。

[19] 據中國商務部對外公布資料，累計至 2006 年 7 月底，共核准臺商對中國大
陸投資項目 70,566 項，請參見陸委會兩岸經濟統計月報，164 期，2006 年 7
月出版，p30。在約 7 萬家臺商企業，若每家臺商企業 15 位專業管理幹部計
算，那麼臺灣在大陸管理階層人士將達 100 萬人。

[20] 廣東省臺辦主任甘兆勝指出，截至 2006 年 6 月 30 日，廣東省臺資企業累計
2 萬多家，實際利用 350 億美元，解決就業人員 600 百萬人，參見《大公報》，
〈粵臺企突破兩萬家全國居首〉，2006 年 8 月 15 日。若以廣東的臺商雇用

二、「兩岸共構全球商品供應鏈」作為新的經濟戰略

「兩岸共構全球商品供應鏈」是由臺灣企業所主導，臺灣赴中國投資的生產基地，以及中國協力企業與當地生產要素，所共構出來的全球代工製造業商品供應鏈。全球知名品牌與市場，高度依賴這條供應鏈，誰要破壞這條商品供應鏈都會招致全球市場與各國政府的高度關切與制裁。若從臺灣國家安全的角度，要思考為何各國對臺海問題的一致性期待都是「維持現狀」，對於政治與法律的現狀解釋，美中臺三方各有盤算，但針對全球商品供應鏈要求正常運作的「維持現狀」，各國發出的訊息卻是具體而一致的。

從兩岸共構全球商品供應鏈的未來發展角度，中國已從合作者逐漸演變成潛在的競爭者，加上韓國替代臺灣效果強，臺灣作為整個全球代工製造業的領導者角色能不被取代的關鍵因素，在於臺灣技術研發不斷創新、管理效能不斷提升，在產業的價值鏈上維持「技術領先，毛利加大」的動態領先地位。因此，政府如何吸引資金回流、人才匯聚，發展升級導向的創新產業，將是臺灣能否繼續主導兩岸共構全球商品鏈的關鍵條件。

以政策建議角度而言，兩岸經貿政策的鬆綁或緊縮、開放項目的檢討、幅度節奏的掌握，每一項個別的政策決定，都應有明確的政策引導。因此，經濟戰略構想十分重要。政府從 2002 年經發會的「積極開放、有效管理」（陸委會，2006：85），到 2006 年提出「積極管理、有效開放」兩岸經貿政策（陸委會，2006：17），引發臺灣內部爭議，進而再召開臺灣經濟永續發展會議，達成對兩岸經貿政

---

600 萬大陸勞工基礎估算，據中國商務部對外公布資料，全國約 7 萬多家臺商企業，則全部大陸臺商將有 2100 萬人，因此本文以約 2000 萬人來估算。

策的共識結論（陸委會，2006：4），但至今臺灣朝野與社會間對兩岸經貿政策一直有很大的爭議，臺灣政府迄今未提出能夠團結臺灣產業、凝聚朝野共識的經濟戰略。因此，本文認為，對於中國經貿政策，應強化或提高以「兩岸全球商品供應鏈」作為戰略思考，而「積極管理」的真正意義，在於使臺灣企業繼續主導「兩岸全球商品供應鏈」，並讓人民獲得實際的經濟成果，包括充分就業與提高所得。

以兩岸直航或開放產業到大陸投資政策為例，戰略重點在於能否強化「兩岸全球商品供應鏈」作為政策調整的依據，舉凡政策的收放，資金投入比重，都應以強化、鞏固、提升「兩岸全球商品供應鏈」的經濟效益為主要的思考重心，政策才能跳脫統獨的泥沼，並團結產業向心力，甚至減緩朝野對立。並可以理解為何臺灣歐美商會近年來對兩岸經貿關係的主張與期待不但頗具一致性，並與現階段臺灣政府兩岸經貿政策出現落差（表 4-7）。

表 4-7：臺灣歐美商會對兩岸經貿關係主張

商會	時間	主張
美國商會	2004.06.02	發表《2004 臺灣白皮書》指出，由於兩岸不能直航，所增加的時間與成本，已成為在臺企業營運的一大障礙。
歐洲商會	2005.05.27	兩岸應盡快貨運直航，這樣歐洲企業總部才能確定臺灣的確想成為區域中心；臺灣應該依世界貿易組織的規定，放寬對中國產品入口禁令，讓臺灣的消費者選擇更加多樣化。
美國商會	2006.05.30	兩岸人貨自由往來，不但是區域經濟整合的關鍵，也是讓企業落實有效率的經營計畫，直航遲遲未能落實，造成兩岸經貿的阻礙，更使臺灣自外於全球經貿體系。

歐洲商會	2006.11	公布《兩岸經濟正常化的影響評估》，如果臺灣能鬆綁兩岸政策，促進經貿正常化，臺灣經濟發展將無可限量，例如開放兩岸通航及通訊，將會鼓勵更多公司將總部設在或留在臺北，因為與大陸相較之下，臺灣的基礎建設、生活品質及制度環境都優於大陸。
美國商會	2007.03.20	美國商會會刊《TOPICS》，臺灣要繁榮，兩岸直航讓兩岸人才與貨物自由流通，減少對中國的投資限制，善用臺灣地理位置與語言優勢，加速與中國經貿整合，才是臺灣競爭優勢。
美國商會	2007.05.31	美國商會發表白皮書，政府如果再不放寬兩岸往來與貿易障礙，最快明年經濟最會陷入大麻煩（get into a big trouble），兩岸直航講了 15 年目前臺灣政府只需「just do it」，美國商會執行長魏理庭表示，「若不這樣做，臺灣遲早被孤立在全球供應鏈之外」。

資料來源：（《蘋果日報》，2007.5.22：A2 版）；（《工商時報》，2007.3.21：A2 版）；（香港里昂證券，2006）；（《聯合報》，2007.6.1：A4 版）；（《經濟日報》，2007.6.1：A6 版；《中國時報》，2007.6.1：A6 版）

　　因此，臺灣經貿政策未來走向，應與強化壯大「兩岸共構全球商品供應鏈」戰略目標一致，打造臺灣成為全球經濟運行無可取代的關鍵基地，而非一味採取背離全球化經濟邏輯的行政管制措施，限制或延緩企業進入供應鏈中找到最佳競爭位置，喪失臺灣在兩岸共構全球商品供應鏈的主導角色，而斷送臺灣經濟發展的生機。

三、臺灣最佳防衛機制

　　兩岸共構全球商品供應鏈，不但是全球經濟營運的關鍵動脈，更是兩岸防制衝突最重要防衛機制，其政經意涵在於：中共若對臺動武，將付出毀滅全部經濟成就作為代價，兩岸共構全球商品供應

鏈無疑是兩岸維護和平繁榮的最佳保證，同時也是全球政治經濟的安全線與和平線。

在政治安全方面，對臺灣與中國經濟交流，首重國家安全風險的控管，包括確保政治主權與維護經濟主體性，臺灣長期面對中國三階段的經貿統戰（張五岳，2005：45-56）[21]，帶來國家發展嚴厲考驗與挑戰，引發朝野對中國關係與兩岸政策的爭論。然而，在經濟全球化的今天，政府若只採取對抗中國的「經濟民族（國家）主義」守勢策略，極易引起政府與企業的對立與朝野之間紛擾，恐不是最佳策略。

面對全球化與中國崛起的新形勢，兩岸經貿關係已非單純的雙邊關係，歷史上也從未出現像兩岸的例子，即政治敵對國家間竟出現如此經貿往來密切，並形成緊密的產業鏈與全球商品供應鏈，這意味兩岸的和平穩定與全球經濟運作息息相關，關係著全球主要企業的股市市值與所屬員工工作權益，任何危害供應鏈的正常運行，將造成全球無法承受的大恐慌，主要國家必定強勢介入臺海爭端，平息戰火。這也是目前全球主要國家，甚至是兩岸，對臺海共同期待與一致性的要求——「維持現狀」：亦即維護兩岸共構全球商品供應鏈的正常運行。

---

[21] 為達成對臺政經目標，中國的臺商政策有三階段的政策演變，一、1979 至 1987 年以政治統戰為主，「以商圍政」戰略布局，同時吸收臺商資金技術協助改革開放；二、1987 至 2004 年以經濟為主，「以商圍政」戰略成形，全力吸引臺商資金技術協助大陸產業升級；三、2004 年至今，以經濟手段達成政治目的為主，臺商優惠政策效益褪色，中國拉大對臺經貿戰線，選擇性施惠於重點臺商，排斥綠色臺商，於 2005 年連宋訪中後，凸顯臺商在政治上區隔對待，拉大對臺灣的統一戰線。

　　除全球企業利益外，臺海爭端更會將兩岸經濟合作成就推向毀滅性災難，因企業外逃，資金避險，生產中斷，無法依約交貨，兩岸可能失去兩岸商品供應鏈角色，供應鏈源源不斷的龐大經濟利益將隨企業移動而喪失殆盡。啟動戰爭所付出的經濟成本代價，遠遠超越軍事成本。換言之，中共對臺軍事動武，就是將中國25年來的經濟成就與中共政權的統治穩定孤注一擲，其代價之浩大，影響之深遠，難以想像。

　　全球商品供應鏈既然是全球政治經濟的安全線與和平線，臺灣現階段面臨挑戰是如何繼續讓全球商品供應鏈繼續附著固定在臺灣，如何強化、擴大與鞏固臺灣在兩岸共構全球商品供應鏈的主導性與影響力，才能繼續壯大臺灣經濟利益，並真正確保臺灣國家安全。

　　兩岸共構全球產品供應鏈，最明顯運作機制出現在電子資訊產業，臺灣與中國大陸資訊產業的高度整合，使得臺灣在全球電腦與資訊科技代工製造業的表現，幾乎沒有競爭對手；兩岸資訊產業在全球供應鏈緊緊相扣，相互依存，合作生產供應全球產值最大的資訊產品，目前中國大陸的尖端科技大廠都是臺商負責經營，提供主要技術來源，僱用龐大的中國勞工，推升中國經濟增長與維護社會穩定，因此，如果中國犯臺切斷供應鏈，對中國內部與全球所造成的嚴重之後果，實難想像。例如，美臺商會會長韓儒伯在「2006年半導體年度檢討報告」就引述數據強調，臺灣供應全球82%的筆記型電腦，98%主機板，78%的LCD電視螢幕，美商估計美國公司2006年在臺灣生產的科技產品總值可達733億美元，在全球經濟越來越倚賴臺灣電子零件供應的時候，如果中國對臺灣發動軍事攻擊，整個供應鏈因而瓦解，影響所及，美國經濟將受到嚴重打擊[22]。

---

[22] 有關美臺商會韓伯儒的說法參見劉坤原（2007），〈美臺商會：中國如攻臺將

　　同時，臺灣 IC 與資訊產業，如晶圓製造、網路應用產品、液晶顯示器、行動電話、各式電腦等關鍵零組件的供應，成為全球最關鍵的零組件供應商，而中國大陸則成為全球最大的最終產品組裝工廠，也由中國出口行銷全球主要市場。因此全球化下兩岸產業分工合作，賺進全世界的錢，兩岸產業共同分享全球經濟利益。因此，中國若因政治因素對臺灣採取非和平的對付手段，破壞臺灣產業的生產力，就等於在毀滅中國自己的產業，也等於破壞全球的供應鏈，會將全球主要的上市公司市值被蒸發，讓全球經濟陷入風暴（Addison, 2001：267-268；Friedman, 2005：362），很難想像全球主要國家會真的視若無睹、坐以待斃。

　　從經濟安全的意義來說，現階段臺灣與中國大陸共構全球商品供應鏈，除非臺灣喪失對供應鏈的主導地位，否則並不會出現兩岸雙邊不對稱經濟整合的脆弱性與敏感性的問題（羅伯特・基歐漢、約瑟夫・奈著，2005：12-18），反而是讓臺灣建構出一道隱形的「矽屏障」與和平安全線，無疑地，由臺灣所主導的兩岸共構商品供應鏈，將可以有效降低兩岸衝突。

　　從上述兩岸共構全球商品供應鏈的角度，只要臺灣保持對供應鏈的主導性，就不必過度擔心兩岸經濟整合所出現的不對稱性的經濟互賴。反而應擔心供應鏈位移或是失去主導性，亦即當兩岸處於長期相互貿易減少，投資停頓，才是導致臺海不安的來源。正如，Russett & Oneal 提醒追求和平的有識之士（Proponent of peace），必

造成全球晶片供應鏈瓦解〉，中央社 2 月 1 日華盛頓專電，陸委會兩岸知識庫網站 http://csin.mac.gov.tw/maccgi/ttsinfo?41:26040:82:::@@15239 或（《中華日報》，2007.2.2，A8 版）

須提高警覺的是，持續性的經濟低迷將會是康德體系[23]（Kantian system）最主要的威脅（the primary threat to a Kantian system）（Russett & Oneal, 2001：42）。

---

[23] 從建構主義與「三角和平論」都將康德體系或文化結構（Kantian system or cultural structure）視為一個相互合作互利的體系，而兩岸共構全球商品供應鏈可以視為是一種康德體系。

第五章 「制度整合」與兩岸和平整合

　　新自由制度主義的基礎在於國際建制與國際互賴，可以削弱無政府狀態的不確定，制度能使各方承諾（commitment）更有可信賴度，也是彼此建立協調的焦點與方法，減少紛爭，化解對抗，改善被對手「欺騙」，提供進一步合作的可能性（Keohane,1995：39-42）。面對現今經濟互賴全球化，區域經濟整合的風潮，新自由制度主義凸顯了共同規範（制度）發揮了國家間促進安全的功能，提高國家互信與採取和平手段解決紛爭等問題的重要性（陳欣之，2003：4）。

　　兩岸關係的制度化（institutionalization）是兩岸關係正常化的前提與基礎，現階段兩岸關係基於不易解決的政治問題，雖然非處於敵對衝突狀態，卻是非正常化的整合關係，具體而言，就是兩岸關係的發展缺乏「制度化」，亦即兩岸交流密切，經貿整合互賴共榮，但透過政府或政府授權單位磋商，簽訂協議，以解決因交流所衍生的問題與建立兩岸整合的合作機制，卻出現嚴重「制度化」不足現象，使得兩岸存在高度的不確定性。

　　本章的分析焦點是兩岸關係的制度化與建制，本章的假設是從新自由制度主義的研究途徑或是三角和平論的觀點而言，制度化與建制的開展都是確保和平的必要條件之一，兩岸關係發展密切卻無制度化加以保障，也沒有建立機制去處理所衍生問題，兩岸關係無疑會存在極大的不確定性，不確定性必然出現交流風險，增加被對手「欺騙」的風險，對兩岸和平安全將造成威脅。

　　兩岸制度化整合在分析層次上，可分「兩岸官方民間化的協商與互動」以及「國際機制對兩岸的引導作用」兩層次，前者主要是在兩岸之間沒有政府對政府正式協商與簽訂協議之前，而由授權民間機構所達成的兩岸協議，這類制度化的質與量是否能滿足兩岸和平整合的需求問題進行分析評估；後者是指在全球與區域經濟整合的各種國際組織或建制，中國阻撓臺灣參與國際社會，企圖邊緣化與矮化臺灣代表性，對兩岸和平穩定所產生的影響。

　　再者分析，臺灣與中國在兩岸層次與國際機制層次的交互影響，「制度化」整合的建立與拆解對兩岸和平穩定的影響。

　　2005 年 3 月 14 日中國全國人民代表大會（全國人大）通過「反分裂國家法」（反分裂法），確立中國國家主席胡錦濤與國務院總理溫家寶政權（胡溫政權）的對臺政策新路線。這項中國國內法對兩岸交流帶來相當多的衝擊，但也提出多項促進兩岸經貿交流的原則，是觀察未來中國對臺政策的重要指標。其次，北京當局透過多次與泛藍的兩岸經貿論壇，提出相當多的兩岸經貿交流構想，也是臺灣判斷未來中國對臺經貿政策的重要參考。

第一節　兩岸官方民間化的協商與互動

一、中國政府在「反分裂法」制定前後的兩岸交流政策

　　從建立兩岸關係制度化的角度而言，回顧兩岸自 1993 年 4 月在新加坡進行第一次辜汪會談，並且簽署「兩岸公證書使用查證協議」、「兩岸掛號函件查證補償事宜協議」、「兩會聯繫與會談制度協

議」、及「辜汪會談共同協議」等四項協議，後因中國方面藉口李前總統訪美中斷協商。一直到 1998 年 10 月兩岸兩會進行上海辜汪會晤，達成「雙方同意加強對話、以促成制度化協商」、「雙方同意就涉及人民權益之個案，積極協助相互解決」、「我方邀請汪道涵先生回訪，汪道涵先生同意在在適當時機來臺訪問」等共識。後又因大陸方面藉口李前總統的「兩國論」又中斷協商，致使兩岸官方授權海基會與海協會協商中斷至今。

因此，兩岸歷經十多年頻密經貿與人員往來，因交流所衍生各種問題與糾紛，亟待解決，但過去十幾年來代表雙方公權力執行的功能性協議，竟只剩下「兩岸公證書使用查證協議」、「兩岸掛號函件查證補償事宜協議」尚稱勉強運作，其餘的協議都因兩岸協商中斷而無法落實。民進黨執政後，兩岸民間交往更加頻密，經貿往來與產業依存更加密切，然而中國當局以臺灣政府必須承認一個中國原則的「九二共識」為前提，才願意與臺灣政府協商。

在雙方航空業者努力下，再由政府幕後主導，民間公協會出面協助促成了 2003 年臺商春節包機的實現，曾為冰封多年的兩岸關係帶來些許暖意，但隨即而來的臺灣 2004 年總統大選過程雙方關係又陷入低潮，不但 2004 年春節包機協商破局，繼之陳水扁總統連任成功，2004 年 5 月 17 日中國當局發表措辭嚴峻的「五一七聲明」[1]，重申中國堅定「一個中國」原則立場，除非臺灣接受「一中原則」兩岸才有開啟制度性協商的可能，兩岸官方與官方授權團體的協商幾乎完全停頓。

---

[1]　〈中共中央臺灣工作辦公室、國務院臺灣事務辦公室授權就當前兩岸關係問題發表聲明〉，2005 年 5 月 17 日，新華社。

　　一直到 2005 年初中國準備制定反分裂國家法,對臺態度轉趨靈活,一方面授予解放軍犯臺的法律依據,另方面則提供中國政府必須發展兩岸關係的法律義務,如此「一手硬、一手軟」的兩手策略[2],並運用臺灣朝野內部矛盾,邀請在野黨領袖訪問中國,並進行了三次國共論壇[3],成功地離間分化臺灣朝野。在內外主客觀因素日趨對胡溫政權有利的局面下,中國逐漸將以前臺灣必須要接受「一中原則」前提才能開啟協商的議題,如客貨運包機、大陸觀光客來臺、以及臺灣農產品輸陸等議題,同意交給由兩岸授權的公協會進行接觸與協商,開啟了兩岸涉及公權力的制度化協商。但其特色是在兩岸政治未解決前,中國仍刻意迴避兩岸官方與官方的正式協商,採取官方民間化,雙方官員以公協會的名義與身份進行對口與協商。

二、中國對臺協商之新模式:官方民間化協商模式

　　中國全國人民代表大會在 2005 年 3 月 14 日通過「反分裂國家法」。關於兩岸經貿互動的規劃,該法第六條規定,中國政府採取下列措施,維護臺灣海峽地區和平穩定,發展兩岸關係:

　　(1) 鼓勵和推動兩岸人員往來,增進瞭解,增強互信;

---

[2]　硬的一手見反分裂國家第 8 條規定得採取「非和平方式」的對臺措施,軟的一手見第六條「鼓勵和推動下列措施發展兩岸關係」對臺措施。

[3]　除首次國共領導人於 2005 年 4 月 26 日至 5 月 3 日北京舉行「連胡會」,並發表連胡新聞公報,又分別三次國共論壇:第一次 2006 年 4 月 14 日至 15 日在北京舉行的「國共兩岸經貿論壇」;第二次 2006 年 10 月 17 日於海南島博鰲舉辦「國共兩岸農業合作論壇」;第三次 2007 年 4 月 28 至 29 日於北京舉辦「國共經貿文化論壇」。

(2) 鼓勵和推動兩岸經濟交流與合作，直接通郵通航通商，密切兩岸經濟關係，互利互惠；

(3) 鼓勵和推動兩岸教育、科技、文化、衛生、體育交流，共同弘揚中華文化的優秀傳統；

(4) 鼓勵和推動兩岸共同打擊犯罪；

(5) 鼓勵和推動有利於維護臺灣海峽地區和平穩定、發展兩岸關係的其他活動。國家依法保護臺灣同胞的權利和利益。

這個條文雖然並無清楚界定是在臺灣政府尚未接受「一中原則」前，中國政府將據此推動兩岸關係發展。但在其完成立法前後，對照以往必須接受「一中原則」才願與臺灣方面啟動協商的作法，已較為靈活務實。

很明顯地，「反分裂法」對於兩岸互動的規範與 2004 年中的「五一七聲明」有很大的不同。在「五一七聲明」當中，唯有臺灣接受「一個中國」原則、摒棄「臺獨」主張與停止「臺獨」活動，兩岸才有所謂的七項光明前景，包括兩岸三通、經濟交流與合作在內。因此，在 2004 年下半年時，中國不斷以臺灣不接受「一個中國」原則、不接受「國內事務」的定位為藉口，不願意與臺灣進行包括春節包機在內的多項經濟議題談判。

然而，在「反分裂法」的規定當中，推動兩岸三通、經濟交流與合作成為中國政府的法律義務與責任，不再是國內爭議的問題。也就是說，從中國的角度而言，藉由「反分裂法」表達中國政府遏制臺獨的決心之後，胡溫政權可以更加彈性、更加全面的務實作法，推動兩岸三通、經濟交流與合作，較不會受制於國內強硬派的壓力[4]。

---

[4]　2005 年 6 月 15 日作者對上海、北京涉台學者的訪談。

甚至也有人認為「反分裂法」是中國政府對臺「政經分離、經貿交流先行」的戰略確定（林濁水，2004：207-240）。因此，從 2004 年 12 月 17 日「反分裂法」立法消息正式曝光之後，中國政府幾乎完全改變其兩岸經貿政策的策略，特別是國臺辦於 2005 年 1 月 2 日春節包機安排談判的主動建議（《聯合報》，2005.1.3：A3；《中國時報》，2005.1.3：A1；《自由時報》，2005.1.3：4 版），完全改變過去不願正面回應臺灣要求協商春節包機的作法。而兩岸在兩個星期之內便談成春節包機的安排，更是展現中國政府的高度彈性與內部共識。

　　在「反分裂法」通過前後，中國政府提出多項兩岸經濟議題協商的建議，大打善意牌爭取民心（林中斌，2005：A15 版）。3 月 4 日，中國國家主席胡錦濤在出席全國政治協商會議時提出兩岸政策的四點看法[5]；其中第三點特別指出，中國願意解決臺灣農產品銷售中國的問題，同時願意推動兩岸客運包機節日化、常態化，以及就兩岸貨運包機問題與臺灣交換意見。3 月 14 日「反分裂法」通過當天，中國總理溫家寶舉行中外記者會強調「反分裂法」是一部加強和推動兩岸交流的法律，並且提出近期中國推動兩岸經貿交流的三項具體作法：第一，盡快將海峽兩岸的客運包機，由節日化轉為常態化；第二、要採取措施，解決臺灣特別是臺灣南部地區農產品到中國銷售的問題；第三、要盡快恢復中國漁民輸出勞務到臺灣的問題[6]。

---

[5]　〈胡錦濤就新形勢下發展兩岸關係提出四點意見〉，新華網，2005 年 3 月 4 日，全文參見網址 http://news.xinhuanet.com/taiwan/2005-03/04/content_2649922.htm。

[6]　〈溫家寶總理在十屆全國人大三次會議記者招待會上答中外記者問〉全文，新華社北京 3 月 14 日電。全文參見網址 http://news.xinhuanet.com/newscenter/

　　在「反分裂法」通過之後，中國的兩岸經貿政策變得更為開放、彈性、積極，不再像 2004 年下半年處處要求臺灣必須符合其政治前提才願意進行兩岸經濟議題的商談。主要原因歸納有四項：

(1) 藉由「反分裂法」對於臺獨的遏制，來化解中國內部的強硬派壓力（林中斌，2006：A15 版）。

(2) 中國政府認為在臺灣獨立還沒有具體實現，國家主權的核心利益受到傷害之前，中國的國家戰略目標是和平與發展，包括對內追求經濟永續發展，建立和諧社會與對外維持和平穩定的國際環境。中國政府不希望兩岸關係干預中國的和平與發展的戰略目標，希望當前將主要精力放在經濟發展與解決國內的問題上。

(3) 在「反分裂法」通過之後，國民黨與親民黨重要人士訪問中國，包括國民黨主席連戰與親民黨主席宋楚瑜在 2005 年 4、5 月的訪問，也大幅度減低中國內部對於反臺獨的民意壓力。連宋的訪中及他們在中國的演說，透過中國媒體的廣泛報導，讓中國人民感覺到至少還有一半的臺灣人民是接受「一個中國」原則與不主張臺獨。因此，在臺灣政府沒有接受「一個中國」原則的「九二共識」之前，中國政府繼續推動客貨運包機、中國人民赴臺觀光、臺灣農產品出口到中國免稅等等兩岸交流議題，特別是有些對臺灣的片面優惠經濟政策，較不容易引發中國人民的強烈反彈。[7]

2005-03/14/content_2696724.htm。

[7] 同註 4。

(4) 過去十多年兩岸經濟交流以臺灣製造業將生產基地轉移到中國發展為主，但是未來兩岸經濟交流將逐漸以服務業的交流為主流。然而，兩岸服務業貿易與相互投資都必須透過兩岸協商建立良好的兩岸經濟互動架構與合作機制，才能進一步推動兩岸的經濟交流。但是，兩岸要進行經濟協商勢必又牽涉到政治問題與前提，在陳水扁總統不承認「九二共識」的情形下，中國政府希望兩岸可以透過澳門模式避開政治爭議，針對兩岸經濟交流與合作議題進行具體協商。[8]

三、兩岸交流協商的新發展與新模式

(一) 臺灣對中國的交流協商政策

在 2004 年中以後，臺灣非常積極推動兩岸經貿及相關議題的協商，包括陸委會曾提出的 20 項兩岸協商議題，包括投資與貿易方面，如貨幣清算、投資保障、金融監理、避免雙重課稅、貨品進口及智慧財產權等；司法議題，如司法互助、共同打擊犯罪、偷渡犯遣返、商務仲裁、漁事糾紛等；三通與觀光部分，如客貨運包機、空運直航、海運直航與大陸觀光客來臺等議題；其他議題包括軍事信心建立機制、和平穩定互動架構、海漂垃圾與漁工協議等議題（吳釗燮，2006：135），希望兩岸關係經由雙方協商達成協議，使兩岸亟待協商解決的各項功能性與政治性議題能獲致協議，為建立制度化與正常化的兩岸關係奠下基礎，然而中國的態度卻是非常消極，設置很多談判的政治障礙。

---

[8]　同註 4。

　　但在 2005 年 3 月通過「反分裂法」以後，情形有明顯變化（林濁水，2006：314-317），中國則是對臺灣主動推出多項政策釋出以及若干議題的協商邀請。「反分裂法」通過前後，中國政府具體表明願意與臺灣政府進行協商的議題包括：兩岸客運包機節日化與常態化、臺灣農產品優惠進口中國、中國漁工勞務輸出臺灣。此外，中國願意與臺灣就兩岸貨運包機問題交換意見。隨著國親人士到中國訪問，5 月初中國不斷透過與國親人士會面的場合釋放願意開放與協商兩岸經濟議題的訊息，包括開放中國人民來臺旅遊與臺灣農產品進口中國零關稅等議題[9]。

　　面對中國一波又一波的兩岸經濟議題的拋出與協商邀請，臺灣2005 年在 6 月 13 日正式啟動兩岸官方民間化的協商機制，謝長廷院長在出席「大陸臺商協會聯誼餐會」時宣布，臺灣政府將委請「臺北市航空商業同業公會」協助聯繫安排協商兩岸貨運包機，就「雙向、對飛、不中停」模式進行規劃；並且委請「外貿協會」協助聯繫安排協商臺灣農產品銷往中國；並透過「中華民國旅遊商業同業公會」與大陸方面安排協商中國人民來臺觀光事宜（《經濟日報》，2005.6.14：第 A1 版）。使得臺灣與中國都將兩岸客貨運包機與觀光議題作為兩岸協商的重點，雙方皆有意願進行協商。

　　2005 年 11 月 18 日，兩岸代表在澳門三度協商之後，陸委會與國臺辦同步發布「2006 年春節包機方案」（《中國時報》，2005.11.19：A1 版）。在兩岸協商代表方面，臺灣實際主談代表是交通部航政司

---

[9]　〈中共中央臺辦發言人談「宋胡會談公報」〉，新華社，北京 2005 年 5 月 12 日電。參見網址 http://news.xinhuanet.com/taiwan/2005-05/12/content_2951287.htm。

長林志明及臺北市航空運輸公會代表，中國則是中國民航總局臺港澳辦公室主任、也是中國民航協會常務理事的浦照洲與民航總局三位官員，雙方政府授權代表選擇澳門，在民間公協會名義下展開直接協商，被稱為「澳門模式」。

2006 年 6 月 14 日，經過兩岸協商之後，臺灣陸委會及中國國臺辦同步宣布開辦兩岸四項專案包機，包括專案貨運包機、一年四節節日包機、緊急醫療包機及特定人道包機[10]。中國國臺辦發言人特別強調，「我們積極促成兩岸航空民間組織在既有協商模式基礎上展開商談，……在 2006 年臺商春節包機的基礎上，就兩岸客運包機節日化和開辦專案包機的技術性、業務性問題達成共識，做出了框架性的安排」[11]。也創下兩岸官方民間化協商以來，成果豐碩的一次。截至 2007 年 4 月底為止，四項專案包機已完成專案貨運包機 5 次，節日專案包機：2006 年秋節包機飛航 24 班（48 航次，載運 9 千 2 百人次，載客率 86%）、2007 年春節包機飛航 96 班（192 架次，載運 3 萬 7 千人次，載客率 81.6%）、2007 年清明節包機飛航 21 班（42 架次，載運人次總計 7 千人次，載客率 75%）以及緊急醫療包機 15 架次。（交通部，2007：2）。

兩岸在包機議題的協商，從 2003 年春節包機的「單向、中停」，到 2005 年「雙向、對飛、不中停」的春節包機，到 2006 年春節包機更進一步發展到「航點增加、包機期間延長、搭乘資格放寬」，一直

---

[10] 〈兩岸專案包機相關安排新聞參考資料〉，收錄於《政府大陸政策重要文件》（陸委會，2006：14-15）。

[11] 2006 年 6 月 14 日〈國臺辦發言人就兩岸包機協商取得新進展接受採訪〉全文，請參見國臺辦網站 http://www.gwytb.gov.cn/zyjh/zyjh0.asp?zyjh_m_id=1266。

發展到四項專案包機的實施，進展十分快速。未來若包機能搭配大陸觀光客來臺合併實施的週末包機，兩岸人員與貨物往來將更加便捷化。

(二) 中國對臺協商互動策略分析

經過 2005 年的反分裂國家的制定，以及國親在野黨領袖訪問中國，中國對臺的經貿政策已經不同於往昔，中國逐漸展現經濟實力，積極以各種經濟利誘攻勢，壓迫臺灣政府做出政治讓步。過去十多年，中國政府發覺對臺灣文攻武嚇並未達成預期的效果，反而造成反效果，而且美國反對中國以武力解決臺海問題的意願相當清楚，因此中國政府逐漸調整策略，希望透過經濟交流所形成的兩岸共同利益，甚至透過片面經濟優惠的提供，在臺灣內部形成反對與中國對抗，以及反對臺獨的群體與民意，藉此約束臺灣政府的「臺獨措施」。

在這個過程當中，臺灣內部朝野政黨對抗嚴重，剛好提供中國政府相當好的分化良機，藉由國共論壇平臺與在野泛藍的政策配合，施壓臺灣政府必須在政策方面對中國做出讓步與調整。在泛藍與中國共產黨的會談之後，中國政府都會刻意釋放「一個中國原則」為前提的和平訊息與提供片面經濟優惠給臺灣部份媒體，藉此施壓民進黨政府調整中國政策。事實上，很多中國片面釋出優惠的措施都不是國共論壇主要議題或共識，中國政府只不過藉由國共論壇的場合宣布其優惠措施，以擴大對臺灣人民的統戰與宣傳效果。

此外，兩岸政府授權民間公協會組織持續協商中，若遇有臺灣選舉年，如 2004 年底的立委選舉、2005 年底的縣市長選舉與 2006 年底的北高市長選舉，北京當局大致會配合選前將協商節奏放緩或停頓，避免給執政的民進黨政府在選前取得與大陸協商成果的政績。

　　2006 年以來，中國對臺經貿政策分為兩大類：非協商議題與協商議題。非協商議題主要包括政治核心議題、經濟利益議題以及統戰議題，在型態上主要有三種，包括：一、中國對臺商的招商引資政策，二、中國對臺灣的片面優惠措施，三、中國要求臺灣開放的議題等。中方提出這些議題的主要目的在於政治宣傳，交流方式主要是透過臺灣民間或政黨進行交流，會刻意排除與官方或官方授權的單位展開正式協商。至於，在協商議題方面，亦即中國主動建議並同意協商的兩岸經濟協商議題等，基本上只要涉及兩岸公權力事項，就無法避免必須與涉及公權力的政府相關機關展開協商才能落實，否則提出來而無法協商落實，都只能算是政治宣傳與統戰。茲將非協商議題與協商議題歸納為以下四種類型：

1、 中國對臺商的招商引資政策

　　歸納過去中國領導人或涉臺官員對臺的經貿政策對外言論，中國臺商的招商引資，包括：

(1) 兩岸建立海峽西岸經濟區

(2)兩岸建立分享科技資源的機制與平臺

(3) 兩岸共同建立技術標準

(4) 兩岸合作建立國際品牌

(5) 兩岸推動科技交流與合作

(6) 中國建立臺灣農民創業園區

　　以上六項措施比較偏向中國對臺商的招商引資政策，其中「海西區」於 2007 年中共十七大首次寫進政治報告，提出「支持海峽西岸和其他臺商投資相對集中地區經濟發展」[12]；其餘項目在 2006 年

---

[12] 〈中共十七大政治報告全文〉，請參見 2007 年 10 月 24 日，新華網網站

4 月 16 日由國共兩黨所舉辦的「兩岸經貿論壇」也充分涵蓋[13]，內容則是希望透過臺商協助中國企業共同提升科技發展水平、建立自主技術標準、建立國際品牌、與協助中國農業的發展等。這些措施不僅超越過去傳統招商引資的優惠措施，也包括兩岸企業致力於共同開拓國際市場的共同建立技術標準或國際品牌，對於臺灣企業具有一定程度的吸引力。例如，臺灣的高科技產業已有充分的實力，參與制定全球的產業與技術標準，而這類的交流活動，正由國民黨副主席江丙坤創立的「華聚產業共同標準推動基金會」與大陸科技部門進行交流。

2、 中國對臺灣的片面優惠措施

從 2005 年至 2006 年開始，中國透過國共平臺主動提供給臺灣人民或臺商多項片面優惠措施如下[14]，主要是對臺灣爭取民心：

(1) 臺灣水果免關稅銷往中國

(2) 臺灣農產品、水產品出口中國的關稅優惠、貿易便捷化、與行銷便利

(3) 考慮派團赴臺灣採購農產品

(4) 提供臺商 500 億人民幣的優惠貸款

(5) 兩岸農業貿易與投資的便捷化與自由化

---

http://news.xinhuanet.com/newscenter/2007-10/24/content_6938568_9.htm。

[13] 〈兩岸經貿論壇共同建議〉，請參見 2006 年 4 月 15 日，新華網網站 http://news.xinhuanet.com/newscenter/2006-04/15/content_4427701.htm。

[14] 參見〈陳雲林授權宣布 15 項惠及臺灣同胞的政策措施〉，2006 年 4 月 15 日，新華網網站 http://news.xinhuanet.com/newscenter/2006-04/15/content_4427726.htm。

(6) 開放臺灣醫院與中國合資合辦醫院（但臺商最多只能持有 70%股權）

(7) 開放取得中國許可的臺灣醫師在中國執業

(8) 同意恢復中國漁工輸出勞務到臺灣（2006 年 5 月初中國正式恢復）

(9) 承認臺灣學歷

(10) 允許臺灣留學生在中國就業

(11) 准許臺灣人民參加中國報關員考試

(12) 增加臺商落地簽證的簽注點

(13) 協助解決臺商子女教育的問題

雖然上述措施都是中國對臺灣的片面優惠，但是臺灣水果與農產品免關稅銷往中國、及開放中國人民赴臺灣觀光等三項措施都必須透過兩岸協商才能落實。例如，過去一年中國不願意與臺灣外貿協會洽談臺灣農產品免關稅輸出到中國的事宜，導致原產地證明認證困難、檢疫與運儲的問題，至今臺灣農產品銷往中國的問題仍無法有效解決。此外，中國醫院的服務品質落後，未來臺灣醫院在中國醫療市場應該具有相當大的競爭力，但是中國在開放時卻要求臺灣醫院持有的股權最多只能 70%，可見中國內部仍有反對開放臺灣醫院的壓力或利益團體。

3、 中國要求臺灣開放的議題

除了中國單方面的開放措施與兩岸協商議題，中國也提出臺灣應該開放的議題，主要用於製造臺灣內部分化包括：

(1) 金門、馬祖、澎湖為兩岸貨物中轉站

(2) 福建與澎湖的直航

(3) 兩岸直航

雖然前兩者為臺灣內部的政策考量，但是中國的提議勢必分化臺灣內部的力量，金門、馬祖與澎湖在經濟利益的誘惑之下，會施壓臺灣政府接受中國的建議。至於兩岸直航議題涉及航權談判，具有高度主權意涵，屬於政治核心議題與包機議題明顯不同，除非臺灣接受一個中國原則或「九二共識」，中方現階段不可能與臺灣進行政府對政府直航協商，但基於統戰需要，中方卻在宣傳上不斷「要求臺灣直航」，企圖將無法直航的責任推給臺灣。

4、 中國建議的兩岸經濟協商議題[15]

中國官方都非常清楚，兩岸很多經濟議題（特別是服務業領域）需要透過協商解決，而且兩岸經濟交流要更上層樓，便必須透過兩岸經濟協商解決兩岸交流機制、治理機制、與合作機制，共同面對經濟全球化與區域經濟合作的趨勢（盛九元，2005：148），這些議題中有些是臺灣必須要接受一中原則的「九二共識」為前提，有些則不設前提框架，如陸客來台觀光以及客貨運包機等協商議題。北京當局曾主動提出的經濟協商議題包括：

(1) 兩岸經濟合作機制

(2) 兩岸農業合作機制

(3) 開放中國人民赴臺灣觀光

(4) 兩岸客貨運包機

(5) 兩岸海空運直航

(6) 臺灣農產品出口到中國

---

[15] 參見〈胡錦濤對兩岸關係發展提出四點建議〉，2006 年 4 月 16 日新華網網站 http://news.xinhuanet.com/politics/2006-04/16/content_4430101.htm。

(7) 兩岸服務業的交流與合作機制

基本上，中國政府要同意兩岸以澳門模式作為協商這些議題的基礎，並非一蹴可及，例如建立兩岸經濟合作機制，中國方面仍須臺灣政府先接受「九二共識」的前提[16]，在國共論壇發表的新「胡四點」：「雖然仍重申在國共要共同推動兩岸的『九二共識』的基礎上，儘速恢復平等協商」，但並無具體說明哪些議題使與「九二共識」綁在一起[17]，未來有哪些議題可透過新協商模式來解決，將有很大的想像與操作空間。截至 2007 年底為止，中國政府同意以新模式展開協商，有兩岸包機、觀光客來臺、農產品輸陸、漁工協商、大陸砂石來臺等議題。其中比較特殊的是，臺灣農產品出口到中國的議題上，受制於國民黨因素的考量，北京當局一方面與國民黨關係深厚的省農會進行協商，但亦不排斥與臺灣政府所指定協商機構——外貿協會進行協商。

四、現階段兩岸協商的互動模式分析

2005 年 1 月以前，中國政府始終頑固堅持「一個中國原則」與「九二共識」是兩岸恢復對話與協商的前提，並且利用臺灣在野黨推行分化臺灣內部的統戰伎倆，施壓臺灣政府必須接受其政治原則，導致兩岸互動陷入僵局、無法針對兩岸往來互動頻繁的功能性議題進行官方協商。中國對臺灣的尖銳批判言辭、強大軍事威脅與外交全面打壓，讓兩岸關係的互動始終充滿對抗與衝突的陰霾。

---

[16] 同上註，p151。

[17] 〈胡錦濤總書記會見連戰〉，2006 年 4 月 16 日，全文參見新華網網站 http://news.xinhuanet.com/newscenter/2006-04/16/content_4431676.htm。

(一)「○五共識」的兩岸協商新模式

　　雖然國共論壇雙方都接受「九二共識」並同意在這個基礎上透過協商建立各項合作機制。然而所謂的「九二共識」本身即是兩岸的最大爭議。1992 年進行協商的兩岸兩造執政黨——中國國民黨與中國共產黨，其對於此一共識的說法並不一致，可謂「一個共識、各自表述」；國民黨認為是「一個中國、各自表述」，共產黨認為是「各自表述接受一個中國原則」。在國民黨執政時期，中共也曾多次否認有國民黨所謂的「一中各表」（李銘義，2006：50-51），如今國民黨在野，國共兩黨卻同意在有所謂的「九二共識」基礎上，雙方舉行國共論壇並簽訂公報。

　　反觀。陳水扁總統曾多次表示，願意在 1992 年香港會談成果的基礎上推動兩岸的對話與協商，但是中國始終沒有正面回應。不過，話說回來，就算兩岸當時有所謂的「九二共識」，兩岸談判的成效也極為有限。從 1992 年至 2000 年，兩岸僅僅談成「文書驗證」與「掛號函件查詢補償事宜」等兩項協議勉強維持運作，完全無法就其他功能性議題達成共識，更遑論解決兩岸政治爭議。

　　然而，隨著兩岸經濟與社會交流的蓬勃發展，兩岸政府都必須面對現實的兩岸交流問題、建構兩岸交流的治理機制與合作架構。2005 年 1 月 2 日，在接受臺灣提議進行春節包機談判時，中國刻意不提「一個中國原則」作為兩岸協商的前提；臺灣政府立即在隔天授權談判機構與中國政府代表進行協商。經過短短 13 天的協商，在「擱置爭議、不設前提、相互尊重、實事求是、政府主導、民間協

助」的「〇五共識」基礎上[18]，兩岸完成 1998 年以來辜振甫與汪道涵會談以後的正式協議，打破兩岸互動的僵局、開展兩岸協商的新模式。

儘管中國隨後通過意圖破壞兩岸和平現狀以及強化對臺灣武力威脅的「反分裂國家法」，臺灣方面仍以實事求是務實精神，於 2005 年 6 月主動提議觀光、包機與農產品三項議題願與中國進行協商。2005 年年底，兩岸再次達成春節包機協議；2006 年 6 月兩岸達成四項專案包機的協議，包括貨運、假日、醫療與人道包機等常態化協議架構。

在此協商模式的基礎上，兩岸政治主權爭議若能擱置，由兩岸官方各自授權各種功能性的公協會作為接觸與聯繫的窗口，同意政府官員也能透過公協會間組織參與並主導協商，這種兩岸協商互動的新模式，將不失突破現今兩岸政治僵局，成為現階段締造兩岸關係制度化的可行途徑。

(二) 兩岸協商新模式的限制

這項兩岸官方民間化協商新模式，長遠來看也潛藏著對臺灣不利之限制：

1、 中國掌握協商議題主導權

由於兩岸大小懸殊，經濟整合又出現臺灣對中國高度不對稱依賴，兩岸的議題設定，恐由中國方面片面決定，決定何者為核心議

---

[18] 94 年 1 月 28 日〈我政府對 2005 年臺商春節包機的立場〉，請參見陸委會經濟處說帖。參見陸委會網站 http://www.mac.gov.tw。而 2005 年兩岸務實協商模式，陸委會副主委童振源曾稱為「〇五共識」。

題或是協商議題？何者需要臺灣方面接受「九二共識」前提才能協商？哪些議題不需接受「九二共識」，顯然議題設定主導權並非在臺灣這邊。

比較不損及中國核心利益與主權意涵的議題，由核心議題轉變成協商議題的可能性較大，臺灣方面可藉由共創兩岸利益的功能性議題著手，如建立兩岸經濟合作機制、兩岸農業合作機制或是共同打擊犯罪等對兩岸共同利益的議題，突破中國政治主權心理障礙。

2、中國主導協商速度與節奏

兩岸協商的速度往往取決於雙方政治環境之考量，中共常因臺灣內部的選舉考量，而拖延或加快協商進程，避免執政的民進黨政府得分，配合在野國民黨在臺灣內部政治議程取得有利的形勢，如在國共論壇平台釋出對台優惠措施，鼓勵與組織大陸臺商返鄉投票等。因此未來臺灣政府未來無論哪一個政黨執政，中共藉由主導協商議題節奏干擾臺灣內部政治動向，也將成為中共對台新籌碼。

3、中國限制臺灣官方的代表與參與層次

無論中國方面如何標榜兩岸的協議是「平等協議」，但現階段兩岸協議對外一致說法都是「兩岸民間行業組織」協議模式，迴避政府與政府官方直接協商。同時中國方面也刻意限制臺灣政務官與海陸兩會人員直接參與協商，企圖壓低臺灣政治地位的象徵，將兩岸協商壓低成「低事務性、純功能性」的協商，一種只具純「民間」性質協商機制的建立。

第二節　國際機制對兩岸整合的引導作用

一、兩岸加入 WTO 的互動情形

　　兩岸 2001 年 11 月先後加入世界貿易組織（WTO），若能藉助 WTO 機制規範引導兩岸經貿互動，進而建立兩岸互動制度化，將有助於兩岸的和平穩定。但中國當局仍刻意基於「一中原則」拒絕與臺灣在透過 WTO 機制公開互動，甚至施壓 WTO 祕書處更改對我駐世貿組織常任代表與辦公室的職銜與名稱（邱垂正，2003：4-23），對臺灣依據 WTO 規範要求與中國協商，一律不加以公開回應，使得兩岸欲透過 WTO 規範引導作用，仍然使兩岸關係互動上更加正常化的努力落空。

　　2006 年 6 月 20 日至 22 日臺灣接受加入世界貿易組織（WTO）後第一場貿易政策檢討（Trade Policy Review）。雖然部份會員國質疑臺灣的商品貿易、服務貿易、投資、智慧財產權、政府採購等問題，但各國主要關切的焦點仍放在臺灣的兩岸經貿政策，包括兩岸無法直航、兩岸貿易與投資限制等問題。WTO 祕書處、歐盟、紐西蘭、日本、加拿大、新加坡、澳洲與中國都對上述議題表示關切，希望臺灣能放寬兩岸經貿交流的限制。

　　根據 WTO 的規範，全球前四大貿易國應每兩年接受一次貿易政策檢討，第五至第二十大貿易國應每四年檢討一次，其餘會員國每六年受檢一次。臺灣是全球第十六大貿易國，因此在入會四年後首度接受 WTO 貿易政策檢討。包括歐盟、紐西蘭、日本、加拿大、澳洲、中國、新加坡等十四個會員國對臺灣的貿易與投資政策提出

三百多個問題；其中兩岸經濟議題就佔了四十多題。特別是，中國洋洋灑灑對臺灣提出二十個問題，向國際社會控訴臺灣單方面限制兩岸經貿交流的政策違反 WTO 最惠國待遇的精神。

(一) 兩岸貿易開放問題

　　事實上，臺灣對中國進口限制確實有違反 WTO 的最惠國待遇原則。過去六年，中國政府也曾多次要求臺灣政府開放中國的進口，但是臺灣都以只要兩岸在 WTO 進行談判，完成談判後臺灣便可以開放中國農工商品進口。臺灣的立場當然不盡符合 WTO 的規範與慣例，但是中國政府也不願意將兩岸的爭端訴諸於 WTO 的爭端解決機制，所以中國對臺灣的單方面限制也莫可奈何。各會員國均對臺灣的單方面限制提出關切，但是畢竟這是臺灣與中國的雙邊經貿問題，除非中國向 WTO 爭端解決機制提出控訴，否則其他國家很難直接介入。

　　不過，在 2001 年底加入 WTO 之後，臺灣確實有努力對中國進口的限制擴大開放。從 1996 年 12 月至 2001 年 7 月，臺灣對中國產品開放的幅度從 52.6% 增加為 56.9%，四年半的時間只有增加 4.3 個百分點。臺灣在 2001 年 12 月加入 WTO，從 2001 年 7 月到 2002 年 12 月，僅僅一年的時間，臺灣對中國產品開放的幅度從 56.9% 擴張為 75.8%，大幅增加 18.9 個百分點。此後臺灣陸陸續續對中國進口進行開放；至 2007 年 5 月，臺灣的開放幅度達到 79.6%，農產品開放幅度為 62.9%，工業產品開放幅度為 84%，總計臺灣仍有 2,219 項產品沒有對中國進口開放。（見表 5-1）

表 5-1：歷年臺灣開放中國農、工產品統計表

時間	開放項目	貨品總項數	開放項數／貨品總項數
1996.12	4,973（農 335、工 4638）	9,461（農 1953、工 7508）	52.56%
1997.12	5,370（農 377、工 4993）	10,111（農 2049、工 8062）	53.11%
1998.12	5,523（農 387、工 5136）	10,223（農 2058、工 8159）	54.03%
1999.12	5,666（農 477、工 5189）	10,240（農 2067、工 8173）	55.33%
2000.12	5,786（農 482、工 5304）	10,247（農 2074、工 8173）	56.47%
2001.07	5,888（農 489、工 5399）	10,344（農 2092、工 8252）	56.92%
2002.12	8,055（農 1351、工 6704）	10,626（農 2250、工 8376）	75.80%
2003.12	8,423（農 1393、工 7030）	10,923（農 2349、工 8574）	77.11%
2004.12	8,614（農 1473、工 7141）	11,001（農 2358、工 8643）	78.30%
2005.12	8,666（農 1429、工 7237）	10,922（農 2271、工 8651）	79.34%
2006.07	8,659（農 1408、工 7251）	10,877（農 2233、工 8644）	79.61%
2007.05	8,703（農 1410、工 7293）	10,922（農 2240、工 8682）	79.68

資料來源：經濟部國貿局，http://ekm92.trade.gov.tw/BOFT/OpenFileService，2007 年 5 月 17 日下載。

　　此外，中國政府在檢討會上指控中國對臺灣的嚴重貿易逆差是因為臺灣政府沒有完全開放中國進口所造成。依據陸委會的估計，臺灣透過香港對中國的間接貿易額從 2000 年的 312 億美元增加到 2006 年的 881 億美元，六年內增加 282%。臺灣持續享有對中國鉅額的貿易順差。2000 年，臺灣對中國貿易順差為 188 億美元，出口到中國 250 億美元，由中國進口 62 億美元。2006 年，臺灣對中國的貿易順差為 385 億美元，出口到中國 633 億美元，由中國進口 248 億美元。（見表 5-2）

表 5-2：臺灣與中國的貿易關係：1996～2006

單位：億美元
億美元以下四捨五入

年度	1996	1997	1998	1999	2000	2001	2002	2003	2004	2005	2006
出口	207	225	198	213	250	240	315	383	489	563	633
進口	31	39	41	45	62	59	80	110	168	201	248
貿易總額	238	264	240	258	312	300	395	493	657	764	881
貿易順差	176	186	157	168	188	181	235	273	321	362	385

資料來源：行政院大陸委員會，http://www.mac.gov.tw，2007 年 5 月 20 日下載。
（陸委會《兩岸經濟統計月報》，2007：25）

　　然而中國的指控並不符合實情，因為大部分的兩岸貿易很明顯是投資所驅動，這是一種兩岸全球分工的多贏格局，是市場力量主導的兩岸經濟交流，不是因為臺灣政府對中國進口片面限制的結果。如上所言，當臺灣加入 WTO 後大幅度擴大對中國進口開放，但是臺灣對中國的貿易順差卻從 2001 年的 181 億美元增加到 2006 年的 385 億美元。以下再以資訊硬體產業為例，說明兩岸全球分工的多贏格局。

(二) 兩岸全球分工的多贏格局：以資訊產業為例

　　過去二十年，臺灣的資訊科技（IT）產業[19]成長非常迅速。1986 年臺灣 IT 產業的國內外產值只有 21 億美元；在 1992 年成長到 94

---

[19] 根據臺灣的資訊工業策進會，資訊產業產品包括個人電腦、光碟機、掃描器、顯示器、數位相機、遊戲機、多媒體、伺服器、筆記型電腦、印表機、主機板、繪圖卡、音效卡、視訊卡、PCMCIA 卡、CPU、記憶體、可攜式電腦、掌上型電腦、無線電、印刷電路板、投影機、硬碟。

億美元；2000 年的時候高達 470 億美元；2005 年竄升到 810 億美元，
高居全球第一位。1986 年，臺灣的全球市場佔有率僅有 1.5%；到了
2000 年，在世界十大生產國家的市場佔有率顯著增加為 18.7%；2004
年竄升為 32.6%。這些數據清楚地顯示，在過去二十年臺灣 IT 產業
在全球市場具有相當大的競爭力。如果進一步細看，臺商很多 IT 產
品在世界市場具有舉足輕重的戰略地位，很多資訊產品在世界市場
佔有率高達 50%以上，包括筆記型電腦、主機板、電腦螢幕。（見表
5-3）

表 5-3：臺灣資訊硬體產品全球佔有率

單位：%

資訊產品	筆記型電腦	桌上型電腦	主機板	伺服器	CDT螢幕	LCD螢幕	光碟機	數位相機
佔有率	82.5	30.1	98.4	34.3	50.7	70.1	39.6	41.8

資料來源：臺灣資策會 MIC，2006 年 4 月。

雖然臺商在 IT 產業擁有傲人的全球市場佔有率，但是大部分的
產品都在海外生產（參見表 4-5）。再者，中國 IT 產業在 1990 年代
也以驚人的快速步調成長。中國高科技產品（包括通信設備、自動
資料處理器、電腦的零件和附件）[20]的全球市場比例從 1985 年的 0.4%
增加到 2000 年的 6%（United Nations Conference on Trade and
Development，2002：161-162）。這項結果說明，中國高科技產品在
全球市場中相當具有競爭力。就 IT 產業而言，中國的資訊硬體產值

---

[20] 依據大陸官方解釋，高科技產業包括八類技術：生物技術、生活科技、光電
技術、電腦和通信、電子技術、電腦整合製造技術、原料技術和太空科技。

從 2000 年的 255 億美元增加到 2005 年的 720 億美元。若以當地生產而言，中國已經超過美國，成為全球第一位的資訊硬體生產國家。

臺灣對中國的直接投資很明顯地對中國 IT 產業的迅速擴張扮演非常關鍵角色。在 1996 年至 2003 年期間，在中國製造的臺商 IT 產品平均年成長率高達 39.4%。2000 年，臺商在中國生產的資訊硬體產值才 171 億美元，2005 年已經高達 580 億美元，五年間增加 2.4 倍，平均每年增加 28%。在 1999 年到 2001 年間，臺商貢獻約 60%～70% 中國資訊硬體產品的生產和出口（Tung, 2006: 107）。在 2005 年，臺商對中國 IT 產值的貢獻高達 80.6%。若沒有臺商在中國生產，中國的 IT 產業產值只不過 140 億美元（經濟日報，2006.6.8：第 A2 版）。

事實上，兩岸經濟分工是全球生產鏈的重要組成，臺灣的本地企業提供很多原材料、中間財、資本財（包括機械設備）給中國的臺商、外商與本地企業，帶動臺灣對中國出口的快速增長；在加工之後，中國的臺商將絕大部分的產品出口到先進國家，創造中國對其他國家的大規模貿易順差；臺灣則從先進國家進口更高階的技術與服務。同時，在兩岸共購全球生產供應鏈當中，很多先進國家的跨國企業在海峽兩岸都有經營業務和合夥關係，亞太國家之間的進一步經濟整合，特別是臺灣、中國、美國和日本，將會給他們的企業在激烈的全球競爭中帶來巨大的商業契機和優勢。

因此，臺灣在 WTO 的貿易政策審查會上，多個國家表達對於臺灣單方面限制中國進口的關切，同時也希望臺灣與中國能夠盡快直航，都是基於他們自己的經濟利益，而不是為中國政府施壓臺灣政府。在前不久，美國的貿易代表署副代表巴堤亞（Karan Bhatia）來臺灣訪問時，也向臺灣政府表達強烈希望兩岸直航的希望。這些都是因為兩岸全球分工架構之下，各國企業非常希望兩岸能夠減少

貿易障礙與通航的成本，以利於他們在兩岸的商務經營與布局（《經濟日報》，2006.5.27：第 A7 版）。

二、中國在東亞區域經貿整合中邊緣化臺灣

　　國際機制對兩岸經貿整合的引導作用，除了 WTO 多邊協定外，對兩岸互動的影響最大就是東亞或亞太的區域貿易整合（RTA）。由於中國大陸與東協（ASEAN）十國簽訂將於 2010 年成立自由貿易區（即東協十加一），2012 年日本加入自由貿易區（十加二），2013 年韓國加入（十加三），一直擴展到印度、紐西蘭、澳洲都加入（十加六），屆時臺灣將是唯一被排除在東亞區域經濟整合範圍之外的國家，對臺灣而言，不僅只是國際政治地位的被矮化，對臺灣產業出口的競爭力將帶來不利的影響。

　　2002 年 11 月 4 日，ASEAN 各國領袖與中國大陸領導人共同簽署了《中國——東協全面經濟合作框架協定》，正式啟動了建立雙邊自由貿易區的進程，2004 年 11 月東協與中國大陸簽署自由貿易區貨物貿易協定，雙方決定自 2005 年 7 月開始全面啟動東協與中國大陸自由貿易區降稅進程，雙方大部分產品的關稅將於 2010 年降到零，同時還就爭端解決機制協定達成的共識（《臺灣新生報》，2005.6.28：第三版）。中國－東協自由貿易區貨物貿易協定實施後，雙邊 7000 餘種商品開始全面降低關稅，2006 年底雙邊貿易達 1608 億美金，較前年增加 23.4%。此外，自 2007 年元月 14 日中國與東協進一步簽署第一個服務貿易協議，這是中國在自由貿易協定下與他國簽訂的第一個服務貿易協議（《經濟日報》，2007.1.15：第 A5 版）。

中共自 1997 年首度加入東協、日本、南韓的「十加三」吉隆坡
會議起，即積極強化與東協十國的經貿關係，2002 年中國當時總理
朱鎔基倡議「建立中國──東協自由貿易區」，獲得東協各國支持，
並優先於日本、韓國洽簽「自由貿易區」的進度，東協優先考量中
國加入東協自由貿易區原因，係考量雙邊產品缺乏互補性，且貿易
量有限，日韓產品競爭力強，恐影響東協產品（《中華日報》，
2004.11.29：第二版）。2004 年 11 月中國與東協簽署自由貿易區貨
物貿易協定後，旋即在中國主導下，東協與中國舉行領袖會議後的
主席聲明，東協各國承諾「一個中國」原則，強調臺海的和平穩定
符合區域國家的共同利益（《聯合報》，2004.12.1：A13 版;《臺灣日
報》，2004.12.1：第 3 版）。

　　由於臺灣對外貿易中亞洲市場佔超過 50%，比例不斷攀升，排
除臺灣加入東亞經濟整合勢必傷害臺灣的經濟表現，影響外資投資
臺灣[21]。雖然目前尚未造成臺灣經濟實質的負面影響，但因臺灣地
位有被邊緣化之疑慮，外資長期直接投入生產金額已出現減少的情
形。而各種研究與統計也顯示，臺灣被排除東亞經濟區域整合中，
對臺灣 GDP 將帶來減少的衝擊（童振源，2005：49-50）（中國時報，
94.12.4：第 A2 版）。

---

[21] 如果臺灣能夠加入東亞經濟整合，臺灣很可能成為以出口為導向的外商投資
據點，造成「投資創造」（investment creation）的效應，如果被排除在外，
臺灣可能因為東亞貿易的歧視待遇而遭到「投資轉移」（investment diversion）
的負面影響（童振源，2006：46-52）。

三、中共推動 CEPA 的戰略意涵

中國大陸除熱絡參與東協加一、加三或加 N 的自由貿易區整合外，2003 年中國分別與香港、澳門簽訂「內地與香港關於建立更緊密經貿關係安排」（Closer Economic Partnership Arrangement, CEPA），加速中港澳之間的經濟整合，尤其是 CEPA 中零關稅對在香港製造的產品或經香港公司進行貿易的貨物都將受到優惠，外國公司將競相投資香港公司成為合夥對象，將更有利進入中國大陸市場，CEPA 將加速中港經濟的整合。

東亞經濟整合的內容大致分為兩類：自由貿易協定（Free Trade Agreement, FTA）與全面經濟夥伴關係協議（Comprehensive Economic Partnership agreement, CEPA），中港澳的 CEPA，在名稱與定義上，不同於國際間雙邊的 CEPA，但在整合內容則類似。這涉及到中國在對香港澳門一國兩制的定位與對臺灣戰略設計。中國國務院總理溫家寶在見證中港簽訂 CEPA 曾特別強調：「CEPA 安排是在一國兩制與 WTO 框架內所做出的特殊『安排』，反映了中國作為主權國家與香港作為單獨關稅區之間建立更緊密的經貿關係」，這種特殊「安排」（arrangement）與國家間簽署的協議（agreement），在定位與身份上有極大的差異。

中國在國際社會阻撓臺灣加入各種經濟區域整合架構，並且在兩岸四地之間設計一中框架的經濟整合方案，企圖將中港澳經濟整合在「一中原則政治框架」，亦即透過推拉戰略，威逼利誘臺灣加入中國特殊安排的一中架構的 CEPA，一舉完成對臺灣的政治經濟統戰。對此，中國政府官員也 2003 年底開始公開鼓吹與臺灣簽訂在一國兩制下的港澳 CEPA 模式（《經濟日報》，2003.11.13：第一版），

而部分大陸學者來臺也常推銷在內地與香港澳門的 CEPA 模式，認為這是臺灣避免區域經濟整合被邊緣化的唯一選擇。

第三節 兩岸制度化的和平意涵

大陸方面無論學者與官員都認為，兩岸關係發展越來越緊密，並已成為兩岸關係最積極和最活躍因素，2001 年兩岸先後加入 WTO 後，兩岸經貿關係發展內外環境更隨之發生深刻變化，皆認為建立某種「兩岸經濟合作機制」的重要性與迫切性（周志懷，2002：7）。也有學者針對兩岸經貿關係制度化的安排，進行的學理探討、可行性的評估，但對於兩岸經濟合作機制所涉及政治問題如何解決，則出現語焉不詳或意見分歧的問題（李非，2005a：5），顯示大陸內部對於如何建立兩岸經濟合作機制等制度化安排，仍處政治障礙尚難以跨越的階段。

顯然兩岸經貿如何制度化整合仍有許多政治阻礙亟待克服，這些政治問題不解決，兩岸將持續付出非制度化的成本與代價，以及兩岸在跨國組織的衝突與對抗將持續出現，這些都是兩岸和平穩定負面因素與衝突所在。

一、兩岸制度化整合的構想與障礙

(一)「兩岸經濟合作機制」的提出

自從兩岸先後加入 WTO 以來，有關建立「兩岸經濟合作機制」的概念一直被中共當局所提到，其意義正逐漸被衍生化、具體化。它基本的概念是將建立兩岸經濟合作框架的目標加以明確化、規範化與機制化。而兩岸加入 WTO 後，在經貿領域必須適用 WTO 基本規範，因此兩岸要加強經貿合作，加上區域經濟合作的國際趨勢，勢必要突破以往「民間、單向、間接」的模式，朝「官方、雙向、直接」的目標，進行合作。

「兩岸經濟合作機制」係由 2002 年 1 月 28 日，在紀念「江八點」7 週年大會上，由中共前國務院副總理錢其琛首次提出（盛九元，2005：147）。接下來，中共內部學者提出建立兩岸經濟合作機制的安排，大都以正面積極角度加以詮釋，認為建立兩岸經濟合作機制可帶來 5 項正面的好處（周志懷，2002：p7-9），包括：

(1) 基於兩岸間接貿易與投資持續擴增的需要，使兩岸經貿關係發展得到政策上與制度上的保障。

(2) 排除不穩定的政治障礙，促使兩岸經貿關係發展回歸市場機制。

(3) 有助於解決兩岸經貿交流所產生的問題，以解決兩岸間貿易與投資爭端。

(4) 兩岸加入 WTO 後，兩岸貿易由單向朝向雙向發展，臺資企業也面臨國際跨國公司競爭，雙方可在共同利益的基礎上因應 WTO 所帶來的挑戰（盛九元，2005：149）。

(5) 打破兩岸政治僵局，推進兩岸關係發展的重要平臺。

　　中共社科院臺研所副所長周志懷也歸納了過去以來兩岸經濟合作模式的五種模式，包括：中國圈、大中華共同市場、中國經濟圈、華南經濟協作區、以及中華經濟協作系統。這些模式的共同特色是：

(1) 各種合作模式的探討都與中國的最終統一密不可分。

(2) 兩岸尚未結束敵對狀態是阻礙兩岸經濟合作模式形成的最大障礙。

(3) 兩岸經濟合作模式形成不可能一蹴可及。

　　周文提出建立兩岸經濟合作機制的好處，基本上符合兩岸的實際需要。但在陳述政治因素考量時卻常出現自相矛盾，一方面強調建立機制可避免政治干擾，但卻不提大陸對臺經濟統戰的「干擾」；再則，面對全球化競爭，只同意兩岸建立經濟合作機制，卻不准臺灣同其他經濟體建立經濟合作機制；以及建立了兩岸經濟合作機制，兩岸就不必透過 WTO 互動等等（周志懷，2002：8-12），反映出大陸方面對台的政治思考，才是兩岸是否建立經濟合作機制的關鍵因素。

　　在兩岸政治爭議尚未解決前，要進行經濟合作機制實際安排必先克服政治障礙，周志懷認為，建立兩岸經濟合作機制固然有許多政治困擾，但不能做等排除政治干擾再來推動兩岸經濟合作機制的建立，他將兩岸經濟關係的制度化視為是一種動態過程，是一種手段，而非目的。亦即兩岸達成經貿關係制度化的過程，並非是衡量兩岸關係進展的唯一指標。換言之，建立兩岸經濟合作機制不必有政治統一前提。從這種角度下，兩岸經貿關係制度化安排應著眼於兩岸間的經濟協調，而臺灣對外經濟關係仍屬不變，臺灣對外仍應保留獨立貿易政策的經貿機制，在兩岸政治僵局一時難以打破的情況下，兩岸經貿關係制度化安排的目標應以低起點、易啟動、進展快為原則，以加速「以經促政」進程為主要考量。周至懷認為，兩

岸經貿關係制度化的高目標曠日持久，與大陸的「臺灣問題不能無限制拖延」的對臺基調不相吻合（周志懷，2002：13）。

從周文對其大陸內部的建議，是希望政治前提不要干擾兩岸經貿合作機制的建立，兩岸經貿合作機制是手段，是用來促進國家統一的目的。但明顯的，周至懷的建議在後來並未採納，2005 年 6 月 29 日國臺辦記者會中，國臺辦經濟局長何世忠特別闡述兩岸經濟緊密的整合現狀，並強調「……我們願意在九二共識基礎上恢復協商談判後，同臺灣方面就長期、穩定的兩岸經濟合作機制進行磋商……」[22]；中國入世首席談判代表龍永圖接受媒體專訪也表示：「連宋相繼訪問大陸出現兩岸和解的一個前景，如果臺灣當局能夠真正承認「九二共識」，那麼兩岸的經貿合作在 WTO 框架下可以出現一個完全新的形勢，所以簽訂自由貿易協議（Free Trade Agreement, FTA）現在確實一個歷史機遇」（盛九元，2005：151），臺灣接受一中原則的「九二共識」依然是大陸願意推動建立兩岸經濟合作機制的政治前提。

到了 2005 年 4 月 29 日國民黨主席連戰訪問中國，與中共總書記胡錦濤簽署連胡會會談新聞公報，其中在國共兩黨在 4 個共同促進中，有關要促進兩岸經濟全面交流，就是要建立兩岸經濟合作機制促進兩岸展開全面的經濟合作[23]。5 月 12 日親民黨主席宋楚瑜訪問中國與胡錦濤達成「六項共識」，其中第四項有關兩岸經貿也是標

---

[22] 2005 年 6 月 29 日國臺辦例行記者會全文。參見中國國臺辦網站 http://www.gwytb.gov.cn/xwfbh/xwfbh0.asp?xwfbh_m_id=52。

[23] 2005 年 4 月 29 日連胡會新聞公報，其中「……進而建立穩定經濟合作機制，並促進恢復兩岸協商後優先討論兩岸共同市場。」見新華社北京 4 月 29 日電全文。http://csin.mac.gov.tw/machtml/news/important/20050502-1.txt。

舉著「加強兩岸經貿交流，促進建立兩岸經貿合作機制」[24]。同年 9 月 15 日，親民黨與中共合辦「第一屆兩岸民間精英論壇」，中共代表政協主席賈慶林在致詞時，曾四度重申「著眼長遠，建構兩岸經濟合作機制」的重要性。10 月 11 日中共第 16 屆第五中全會，通過「中央關於制定國民經濟和社會發展第十一個五年規劃的建議」報告，其中涉及兩岸關係擴大兩岸民間交流與往來部分的政策方向為：「擴大兩岸民間交流與往來，維護臺灣同胞的正當權益，推動全面、直接、雙向『三通』，促進建立穩定的兩岸經貿合作機制，促進兩岸關係發展，維護臺海和平穩定，支持海峽西岸和其他臺商投資相對集中地區的經濟發展，促進兩岸經濟技術交流與合作。」[25]

(二) 建立「兩岸共同市場」與「兩岸自由貿易區」的建議

對於大陸方面提出建立兩岸經濟合作機制，連胡公報要優先討論「兩岸共同市場」，宋胡公報則要針對「兩岸自由貿易區」等長期穩定的相關機制問題進行磋商。

對於推動兩岸共同市場，係由國民黨副主席、曾任臺灣行政院院長的蕭萬長，卸任後成立「兩岸共同市場基金會」所主導。蕭萬長認為可以分三階段進行：第一階段應先推動兩岸關係正常化；第二階段則推動兩岸經濟調和，進一步推動經濟法規制度的調和及各

---

[24] 見 2005 年 5 月 12 日宋胡會會談公報，其中「兩岸恢復協商後，就建立兩岸貿易便利和自由化（兩岸自由貿易區）等長期穩定的相關機制問題進行磋商」。新華社北京 5 月 12 日電全文 http://csin.mac.gov.tw/machtml/news/important/t051302.txt。

[25] 2005 年 10 月 18 日中共第十六大五中全會通過〈中共中央關於制定國民經濟與社會發展第十一年規劃的建議〉中有關兩岸關係的內容。見 http://www.gov.tw/jrzg/2005-10/18/content-79267.htm。

種標準化的事宜,減少雙方經濟體制的差異性;第三階段則是全方位的經濟統合工作,包括兩岸展開關稅同盟、貨幣同盟進而租稅同盟,達成兩岸共同市場的目標。對此,國民黨主席連戰則細分為六個階段,包括排除貿易障礙,關稅的降低與豁免,人員、資金與貨物等生產要素的自由流通,技術及資訊的移轉,貨幣的統一,最終達到整體經貿合作的機制建立。

　　而大陸方面經濟學者李非則認為,建立兩岸共同市場應遵循一定的基本準則,確立明確發展目標,具體實施內容,以及相應的推進步驟(李非,2005a:2-3)。所謂基本準則就是要遵循:一個中國原則,國際經濟規則,以及互利互惠原則;發展目標是以中港、中澳間的 CEPA 作為模式,實施內容則利用 WTO 第 24 條款的例外規定,GATS 經濟一體化的規定,參照 CEPA 框架協議和方案,制訂具體實施內容。在推進步驟上,是一個從初級向高級不斷發展的經濟一體化過程,從低層次的優惠貿易安排開始,逐步推進到中層次的自由貿易區,再到高層次的貨幣同盟,從而做到短期的臨時安排與長期戰略布局相結合。

　　無論是建立「兩岸共同市場」或是「貿易自由化」的兩岸經濟合作機制,大陸學者也都體認兩岸在經濟規模、資源優勢、發展程度和技術能力等方面有極大差異,需要各方面取得相互的理解和配合,以循序漸進為原則,從功能性協商機制開始,確立協商機制,建立相應的常設機構,針對解決經濟合作與發展的問題,建立起制度化與機制化的規範體系,需要兩岸之間的默契與信任(盛九元,2005:152)。

雖然如此，接受一中框架或適用 CEPA 模式，都會涉及是否承認「一中」原則的政治問題，這點將是建立各種形式的兩岸經濟合作機制，首先會遇到以及需要克服的政治難題。

(三)「一中框架」下的制度化整合的障礙

值得注意的是，大陸對於建構「兩岸經濟合作機制」並不是無條件的，上述「連胡會」、「宋胡會」的會談共識，或是五中全會的十一・五建議報告，也都有以一個中國原則的「九二共識」作為恢復兩岸商協的前提要件，亦即臺灣方面不接受「九二共識」，兩岸就不可能恢復協商，也就不可能建構兩岸經濟合作機制。在建立「兩岸經濟合作機制」的具體方案中，大陸廈門大學臺灣研究院副院長李非就曾建議（李非，2005b：11），近期目標可以兩岸直航三通為突破口，對經濟交流做出某種類似 CEPA 的貿易優惠與投資便利化的安排；中期目標是協調經濟政策、統一關稅，實現兩岸全面、直接、雙向的經濟交流；遠期目標是通過建立統一的市場，逐步統一貨幣實現兩岸區域經濟一體化，從而為社會以至政治的整合奠定堅實的經濟基礎。李非所謂在近期目標參照 CEPA 的運行模式，就是在「一個中國」框架下所簽訂的協議，現階段不可能被臺灣所接受。

二、兩岸在國際機制整合的對抗

(一) 臺灣推動和各國簽訂 FTA 與中國的杯葛

雖然兩岸已加入 WTO，然而伴隨全球化發展的區域化經濟，例如北美自由貿易區、歐盟、東南亞國協區域化經濟體間商品與服務

流動自由化或零關稅的組織紛紛興起，被排除在外者因關稅或其他障礙幾乎難以競爭。根據 WTO 祕書處統計，目前 WTO 中 141 個會員國中，除蒙古外，所有會員均至少以簽署一個雙邊或區域自由貿易協定 FTA，可見雙邊 FTA 及區域貿易的協定與重要性，似有凌駕 WTO 多邊協定之上的趨勢（《中國時報》，2006.10.23：第 A4 版）。

　　臺灣面臨全球化與區域經濟整合又最為險峻，臺灣為高度依賴外貿的經濟體，面對「東協十加一（與中國）」、「東協十加三（中、日、韓）」、或是「東協十加六（中、日、韓、印、紐、澳）」的亞太區域經濟整合發展與東亞自由貿易區的成形，臺灣因中國杯葛而無法加入，是唯一被排除的國家，引發臺灣在經濟區域化整合有被邊緣化的危機（《經濟日報》，2007.1.16：第 A8 版）。

　　面對臺灣政治經濟地位邊緣化危機，臺灣一直致力於與各國尋求簽訂 FTA，但面對中國強力杯葛進展並不順利。截至 2006 年底，臺灣已經與邦交國巴拿馬、瓜地馬拉、尼加拉瓜簽署 FTA 並已經生效，此外，也正與薩爾瓦多、宏都拉斯等國洽商中。但與主要國家美國、日本、歐盟、新加坡的洽簽，則進展不順利，美國在臺協會臺北辦事處處長楊甦棣則公開表達臺美談 FTA 仍不成熟，優先要務是加強貿易投資架構談判（TIFA）（《工商時報》，2006：第 A2 版）

　　另方面 2006 年 11 月召開的 APEC 會議中美國提出以 APEC 會員為基礎，成立亞太自由貿易區的建議，雖然遭逢中國等其他國家有疑慮，被決議列為長期目標，對臺灣而言，多了一個可努力的場域（《工商時報》，2006.11.13：A2 版）。

　　中國反對與其有外交關係的國家同臺灣簽署 FTA，在與東協各國自由貿易協議中要求東協等國背書保證奉從「一個中國」原則。但依照 WTO 規則，臺灣有權以「臺澎金馬獨立關稅領域」名義與

有關國家簽署 FTA，中國極力阻擋臺灣加入其他區域經濟整合組織或與他國簽訂 FTA，例如阻止臺灣與美國簽訂臺美 FTA，以防骨牌連鎖效應，相信北京當局為求美國勿與臺灣簽署 FTA 也將付出不少代價（文久，2004：52）。

戰略部署上，中共圍堵臺灣加入其他國家的區域貿易協定（RTAs），無論是自由貿易協定（FTA）或是全面經濟伙伴關係（CEP, Comprehensive Economic Partnership），在臺灣對外無法突圍之際，企圖引導臺灣接受中國與港澳簽訂的「更緊密經貿關係的安排」CEPA，這種「對外封鎖，一中框架」的對臺推拉壓迫戰略，將會使兩岸於國際間較量日趨激烈，臺灣將更積極尋求與美國簽訂 FTA，尋求突圍，而北京當局為制止美國配合臺灣，將與美國進行利益交換，國際外部環境的激烈對抗，中國愈加堅持對臺立場一中原則，不利於兩岸經濟合作機制的建立。

(二) 兩岸在 IGO 與 NGO 攻防與對抗

兩岸在國家間組織（IGO）攻防激烈全係主權爭議等政治問題而起，根據臺灣外交部統計，目前臺灣參加政府間國際組織，擁有正式會員與觀察員共有 28 個，包括亞洲開發銀行、WTO 等，參加非政府間國際組織達 450 個。

在國家間組織最常發生就是中國要求更改臺灣的國名與會籍，企圖矮化臺灣的地位，在「反分裂國家法」通過後，北京當局在國際上之打壓臺灣日趨嚴重（表 5-4）。例如，兩岸入世後，原本兩岸有機會透過 WTO 的協商管道與規範，解決雙方經貿問題，同時藉助 WTO 規範協助兩岸關係的制度化，但入會後中國大陸卻處心積慮更改臺灣代表辦公室的名稱與頭銜，迴避與臺灣在公開場合進行

磋商與互動，致使 WTO 規範與機制仍無助於兩岸制度性互動建立。
在另一個兩岸競逐激烈的國家間組織是聯合國 UN 與世界衛生組織
WHO，兩岸雙方在臺灣加入聯合國與臺灣以觀察員身份加入世衛組
織展開長期的激烈外交攻防。

表 5-4：中國近期在國際更改臺灣的國名事例彙整

2007 年 3 月製表

時間	事例
2005 年 10 月	國際網路搜尋引擎 Google 公司獲得了在中國大陸經營的執照，同時表明認同中共的「一中」政策，並在其英文地圖搜尋功能中將臺灣註記為「中國的一省」。
2006 年 2 月 13 日	由香港主辦的第 9 屆世界消防運動會，主辦單位在中國壓力下，不准臺灣運動員比照其他國家運動員攜帶國旗、會旗和消防旗幟，並強迫臺灣必須以「中國臺北」名義成為中國代表團一部分，臺灣在力爭無效後決定退出比賽。
2006 年 4 月	臺灣是「國際危機組織」的重要贊助國之一，同時也是理事成員，但中國受邀加入該組織時，卻要求改變臺灣的與會名稱為 Chinese Taipei，並要求不能有官員參與。
2006 年 5 月	「國際標準組織」（ISO）不同意臺灣以會員名義加入，並應中國之要求在國家名單之稱呼臺灣為 Taiwan, Province of China。
2006 年 5 月 12 日	「國際醫院協會」（IHF）因中國施壓，於理事會中討論我國「臺灣醫院協會」之會籍名稱時，除決議將我會之會籍名稱改為 Taiwan Hospital Association, China 外並提交一份內容含有矮化我名稱及地位之備忘錄要求我會簽署。
2006 年 5 月底	臺灣獅子會的名稱為「300 複合區臺灣（MD300-TAIWAN）」，但中國獅子會卻透過中國外交壓力，要求國際獅子會總會將臺灣名稱改為「300 複合區中國臺灣（MD300-China Taiwan）」。
2006 年 9 月	財團法人國際合作發展基金會原計畫於本年 9 月份出版之世銀刊物《發展瞻望》（Perspectives on Development）秋季號上刊登形象廣告，惟遭世銀要求將該會英文正式名稱及識別標誌「Taiwan ICDF」改為「Chinese Taipei ICDF」。

2006 年 9 月下旬	國際園藝生產者協會（AIPH）會長法伯說明 AIPH 年會被迫取消的背景，以及協會的處理原則與立場。由於中國要求更改臺灣區花卉發展協會名稱，及臺灣主辦活動需經中國花卉協會同意，AIPH 年會因此政治因素被迫取消。
2006 年 9 月 27 日	「世界經濟論壇」（World Economic Forum, WEF）於其出版之各項報告中，原係以「Taiwan」稱我，惟中國常駐聯合國日內瓦辦事處代表沙祖康於本年 3 月 WEF「全球資訊科技報告」（GITR）發表記者會中，當場抗議該論壇將我以「Taiwan」為名列於「Country」項下。WEF 為避免再引紛爭，爰於其本年 9 月 27 日公布之「2006～2007 全球競爭力報告」中，改以「Taiwan, China」稱我。
2006 年 11 月 8 日	國際展覽組織聯盟（UFI）在北京召開年會，臺灣外貿協會原擬組團參加，惟主辦單位於函覆該會時表示，在會議地主國中國要求下，凡提及該會名址 Taiwan 或 Taipei 時，均須附加 China 或 Chinese，臺灣抗議無效後退出年會。
2006 年 11 月	國際競爭網絡（ICN）組織中，臺灣以 Taiwan 之名義為正式會員，中方因未訂定競爭法，並不具會員資格，但中方為了在 2007 年參與該組織並成為觀察員，要求臺灣改名。
2007 年 1 月	中共施壓韓國將我交換學生登錄證上的國籍更改為中國。
2007 年 3 月	國際鳥盟因中國施壓，開會時要求中華民國野鳥學會（Wild Bird Federation Taiwan）改名。
2007 年 3 月	WTO 召開國際研討會，中國官員強迫大會將所有文件中有關臺灣的名稱，全數改為「中國·臺灣省」。

資料來源：陸委會網站，http://www.mac.gov.tw，瀏覽日期 2007 年 3 月 7 日。

　　兩岸在國際社會另一個攻防場域就是國際非政府組織（NGO），NGO 涉及面廣，且多無涉政治主權，臺灣較容易加入 NGO 以拓展國際生存空間。NGO 雖然強調非政府組織，但其與政府間組織一樣，處理著許多專業性與功能性的活動，其成員可以是個人或是由個人組成的社團。此外，政府間國際組織在涉及有關問題時也常向非政府組織諮詢，例如在聯合國組織架構下，聯合國經濟社會

理事會（ECOSOC）就有 3200 多個非政府組織建立正式諮詢與聯繫關係，非政府組織也常扮演壓力團體對政府與政府間國際組織發揮重要影響力（Bruce Russett & Harvey Starr，2001：62），例如國際特赦組織與羅馬天主教會對各國政府影響力很大，國際紅十字總會與世界基督教協會動員全球幫助非洲飢民就是例子。在全球化發展世界政治中，NGO 數量日增與功能日漸重要，成為影響國際社會重要的行為者。

　　中國對臺灣外交打壓集中在，爭取與臺灣邦交國建交，阻撓臺灣政府與非邦交國往來以及參與政府間組織活動等，近年來連台灣民間參與國際 NGO 活動也遭中國強力打壓與干擾（參見表 5-5）。

表 5-5：中國干擾臺灣民間參與國際活動事例彙整

時間	打壓事例
2001.5	臺灣參與「英特爾國際科學展」，中共要求主辦單位將「中華民國」名稱改為「中華臺北」，排在「中國」之後。
2002.7	國際獅子會中華民總會遭中共打壓，被迫更名為「China Taiwan」（中國臺灣）。在我方抗議下，國際獅子會總會讓步，承諾稱呼我方「三〇〇複合區臺灣地區（Multiple district300,Taiwan Area）」。
2002.8	南非約翰尼斯堡召開的「聯合國永續發展地球高峰會議」，計有一百多國領袖與會，我代表團名稱遭中共企圖矮化為「臺灣省」，
2003.3	臺灣的科技大專院校原訂赴越南胡志明市舉辦科技大專院校教育展，遭中共向越南政府施壓，因為中共 5 月也要到胡志明市辦教育展，不准臺灣比它更早前往辦教育展。
2004.10	參加德國紐倫堡世界發明大展的我國代表團，因中國代表團一再叫囂，要求大會拆除青天白日滿地紅國旗、雙方爆發嚴重推擠衝突，大會最後決定所有國家都不准掛國旗。
2005.5	芬蘭主辦第 38 屆國際技能競賽，在中共打壓下，以公函告知，不同意臺灣在競賽中任何場所使用國旗。

2005.5	「世界衛生組織（WHO）亞洲海嘯災後衛生議題會議」 於 5 月 4 日至 6 日在泰國普吉島舉行，我成大醫院急診部主任蔡明哲等一行六人以「一般參與者」（participant）身分參加，遭中國強力打壓，被迫無法出席開幕典禮。
2005.6	由國際戰略研究所（ＩＩＳＳ）主辦的第四屆亞太安全會議，中共向主辦單位提出「四不」（4 No's）作為北京派員參加之條件：包括：不准有臺灣官方代表團；不准正式參與討論；不准參加官方晚宴；不能與其他國家代表團進行非正式接觸等要求。臺灣學者名單被排在大會與會人員資料的最後，並以「國際戰略學會會員和貴賓」的方式呈現。
2005.10	越南河內舉行的「2005 年城市聯絡網大會」，因中共打壓，導致與會的臺北、高雄兩市代表連開閉幕典禮都無法參加。
2006.5	「中華民國女法官協會（Taiwan Chapter of the IAWJ）」出席「第 8 屆國際女法官協會」雙年會及維護我會籍名稱案：「中華民國女法官協會（Taiwan Chapter of the IAWJ）」赴雪梨參加國際女法官協會第 8 屆雙年會，再度遭到中國代表就該會名稱問題向總會抗議，強調總會應遵守聯合國第 2758 號決議的一中原則，並認為在國際女法官協會內不能同時有「一個臺灣、一個中國」的情形，要求簽訂備忘錄，將我會名稱由目前使用之 Taiwan Chapter of the IAWJ，更改為 Taiwan Chapter of the IAWJ, China，並要求將我會所有名銜皆列於 China 之下。我團林錦芳院長（臺北地方法院）代表我團出席該理事會，除積極發揮運用長年人脈關係外，並於理事會中為維護我名稱權益作有力之論述，各與會代表對林院長之論述皆表示支持，我團終能順利保留現行會籍名稱。
2006.6	獅子會國際總會因中國之干涉壓迫國際獅子會 300 複合區臺灣總會之會籍名稱案：獅子會國際總會因中國之干涉，壓迫臺灣獅子會改名為 China Taiwan，國際總會為此於本（95）年 6 月 22 日至 23 日在波士頓舉行「審核及調解委員會」（Review and Conciliation）協商會議，就我國際獅子會 300 複合區臺灣總會（Multiple District 300 Taiwan）會籍名稱被該總會更改為「中國臺灣 300 複合區」（Multiple District 300, China Taiwan）提出控訴乙案進行協商。我獅子會由國策顧問暨前獅子會國際總會理事王茂雄、徐明德前議長、吳正宗前總監及林順益律師等 4 人前往參加，該次調解會議中決議將此問題透過國際第三者（International Third Party）協調，並待國際總會正式決議答復。

2006.8	國際園藝學會（International Society of Horticultural Science, ISHS）為推動中國入會擬更改我會籍名稱案：ISHS 於本（95）年 8 月 11 日至 18 日南韓首爾舉行理事會，因理事會若干成員擬推動中國入會，中國爰趁機透過 ISHS 理事會迫我將現行會籍名稱 Taiwan 改為 Chinese Taipei 或 Chinese Taiwan。為積極維護我於 ISHS 之會籍權益，我與農委會及臺灣園藝學會與會代表曾安慎因應，並積極進行相關洽助及遊說工作。案經 ISHS 會方與中國方面人員及我會人員多次協商、討論後，會方決定暫時擱置擬更改我會籍名稱案。
2006.8	國際陶瓷協會（International Academy of Ceramics）出席「第 42 屆國際陶瓷協會年會」及維護我會籍名稱案：國際陶瓷協會(International Academy of Ceramics)於本（95）年 8 月 14 日至 18 日在拉脫維亞首都舉行第 42 屆年會，中國於會前向主辦單位以及 IAC 總部威脅利誘，要求將我國原已獲准入會登錄之國名 Taiwan 更改為 Taiwan, China，並揚言會方若不配合，中國將不惜放棄籌辦下屆雙年會。本案經我駐拉脫維亞代表處協助我代表團分別於會前及會議中向 IAC 友我理事、各會員國進行遊說，嚴正表達反對 IAC 與會議主辦單位罔顧會員權益之任何更改有損我國號尊嚴之名稱安排，此舉贏得 IAC 會長對我立場之支持，IAC 理事會於 8 月 13 日之討論中亦未做出不利於我之結論。

資料來源：陸委會網站，http://www.mac.gov.tw，瀏覽日期 2007 年 5 月 6 日。

三、國際（或兩岸）機制對兩岸衝突的制約作用

　　兩岸要建立穩定和平需要制度化規範，而兩岸經貿與社會往來密切，建立兩岸經貿合作機制有其迫切性與必要性，問題的癥結在於如何克服政治問題，以兩岸共同利益為基礎，建立兩岸經濟合作機制或是兩岸在國際場合的經貿合作機制，對兩岸培養善意與信任必然帶來正面意義，進而帶來台海的真正和平。

(一) 兩岸協商制度化開啓與進程

　　歷史制度論認為，現今和未來的政策形成及制度運作將對先前政策與制度有著依賴的作用，也就是說一旦某種政策或制度形成後，因此歷史的軌跡對往後的發展有著制約的作用（Peter,B.Guy 1999：63-77）。

　　「擱置爭議、不設前提、相互尊重、實事求是、政府主導、民間協助」24 字訣是臺灣官方對外說明，授權民間團體與中國大陸方面對口單位建立聯繫、接觸與協商的原則，雖然中國政府以「兩岸民間行業組織」協議模式，刻意區隔政府間協商的形式與象徵，但在歷次臺灣與中國的新協商模式或稱「澳門模式」，涉及公權力事項都有主管官員上談判桌主導協商的進行，國安會與陸委會官員縱然無法上桌協商，也能幕後遙控與指揮前線談判官員，與實質上的政府間協商，幾乎無差別。

　　雖然有論者認為過去「兩會協商時代」已走向歷史，而進入「民間協商時代」（邵宗海，2006：294）。但過去之所以成立海基會，不就是基於兩岸政治主權爭議敏感，以海基會半官半民的機構發揮白手套功能，在意義上幾乎政府委託公協會協助政府與中國政府協商的功能幾乎沒有太大差別。目前兩岸協商的爭議焦點不是在於何種機構出面協商的問題，而是在雙方政府的合作態度以及爭取更多不預設前提的協商議題才是重點，否則長達 10 年國共兩黨的「九二共識」之下協議成果，竟還比不過民進黨執政下的「〇五共識」協商新模式的成績輝煌。在「〇五共識」新思維下兩岸創下 2005 年、2006 年的春節包機、2006 年四項專案性包機，以及不久未來將落實的客貨運包機與大陸觀光客來臺等等重大的制度性協議，這些制度性協

議都可以視為兩岸經濟合作機制的初步階段，也會對未來兩岸制度
性的整合帶來「制約作用」。

兩岸協商新模式若能隨著協商議題的增加而逐漸開展，對於兩
岸關係制度化與正常化必然帶來正面影響，進而對兩岸的和平穩定
必然帶來深遠影響。

(二) 兩岸全球與區域整合之規範適用

因應全球化與區域化經濟整合的需要，臺灣現階段不可能只選
擇大陸方面指定的港澳 CEPA 模式，而不去與其他國家或經濟體進
行必要的經濟整合。大陸方面是否給予臺灣地位適當尊重，也關係
著兩岸整合互動與否順利開展，若大陸持續否定臺灣與其他經濟體
建立整合關係，持續打壓臺灣國際參與空間，臺灣內部對中國的敵
意就不容易降低，對更高層次的兩岸經濟合作必定更加戒慎恐懼。
因此要維護兩岸和平穩定，達成兩岸在國際經濟場合互動以及適用
國際規範，找出容忍與尊重的空間，實為當務之急。

第六章 「民主價值共享」與 兩岸和平整合

　　本章主要以建構主義（Constructivism）（Wendt, 1999；秦亞青，2001：231-263）研究途徑，分析兩岸在「民主價值」的差異性，以理解兩岸在各項民主價值的共享理念發展程度，溫特 Wendt 的建構主義有兩項基本原則：一、人類的關係結構主要是由共享的理念（shared ideas）所決定，而非物質力量；二、有目的的行動者，其認同與利益是由共享理念所建構而成（Wendt, 1999：1）。「認同」（identities）是互動過程中由社會建構的，是對自己與他者互為主體（inter-subjective）理解與期待，而且社會結構與自我認同也是互為主體，相互建構而成的。因此溫特會導出「無政府主義是國家建構的，現實主義的權力政治是社會建構」的基本命題，從這個意義上，安全困境不是無政府體系所固有，而是被行為體的互動實踐所建構（秦亞青，2001a：140）。兩岸在無政府體系中相遇，可以成為敵人，可能變成對手或朋友，關鍵兩岸政府與人民採取的行動和對行動意義的理解。因此，兩岸「民主價值與實踐」共享與理解也是社會建構的產物，現階段中國大陸對臺灣民主價值與實踐的理解，也已成為兩岸建構和平整合的重要變數。

　　本文借用溫特分析國家間相互建構國際結構的無政府主義三種文化結構（秦亞青，2001：254；Wendt, 1999：215-222），而所謂文化結構，就是「社會結構共享知識」，亦即個體之間共享和相互關聯

的知識，在國際關係領域中，規範、制度是文化結構的表現形式，是國家之間的互動實踐造就的（秦亞青，2001a：141），兩岸關係也是一樣，透過兩岸協商交流以及在國際社會互動造就出來的。溫特指出國際體系中可以存在三種角色結構：敵人、對手和朋友，不同的主導角色結構，產生不同的主導國際體系文化：敵人角色結構建構的霍布斯文化，對手角色結構建構的洛克文化，朋友角色結構建構康德文化。不同的文化結構有不同的邏輯。（參見表6-1）

　　「民主價值與實踐」的相互建構，是處於以敵對思考為主的「霍布斯文化結構」（Hobbesian culture structure）[1]，還是位於競爭又合作思考的「洛克文化結構」（Lockean culture structure）、或者是存在於合作思考為主的「康德文化結構」（Kantian culture structure），或者是以這三者間的不同組合形式存在，進而兩岸「民主價值共享程度」會對兩岸和平穩定造成影響，進行歸納評估。

---

[1]　霍布斯式文化結構，是把對方（the other）建構為「敵人」，認為對方不會承認我（the self）的獨立生存權，也不會放棄對我使用武力，此種文化結構導致決策向最壞方向考慮，軍事成為最重要國家生存發展的要務。（Wendt, 1999：215-222）

2　洛克式文化結構，對方與我的角色是相互期待而非你死我活，而是承認對方的生命、主權與自由權利。「主權」是各國共享的制度，使用暴力被限制在允許對方生存的限度內，利益也由此界定。洛克式文化結構很少消滅對方國，事事訴諸軍事與零和競爭反而不是理性。（Wendt, 1999：246-316）

3　康德式文化結構，以集體安全行動維護彼此安全，且任何一方遭威脅，都將共同抗擊威脅者。內部也不再保留洛克式文化結構保留武力途徑，衝突接由法律、協商化解。溫特認為美、加、英的關係、歐盟模式等都是康德式的例證。（Wendt, 1999：246.-316）

表 6-1：溫特提出國際體系的三種文化結構理念型

	霍布斯文化結構	洛克文化結構	康德文化結構
邏輯脈絡	所有人對抗所有人（all against all）的自然狀態	生存和允許生存。1648年至今的國際體系主導文化就是洛克文化	「我為大家、大家為我」（one for all, all for one）
主導角色	敵人	對手	朋友
行為取向	1、力圖推毀、消滅，或改變對方。 2、時刻把對方意圖向最壞處考慮，任何事件都會與敵意聯繫在一起。 3、軍事力為視為至關重要的因素，既根據敵人的軍事實力預測敵人的行動，軍事方式認為唯一可以具有最終決定權的手段。 4、相互之間的安全是高度競爭的零和遊戲。	1、承認相互主權，國家之間會出現競爭與爭執，但是主權作為一種制度是得到普遍承認和遵守的。 2、重視絕對利益，因為生存問題不是最緊迫問題，所以行為體趨於重視絕對收益，重視未來效應。 3、軍事實力比重減弱。 4、暴力受到限制，不以消滅對方為最終目的。	1、非暴力原則，不使用戰爭和戰爭威脅分是解決爭議。 2、互助規則：意味著一方受到威脅的時候另一方將予以幫助。

資料來源：摘取（秦亞青，2001a：135-145；Wendt, 1999：215-222）

　　以西方「民主和平論」來評估兩岸關係，即認定民主具有和平的本質，且民主政權不會相互相戰，因此推廣民主便有助於國際和平的維護。（Russett,1993），但本文不以中國成為舉世公認的民主國家後，兩岸關係才能維持永久和平穩定，進而推論現階段臺海存在和平不確定性的過度簡單邏輯論斷，而是採取建構主義的研究途徑以「民主價值」共享的社會建構，來審視兩岸關係和平穩定，一方

面是所謂「民主國家」的定義一直有爭議，另方面無法解釋中國民
主化過程中對兩岸關係和平穩定的影響。

　　因此本書在轉化「三角和平論」為「兩岸三角和平論」分析架
構而言，在三個變項上，其中「民主」的變項做了「建構主義」式
的調整。亦即除了經濟整合、國際機制參與或兩岸協商是影響臺灣
和平之重要變數，另外影響臺海和平的重要變項，就是兩岸民主價
值的相互理解與分享的程度，而非以中國是否是民主國家的標準來
看待。其中又以大陸方面對臺灣民主價值與實踐的理解最為重要，
本章針對以現階段中共對臺政策的敵意與善意，中國對臺灣民主價
值與實踐的理解，以及兩岸共享民主價值的機會與挑戰等三方面，
來進一步析論中國大陸方面對臺灣民主價值與實踐分享的程度，與
其對兩岸和平穩定的影響。

第一節　現階段中共對臺政策的敵意與善意

　　現階段民主化後的臺灣[2]，對於臺灣作為一個民主國家，其國家
主權定位與兩岸關係發展，臺灣陳水扁總統在 2006 年的元旦致詞
（陸委會，2006：31），有一清晰明確的論述：

---

[2] 本文內所謂現階段民主化後的臺灣，廣義的定義可以溯及 1987 年臺灣出現
　　有競爭性的反對黨開始，但本文則採以 1996 年第一次總統直選，臺灣完全
　　落實主權在民的民主理念開始。

臺灣是我們的國家，土地面積三萬六千平方公里。臺灣的國家主權屬於兩千三百萬人民，並不隸屬於中華人民共和國。臺灣的前途只有兩千三百萬臺灣人民才有權決定。……不論未來兩岸關係如何發展，都必須符合「主權、民主、和平、對等」的四大原則，這是阿扁一貫的堅持，也是多數臺灣人民的堅持。不管是中國國民黨或者中國共產黨，都不能以任何違反這四大原則的手段，為臺灣前途設定非民主的前提或排除自由的選項。我們必須清楚的告訴全世界，臺灣的前途只有兩千三百萬人民的自由意志才能做最後的決定，不是中國人大片面通過、訴諸非和平手段的「反分裂國家法」，更不是窮兵黷武的軍事威脅所能專擅剝奪。

從陳總統的論述有三個重點：

第一、臺灣國家主權界定：兩岸互不隸屬，臺灣是一個主權獨立於中華人民共和國之外的國家，國家主權屬於 2300 萬臺灣人民，臺灣前途之改變只有 2300 萬臺灣人民有權決定。因此臺灣主權不屬於 13 億中國人。

第二、兩岸關係發展原則：未來兩岸關係發展要符合「主權、民主、和平、對等」的四大原則，臺灣前途只有 2300 萬臺灣人民有能做出最後決定，任何非經 2300 萬臺灣人民決定的前提與結論，不能作為兩岸關係發展的前提與結論。因此不接受未經臺灣 2300 萬人民同意的「一個中國」的前提，也不接受「統極統一」的結論。

第三、民主是核心價值：臺灣是民主憲政國家，只要 2300 萬臺灣人民同意不排除發展任何形式的兩岸關係，但排除片面設定非民主的前提與結論。

　　因此只要中國不以臺灣民主價值思考作為其對臺政策的基本內涵，兩岸關係就很難正常化發展。而且現階段北京當局的對臺政策缺乏對臺灣民主價值的思考，無論是對臺的政治、經貿、社會等各方面交流，都會被臺灣政府與人民視為具有「統戰目的」的企圖，進而被認為對臺灣政府與人民具有高度敵意。根據陸委會歷年來進行的民調顯示，臺灣民眾認為中國對臺灣的敵意持續居高不下（見圖 6-1）。

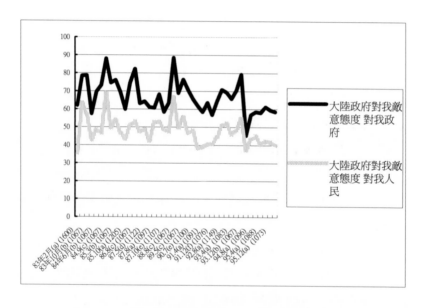

圖 6-1：中國政府對臺灣政府人民敵意態度之民調

資料來源：作者自行製圖，民調數據彙整陸委會「大陸政府對我政府與人民敵意」之歷年民調，陸委會網站 http://www.mac.goc.tw. 2007 年 5 月 17 日上網。

就算以 2006 年北京當局不斷釋出對臺善意的一整年各項民調分析，也顯示：

> 三成一至四成七的民眾認為大陸對臺灣的態度是敵對的，有二成九至三成一的民眾認為是友善的；再區分為中共對我「政府」及對我「人民」來進行調查，則有六成至七成七的民眾認為中共對我政府具有敵意，另有四成一至四成六的民眾認為中共對我人民具有敵意。整體而言，民眾認為大陸對臺灣態度敵對高於友善，中國大陸對臺灣政府較對臺灣人民更不友善。[3]

而臺灣民眾對於大陸方面對臺敵意居高不下的原因，就是因為中共當局基於「統戰思考」，而非對尊重臺灣「民主價值」思考的對臺政策，已造成臺灣嚴重的國家安全威脅，陳水扁總統 2006 年 11 月 3 日接受《英國金融時報》專訪[4]，曾具體形容中國對臺的統戰，歸納為「五化」政策：「矮化、邊緣化、地方化、去政府化、去主權化，即矮化臺灣、邊緣化臺灣、地方化臺灣、去臺灣的政府化、去臺灣的國家主權化，這些都是在改變及破壞臺海現狀。臺灣本是一個主權國家，絕不隸屬於中華人民共和國，不是他們的一部分或地

---

[3] 參見陸委會「民國 95 年民眾對大陸政策及兩岸關係的看法綜合分析報告」，陸委會網站 http://www.mac.gov.tw，2007 年 3 月 7 日查詢。
[4] 專訪全文請參見，陸委會網站 http://www.mac.gov.tw，2007 年 3 月 7 日查詢。

方行省；臺灣本是一個國家，我們有政府的公權力，享有國家主權。但中國的『五化』政策企圖改變臺海的兩岸現狀。」

中共的「五化」對臺政策，是臺灣長期承受大陸主要的敵意之所在，也是兩岸關係無法正常化的關鍵因素。大陸為了迫使臺灣接受「一國兩制」，在臺灣民主化之前企圖以國民黨對共產黨的「黨對黨模式」解決臺灣問題，但臺灣在 1996 年完成民主化，以及 2000 年政黨輪替後，臺海問題本質已從過去「國共關係」，轉變成「兩個政治實體關係」，甚至是「兩國關係」。過去國共內戰延續的歷史觀受到臺灣民主化逐步實現的挑戰，「民主價值與實踐」在兩岸關係中扮演越來越重要的影響變數。

一、中共去臺灣主權化、政府化的打壓敵意

中國解決「臺灣問題」的基本方針係強調「和平統一、一國兩制」，配以「和、戰」、「軟、硬」兩手策略交互運用，歷經鄧小平、江澤民、胡錦濤三代領導人基本方針與策略沒變，技巧則更佳成熟靈活（陳明通等，2005：34）。

為了透過「不戰而勝」的途徑完成統一大業，中共對臺施展各項的統戰，以達去臺灣主權化與政府化的目的。針對中共對臺去主權化、去政府化之統戰作為，包括：

(一) 嚴厲打壓與矮化臺灣參與國際社會

中共為落實「三光、五化」政策[5]企圖強挖臺灣邦交國、打壓與矮化臺灣參與國際社會，在政府名義加入的國家組織方面，中共全力封殺臺灣加入以主權國家身份參與的國際組織，如聯合國、世界衛生組織等；在政府間國際組織（IGOs）北京當局也一再要求變更臺灣會籍或身份以達矮化臺灣之目的，如世界貿易組織等；近年來中共為加大打擊臺灣力度，就連臺灣民間參與非政府組織（NGOs）也都進行打壓。其目的就是在國際社會否定臺灣是主權獨立的國家，強化臺灣是中國的一部份的國際印象。

(二) 「一個中國」框架定位兩岸關係

兩岸關係最大問題就是中國發展與臺灣的關係，必須要在「一中政治框架」名義下進行，臺灣當局要接受一個中國原則，北京當局才願意恢復兩岸兩會的協商與官員交流，所有中共對臺政策都必須建立在「一個中國」為基礎的前提原則上。只要臺灣當局不接受一中原則與前提，大陸方面就不可能恢復兩岸兩會與官方之間之協商，兩岸之間只能以民間組織交流形式進行接觸與協商，如所謂的「民間對民間、行業對行業、協會對協會」協商模式[6]，在形式上架空臺灣政府與其行使公權力的主權意涵。

5　中國打壓我國際活動空間，係以「三戰思維」（法律戰、輿論戰及心理戰），落實其所謂「三光」（挖光邦交國、堵光我國國際生路及擠光與中國爭取對等的籌碼）及「五化」（矮化、邊緣化、地方化、去政府化及去主權化）政策，（黃志芳，2007）。

6　有關北京當局「民間對民間、行業對行業、公司對公司」協商模式，參見「陳雲林表示將繼續推動兩岸全面直接三通」中共新華社 2001 年 1 月 22 日；「錢

(三) 污名化臺灣民主

1980 年代末，臺灣進行民主轉型，隨著 2000 年政黨輪替與政權和平轉移，臺灣民主進程與成就，成為世界民主改革的典範，臺灣主權屬於 2300 萬臺灣人民所有，臺灣前途由臺灣 2300 萬人民決定的「主權在民」意義，日益確立與鞏固。中國大陸方面則更訴諸民族主義，作為統一臺灣的正當性來源，另方面則污名化臺灣的民主化發展，例如詆毀在臺灣從事民主化運動者為「臺獨分裂勢力」，臺灣主體意識被歸類為破壞「祖國統一大業的問題」，宣揚統一價值高於民主價值，「民主」是臺獨分裂勢力進行「法理臺獨」的藉口與工具，包括對臺灣進一步深化與鞏固民主的實踐，如進行公民投票制度的制訂與落實，以及臺灣憲政改革工程都被中共解讀為「加緊推行臺獨分裂活動」。

2005 年中共制訂「反分裂國家法」的立法說明中強調：「臺灣當局妄圖利用所謂憲法和法律形式，通過『公民投票』、『憲政改造』等方式，為實現臺獨分裂勢力分裂國家的目標提供法律支撐，改變大陸與臺灣同屬一個中國的事實，把臺灣從中國分裂出去。」[7]；「反分裂國家法」第八條更規定：「臺獨分裂勢力以任何名義、任何方式造成臺灣從中國分裂出去的事實，或者發生將會導致臺灣從中國分裂出去的重大變故，……國家得採取非和平方式及其他必要措施，捍衛國家主權和領土完整。」因此，兩岸價值最大分歧就在大陸方面將臺灣民主實踐與進程，視為「加緊推行臺獨分裂活動」，將臺灣

其珵會見臺灣親民黨三通訪問團」，中共新華社 2001 年 4 月 3 日；「民航總局臺港澳負責人就兩岸空中直航問題發表談話」，中共新華社 2003 年 12 月 19 日，陸委會兩岸資料庫網站 http://csin.mac.gov.tw/maccgi/ttsweb。

[7]　〈關於反分裂國家法（草案）的說明〉全文參見（反分裂國家法，2005：4-5）。

民主改革的呼籲與要求，等同於所謂的「臺獨」，進而威脅要用「非和平的方式」，包括戰爭手段來加以反對。臺灣內部的民主深化竟然可能遭受到外部戰爭威脅與攻擊，臺灣民主實踐被污名化與遭戰爭威脅，這些都是現階段兩岸關係最核心的衝突所在。

二、中共對臺灣政治團體的區隔對待——「統獨有分」

　　民主化後臺灣，已是一個民主開放社會，中國大陸為積極對臺統戰，對臺灣政黨與人民採取統獨立場不同的差別對待，主要標準在於是否支持中國統一，只要接受「一個中國」原則，承認「九二共識」，相關政治團體負責人就可以獲得北京當局高規格接待，奉為上賓，如果拒絕接受「一個中國」，不承認「九二共識」，就是「臺獨分裂勢力」，成為統戰或打擊的對象。

(一) 以最高規格接待承認與接受「九二共識」、「一個中國」的臺灣政黨領袖政黨

　　2005 年 3 月 4 日中國國家領導人胡錦濤就新形勢下發展兩岸關係提出 4 點意見[8]，曾提到：「對於臺灣任何人、任何政黨朝著承認一個中國原則方向所做的努力，我們都歡迎。只要承認一個中國原則，承認『九二共識』，不管是什麼人、什麼政黨，也不管他們過去說過什麼、做過什麼，我們都願意同他們談發展兩岸關係、促進和

---

[8]　〈胡錦濤就新形勢下發展兩岸關係提四點意見〉，2005 年 3 月 4 日，全文參見新華網址 http://news.xinhuanet.com/taiwan/2005-03/04/content_2649922.htm。

平統一的問題」；胡錦濤也強調：「在反對分裂國家這個重大原則問題上，我們決不會有絲毫猶豫、含糊與退讓」。

　　前國民黨連戰主席、親民黨宋楚瑜主席於 2005 年先後訪問中國，胡錦濤給予元首般高規格的接待，但其條件必須就「連胡會」、「宋胡會」的會談公報上，公開堅持「九二共識」「一個中國原則」及「反對臺獨」。而且連宋兩人無論過去如何矢志「反共」，但只要堅持「一個中國」，反對「臺獨」的立場，中國都願意與他們談發展兩岸關係，包括 2006 年至今，國（親）共雙方進行兩岸經貿論壇、兩岸農業論壇的交流活動。

（二）「放棄臺獨、承認一中」是政黨交往的區隔對待標準

　　至於民進黨與臺聯黨主席要訪問中國，則必須放棄臺獨立場，停止臺獨活動，承認「一中原則」與「九二共識」，這也是長期以來，民進黨無法以政黨名義訪問中國的原因。

　　2007 年首次中國國臺辦記者會仍繼續重申，「我們將繼續與反對『臺獨』、認同『九二共識』、主張發展兩岸關係的臺灣各黨派團體廣泛開展交流與對話。只要臺灣當局承認體現一個中國原則的『九二共識』，兩岸對話與談判即可恢復，而且什麼問題都可以談」[9]。當被問到國民黨副主席、立法院院長王金平訪問中國的可能性，國臺辦發言人亦強調：「對於臺灣任何的個人、任何的部門，只要他們

---

[9]　〈國臺辦 1 月 17 日新聞發佈會全文〉，2007 年 1 月 17 日，全文參見國臺辦網站 http://www.gwytb.gov.cn/xwfbh/xwfbh0.asp?xwfbh_m_id=73。

承認一個中國的原則，承認九二共識，我們都願意跟他們接觸往來，都願意跟他們談發展兩岸關係。」[10]

　　北京當局用是否接受「九二共識」、承認「一個中國」的標準，用來二分法分化臺灣內部，無論個人到政黨都是如此對待。對於北京當局是否要發展與民進黨的關係，國臺辦記者會有一貫立場的三點說法：「第一、只要承認一個中國原則，承認『九二共識』，不管臺灣的什麼人、什麼政黨，也不管他過去說過什麼、做過什麼，我們都願意與他談發展兩岸關係、促進和平統一的問題；第二、民進黨不修改臺獨黨綱，意味著自己關閉了與我們發展關係的大門；第三、我們認為廣大民進黨成員與極少數頑固臺獨份子是有區別的，我們歡迎他們以適當的名義來大陸參觀訪問，增進了解。」（《人民日報》，2007.2.15：第4版）對於上述三點。其中第一點、第二點是北京當局對臺政黨區隔對待的主要標準，第三點則是進一步在民進黨內將極少數頑固的臺獨份子與廣大的民進黨員區隔開來，區別對待的分化標準就是對臺獨堅持的程度，企圖達到分化民進黨內部的目的，這也是中國對臺灣「聯合次要敵人、打擊主要敵人」的靈活統戰的一貫手法。

　　北京對「承認一中」、接受「九二共識」與否之差別對待，確實也對臺灣內部產生極大的分化作用，亦造成許多赴大陸投資的臺商、學生、新聞媒體與政治人物產生某種程度的寒蟬效應，亦即某種程度限縮了臺灣言論自由，對臺灣民主帶來負面的影響。

---

[10] 〈國臺辦1月31日新聞發佈會全文〉，2007年1月31日，全文參見國臺辦網站 http://www.gwytb.gov.cn/xwfbh/xwfbh0.asp?xwfbh_m_id=75。

三、中共對臺灣內部分化的區隔對待──「官民有別」

中共另一項分化臺灣內部的策略，就是離間政府與人民的關係，透過區別對待臺灣的官員與人民，以達「以民逼官」的目的。國民黨執政時期中共透過「經濟吸納」拉攏臺商與臺灣企業家，「以商圍政」逼迫政府開放對中國經貿政策。民進黨執政後，除持續加大「以商圍政」攻勢外，在對臺宣傳上加大官民有別的區隔對待，過去在國民黨執政時期還會呼籲「兩個寄希望」[11]：「寄希望於臺灣當局、寄希望於臺灣人民」。對民進黨執政後，北京對外說法只剩下「一個寄希望」，北京當局已從對陳水扁總統「聽其言、觀其行」到公開宣稱只要「寄希望於臺灣人民」，亦即繞過與臺灣政府協商，不再寄希望與臺灣政府打交道，主動宣傳對臺灣民眾釋出對臺優惠政策。

(一) 對臺灣官方的「接受一中，其餘免談」唯一標準

中共對臺官民區別對待的政策上，對臺灣當局與領導人定位最清楚的文件就是 2004 年的「五一七聲明」，內容包括對陳水扁總統過去四年「聽其言、觀其行」的總結，並給未來臺灣當局與領導人發出在「臺獨」與「統一」的兩條路的選擇。

在對陳總統第一任四年觀察總結是：「四年前，陳水扁曾信誓旦旦地作出所謂『四不一沒有』的承諾。四年來，陳水扁的所作所為表明，他自食其言、毫無誠信。他說不會宣布『臺獨』，卻糾集各種

---

[11] 2000 年 3 月 16 日朱鎔基總理《政府工作報告》中還有「兩個寄希望」的說法，全文參見陸委會兩岸知識庫 http://csin.mac.gov.tw/maccgi/ttsinfo?40:4336:82:::@@6315。民進黨勝選後對臺呼籲就只剩下「寄希望於臺灣人民」。2005 年 3 月 4 日胡錦濤發表「胡四點」，更突出「貫徹寄希望於臺灣人民的方針絕不改變」的政策方針。

分裂勢力進行『臺獨』」活動。他說不會改變所謂『國號』，卻不斷鼓噪『臺灣正名』、『去中國化』。他說不會將『兩國論入憲』，卻拋出兩岸『一邊一國』的分裂主張。他說不會推動改變現狀的『統獨公投』，卻千方百計地利用公投進行『臺獨』活動。他說沒有廢除『國統會』和『國統綱領』的問題，卻早已將它束之高閣，令其名存實亡。他還強行撕裂臺灣社會，惡意扭曲臺灣民意，肆意煽動仇視大陸、『對抗中國』，竭力挑釁大陸和臺灣同屬一個中國的現狀，公然提出通過『制憲』走向『臺獨』的時間表，將兩岸關系推到了危險的邊緣。」[12]

也對臺灣政府發出最清楚訊號就是：「『臺獨』沒有和平，分裂沒有穩定。我們堅持一個中國原則的立場決不妥協，爭取和平談判的努力決不放棄，與臺灣同胞共謀兩岸和平發展的誠意決不改變，堅決捍衛國家主權和領土完整的意志決不動搖，對『臺獨』決不容忍。」[13]

當前臺灣政府只要兩條路可以選擇，「一條是懸崖勒馬，停止『臺獨』分裂活動，承認兩岸同屬一個中國，促進兩岸關係發展；一條是一意孤行，妄圖把臺灣從中國分割出去，最終玩火自焚。何去何從，臺灣當權者必須作出選擇。中國人民不怕鬼、不信邪。在中國人民面前，沒有任何事情比捍衛自己國家的主權和領土完整更為重要、更加神聖。我們將以最大的誠意、盡最大的努力爭取祖國和平統一的前景。但是，如果臺灣當權者鋌而走險，膽敢製造『臺獨』

---

[12] 〈中共中央臺灣工作辦公室、國務院臺灣事務辦公室授權就當前兩岸關係問題發表聲明〉，2005 年 5 月 17 日，全文參見國臺辦網站 http://www.gwytb.gov.cn/zywg/zywg0.asp?zywg_m_id=105。
[13] 同上註。

重大事變，中國人民將不惜一切代價，堅決徹底地粉碎『臺獨』分裂圖謀。」[14]

這種威脅與恫嚇臺灣政府與人民的「五一七聲明」，後來聲明的精神也成為「反分裂國家」的具體條文，成為中國必須執行的法律義務。

(二) 寄希望於臺灣人民的議題操作

對臺灣政府設定好交往框架後，北京當局集中資源放在「寄希望於臺灣人民」的統戰工作，2005 年 3 月 4 日胡錦濤發表「胡四點」的對臺方針，其中第三點高舉「貫徹寄希望於臺灣人民的方針絕不改變」，內容包括一、民族情感呼籲：「臺灣同胞是我們的骨肉兄弟，是發展兩岸關係的重要力量，也是遏制『臺獨』分裂活動的重要力量。『臺獨』分裂勢力越是想把臺灣同胞同我們分隔開來，我們就越是要更緊密地團結臺灣同胞。」二、實際利益與優惠的釋出：「臺灣農產品在大陸銷售的問題，事關廣大臺灣農民的切身利益，要切實解決。如果兩岸客運包機實現了『節日化』，還可以向常態化發展。兩岸貨運包機問題，也可以由兩岸民間行業組織交換意見。」三、對臺灣人民的莊嚴承諾：「我們將進一步陸續出臺解決臺灣同胞關心的問題、維護臺灣同胞正當權益的政策措施。只要是對臺灣同胞有利的事情，只要是對促進兩岸交流有利的事情，只要是對維護臺海地區和平有利的事情，只要是對祖國和平統一有利的事情，我們都會盡最大努力去做，並且一定努力做好。這是我們對廣大臺灣同胞的莊嚴承諾。」

---

[14] 同上註。

明顯地，北京當局將臺灣政府與人民區別對待，目的在於分化與影響臺灣內部，蓄意不與目前臺灣民進黨政府協商，直接籠絡與討好臺灣的民眾與社團，並利用臺灣民主化的機制，期待出現主張統一的臺灣民眾能佔多數後，自然會出現願意與中國統一的政府出現。

然而中國對臺灣主權持續否定，對臺灣民主持續的誤解扭曲，以及軍事恫嚇、外交打壓，雖然自 2005 年後不斷釋出對臺「善意」。但民調顯示，臺灣人民仍大多數顯然不支持統一，認同臺灣主權獨立，支持政府繼續拓展外交空間，並持續感到中共對臺灣政府與民眾的敵意仍高。

雖然兩岸在民主價值與實踐上的嚴重落差，但是兩岸領導人在對「人民期待」仍具有部分難得的交集，亦即中國領導人胡錦濤重申「寄希望於臺灣人民」，亦即北京當局希望臺灣人民嚮往統一，這與臺灣陳總統宣示「只要符合民主原則，尊重兩千三百萬人民自由意志的選擇，兩岸未來將發展任何形式的關係，我們都不排除。」[15] 陳總統的說法是民主實踐的必然結果，至少在兩岸若能朝「民主價值與實踐」多些交集，雙方距離是有拉近的相容性。

第二節　中國對臺灣民主價值與實踐的理解

徐斯儉教授所主持的「中國大陸民主化指標研究及暨資料庫」，分析中國大陸民主化近程的觀察指標，中國政體目前在選舉、制衡、

---

[15] 參見總統 2006 年 2 月 27 日主持國安高層會議裁示全文，請參見《政府大陸政策重要文件》（陸委會，2006：29）。

言論資訊以及集會結社四項民主化指標評估結論，中國皆屬於非民主政體（徐斯儉，2006：120）。包括：

(1)在選舉指標上，臺灣 90 年代先後完成了修憲、總統直接選舉、政黨輪替、國民大會虛級化、公投入憲等民主化工程，象徵一個多黨競爭與彼此制衡的政治體系正在形成當中，有效的縮減政府的層級及規模。反觀中國依舊死守一黨專政，排斥不同的政治團體競爭、政府重要職位均非經有意義之選舉產生，人民直接選舉僅限於最基層選舉，包括村委會及居委會選舉，且黨內選舉比政府選舉的試點要多。

(2)在制衡監督指標上，臺灣對於政府之監督制衡制度完善透明化。反觀中國對政府的監督制衡，依據中國憲法，所有權力機關皆由黨的少數領導人所把持，毫無權力分立、相互制衡可言，黨之意志永遠超越一切。

(3)在言論資訊自由方面，中國出現開倒車現象、90 年代以來中共頻頻動用「危害國家安全罪」、「洩漏國家機密罪」、「陰謀顛覆政府罪」等壓制輿論，此外對新聞界及網路也制訂一系列限制法規；中國大陸內部戕害法輪功、《冰點》停刊、雅虎抓人、Google 關閉部落格、封殺中文維基百科，對臺灣政府與媒體網站進行封鎖等，舉世皆知。

(4)在集會結社指標上，臺灣人民依法自由集會結社，早已是司空平常的事。反觀中國於 2005 年新修定「信訪條例」限制集會人數及上訪形式，部份地方更以地方性規章對公民相關權利作出進一步限制。大陸人民依舊採取封建時期的作法，就是到京城陳情，中國稱為「上訪」，可是老百姓千辛萬苦到了北京，卻是見不到主事的黨政官員，甚至被抓被押。

從上述民主化四項指標可以觀察出，現階段中國屬於非民主國家，殆無疑義。此外，臺灣民主基金會每年出版對中國進行的《中國人權觀察報告》，也充分揭露中國政府在違反人權事例已到了罄竹難書的境界，在社會人權、政治人權、司法人權、經濟人權與文化人權上均未能享受應有權利，中國之人權現狀不僅沒有改善，在許多方面出現倒退現象（臺灣民主基金會，2006）。雖然如此，中國大陸內部仍有開展民主化的努力，包括進行民主價值省思與辯論，但在實踐層面，仍侷限在提升國家效率、反腐及重視民意。從兩岸之間，一邊是舉世公認的民主臺灣，另一邊是舉世公認的專制或威權中國，顯然，民主是臺灣與中國之間最大的分野[16]。若以西方「民主和平論」的角度，由於兩岸的民主價值與實踐有很大的落差，連帶著兩岸在政府形式與運作也差異甚大，這是兩岸主要衝突與緊張關係的來源，也是兩岸進一步和平整合的主要障礙，兩岸引發衝突的機率比民主國家間的衝突會更高。

一、中國對臺灣民主價值的理解

由於中國大陸本身缺乏民主經驗，而本身所提倡的社會主義民主又侷限於黨內民主與尊重民意的概念[17]，與西方民主社會的民主

---

[16] 參見〈建構「民主和平」為核心的兩岸關係——反分裂國家法通過一週年之回顧與前瞻〉座談演講稿，收錄於《政府大陸政策重要文件》（陸委會，2006：103-106）。

[17] 2005 年 10 月中國國務院發表〈中國的民主政治建設〉白皮書，北京，中華人民共和國國務院新聞辦公室發表，參見網站 http://www.gov.cn/2005-10/19/content_79553.htm，

價值與實踐經驗差距甚大，也因此對臺灣民主經驗不甚理解，也多
從負面角度解讀。

　　事實上，臺灣長期以來追求民主努力，最早可以溯及日據殖民
統治時代的民主運動，而且自 1980 年代展開的臺灣民主化運動的價
值形成、動員基礎、以及制度建立，都是挑戰兩蔣威權體制而來，
並透過參與選舉展開社會動員，進行國家體制與社會結構的變革，
因此理解臺灣民主若只從表面的選舉活動觀察，將失之狹隘，缺乏
對民主價值與社會基礎的連結之歷史關照（陳明通等，2005：36）。

　　在過去五十年，臺灣人民在追求民主道路上付出沉重代價，在
臺灣島內外有許許多多人犧牲生命、自由與財產與美滿生活，前仆
後繼，終於獲得舉世對臺灣民主成就的肯定。但北京當局卻將臺灣
的民主化運動視為臺獨運動，將民主化進程，視為臺獨分裂國家行
為的不斷升級，並將臺灣深化民主的憲政改造視為「法理臺獨」，把
臺灣民主深化與臺獨進程劃上等號，因此有必要推動「反分裂國家
法」來加以遏阻（反分裂國家法，2005：5），這是北京當局對臺灣
民主的誤解與傷害。

(一) 臺灣民主能否接受前途繫於單一選項

　　民主化後的臺灣對於臺灣前途的決定，基於主權在民的民主理
念，任何臺灣前途單一選項片面設定，都是違反民主原則。在臺灣
陳總統於 2000 年就職演說強調「四不一沒有」時，就曾引發黨內有
人爭論陳總統提出「四不一沒有」讓步太多，並揚棄國民的自我認
同感，對臺灣民主與利益傷害很大（林濁水，2006：263-264）[18]。

---

[18] 林濁水對於陳水扁總統於就職演說的「四不一沒有」的主張就認為讓步太

　　以致於 2006 年陳總統提出「終統論」，引發違反「四不一沒有」的軒然大波。為對外說明，陳總統以主權在民的民主價值與臺灣前途作了連結強調[19]：「『國統會』之終止運作及『國統綱領』之終止適用，不涉及現狀之改變，而是基於主權在民之民主原則，尊重兩千三百萬臺灣人民自由意志的選擇，兩岸未來發展任何關係，我們都不排除，也堅持任何人不得為臺灣人民的自由選擇預設前提或終極目標。」因此，「終統論」提出是基於臺灣民主價值與實踐的必然結果。

　　而臺灣陸委會政策說帖在說明「國家統一委員會」終止運作，「國家統一綱領」終止適用的決定，就是以基於「捍衛民主」與「維護現狀」原則來對外界說明：「中華民國是一個主權獨立國家，國家主權屬於 2300 萬人民，臺灣前途之任何改變，只有 2300 萬人民始有權決定」，此為當前臺灣社會對國家主權與臺灣前途的最大共識，陸委會歷次民調顯示 8 成以上民眾主張臺海兩岸維持現狀，此「維持現狀」乃給予臺灣人民在時機成熟時做出選擇之要件。「國統會」及「國統綱領」之終極統一目標，無疑將剝奪臺灣 2300 萬人民自由選擇權利。」[20]陸委會解釋陳水扁總統在 2006 年「春節談話」的說帖，主要的核心概念是以保障臺灣人民對前途的自由選擇權，不能設定

多，限縮臺灣人民選擇未來的選項，不符民主原則，並揚棄國民的自我認同感。而國民的自我認同感正是抵抗中國主要的力量。林濁水並親向作者透露 2000 年陳總統推動「四不一沒有」，恐造成臺灣法理地位去臺獨化，當時黨內謝長廷、沈富雄力挺「四不一沒有」，但反對雜音不斷，例如王幸男、吳乃仁、洪奇昌、李俊毅、張旭成、蔡明憲……等，黨內以新潮流系比例較高。
[19] 參見總統 2006 年 2 月 27 日主持國安高層會議裁示全文，請參見《政府大陸政策重要文件》（陸委會，2006：29-30）。
[20] 同上註，p26-28。

統一作為人民唯一選項的民主論點，其立論基礎是建立在民主價值上，以及民主實踐的必然過程。

但對中國而言，從民族主義的角度認定自古臺灣是中國的一部份，臺灣的主權是屬於包括 2300 萬臺灣人民的 13 億中國人民所有，因此北京當局認為「廢統」無關民主。在 2006 年 2 月 26 日「中共中臺辦、國臺辦負責人就陳水扁推動廢除『國統會』運作和『國統綱領適用發表聲明』」指出「這是全盤推翻『四不一沒有』承諾的危險一步，而且更進一步暴露他預謀進行新的分裂活動，特別是要為所通過『憲政改造』，謀求臺灣法理獨立鋪平道路，以臺獨分裂勢力的冒險挑釁行動。」[21]緊接著，2 月 28 日「中共中臺辦、國臺辦授權就陳水扁決定終止『國統會』運作和『國統綱領適用發表聲明』」[22]進一步指出指出「堅決反對與制止陳水扁通過憲改進行臺灣法理臺獨活動，是當前我們最重要、最緊迫的任務」，「臺獨違背中國歷史的主流與當代發展的趨勢，違背 13 億中華兒女的意志與願望，是注定要失敗的。」

明顯地，北京當局對臺灣進一步民主化工程，主要皆以「臺獨」概念的角度來看待（表 6-2）；對臺灣進一步「憲改」則視為「法理臺獨」；對臺灣前途由臺灣 2300 萬人民決定的「主權在民」看法，則搬出包括 2300 萬臺灣人民的 13 億中國人民才有決定權等；終止

---

[21] 參見「中共中臺辦、國臺辦負責人 2 月 26 日就陳水扁推動廢除『國統會』運作和『國統綱領適用發表談話』」全文，全文參見國臺辦網站 http://www.gwytb.gov.cn/zyjh/zyjh0.asp?zyjh_m_id=1186。

[22] 「中共中臺辦、國臺辦受授權就陳水扁決定終止『國統會』運作和『國統綱領適用發表聲明』」，2006 年 2 月 28 日參見國臺辦網站 http://www.gwytb.gov.cn/zyjh/zyjh0.asp?zyjh_m_id=1189。

「終極統一」還給臺灣人民自由選擇的權力則視為預謀進行新的分裂活動。即將臺灣民主深化與鞏固努力皆認為是「臺獨活動的步步升級」，企圖降低臺灣標榜的「民主正當性」。

表 6-2：陳水扁總統歷來對統獨說法一覽表

時間	場合	內容	中共反應
2000.05.20	總統就職典禮	宣示「四不一沒有」：只要中共無意對臺動武，任期內不會宣布獨立、不會更改國號、不會推動兩國論入憲、不會推動統獨公投、沒有廢除國統會與國統綱領問題。	聽其言、觀其行。
2000.10.21	為民進黨候選人助選	決不接受「一個中國」原則、「一國兩制」和「九二共識」，在野黨逼他接受「九二共識」是要「消滅中華民國」、「出賣臺灣」。	
2002.08.03	世臺會 29 屆年會	1、臺灣與中國是一邊一國，要分清楚。只有兩千三百萬偉大的臺灣人民才有權力對臺灣的命運和改變現狀做決定。 2、如果我們有需要做決定時，就是以公民投票來決定。公民投票是基本人權，不能剝奪和限制。呼籲大家認真思考公民投票立法的重要性與迫切性。	警告陳水扁不要玩火，不要拿臺灣人民的根本利益做賭注。將臺灣引向災難。所謂公民投票缺乏事實與法理依據。
2003.09.28	民進黨黨慶	宣示民進黨將與台灣 2300 萬人民，於 2006 年臺灣制定新憲法。	首度以「法理臺獨」抨擊臺灣憲改。
2003.10.16	《華盛頓郵報》專訪	臺灣不是其他國家的一省，也不是其他國家的一州。臺灣人民堅決相信海峽兩岸一邊一國，一邊是中國，一邊是臺灣。	

2003.12.10	接見美國聯邦眾議員	公投無意改變臺灣現狀、公投無涉統獨、也不違背四不一沒有。	
2005.02.24	扁宋會	兩岸關係最高原則是應遵守憲法、維持現狀，重申「四不一沒有」。	
2005.02.28	與歐洲議會連線時	改國號不可能，做不到就是做不到	
2006.02.27	主持國安高層會議裁示	1、「國統會」及「國統綱領」之終止運作，不涉及現狀之改變，而是基於主權在民之民主原則，只要符合民主原則，尊重2300萬臺灣人民自由意志的選擇，兩岸未來將發展任何形式的關係。 2、堅持任何人不得為臺灣人民的自由選擇預設前提或終極目標。	這是全盤推翻「四不一沒有」承諾的危險一步，而且更進一步暴露他預謀進行新的分裂活動，特別是要為所通過「憲政改造」，謀求臺灣法理獨立鋪平道路。
2006.11.2	英國金融專訪	臺灣應該討論第二共和（Second Republic），因為臺灣的主權定義不合理（absurd），也不符合現實（unrealistic）。陳水扁也做出他對凍結憲法的解釋，（freezing the current constitution）意味著和舊有憲法保持相當程度的連結，不完全切斷（cut it off）。新憲法的前言可能觸及臺灣領土問題，但是不會碰觸舊憲法中有關領土定義的章節，以此避免改變現狀。	
2007.02.10	三峽走春	正名不如大家拍手那麼簡單，否則就改臺灣共和國就好了。	
2007.03.01	FAPA致詞	主張臺灣獨立，宣示「四要一沒有」：臺灣要獨立、臺灣要正名、臺灣要新憲、臺灣要發展、臺灣沒有左右問題，只有統獨問題。	陳水扁是一個毫無誠信的臺獨政客，他已經用「四要一沒有」取代「四不一沒有」。

資料來源：總統府新聞稿與各相關媒體報導之摘錄

(二) 中國對「臺灣主體意識」的辨析

自從中國當局在 2005 年制訂了反分裂國家法，中共中央總書記胡錦濤分別與臺灣國民黨主席連戰、親民黨主席宋楚瑜簽訂「連胡公報」、「宋胡公報」，自此「一法兩公報」就成了對臺政策的指導框架[23]。在臺灣方面自 2006 年元旦開始，陳總統從「元旦文告」到「春節講話」開始有較多篇幅強調「臺灣主體意識」，引發北京當局關注，大陸方面學者開始撰文加以解讀，認為「這不是心血來潮的隨意胡謅，而是精心炮製了一條新路線，以取代原有『臺獨路線』企圖製造一個新的遊戲規則，來重新掌握臺灣的輿論權。」（章念馳，2006：6）

章念馳認為「臺灣主體意識」理論較激進「臺獨理論」更有邏輯性與欺騙性，更有大的發展空間，更容易被多數人認同，在野黨也難有反制的理論，也更具危險性，並列舉陳總統的「十大企圖」（章念馳，2006：7）：

(1) 擴大支持度。臺獨路線的支持度僅二、三成，而「臺灣主體意識論」則高達八、九成支持率。

(2) 讓臺灣民眾認同臺灣。有助於改變島內認同混亂，使多數人認同臺灣從孤立認同中國的勢力。

(3) 強化臺灣是個事實獨立的國家概念。

(4) 凸顯臺灣前途應由臺灣民眾自行決定的意識。

(5) 為「廢統」找到理論根據。

---

[23] 陳明通等教授曾「大陸反分裂法二周年，兩岸三地民主化觀察」座談會發表看法，認為「反分裂國家法」、「連胡公報」、「宋胡公報」等「一法兩公報」構築了對臺政策新框架。（《中國時報》，2007.3.13：A12 版）；此外，陳水扁總統亦曾嚴厲抨擊「一法兩公報」（《自由時報》，2006.5.5：A2 版）。

(6) 為「公投制憲」鋪平道路。

(7) 奪回兩岸關係的主導權。反制中國大陸的「反分裂國家法」
出臺後的主動局面。

(8) 重控島內言語權。

(9) 為 2008 年大選鋪平道路，反制馬英九的人氣。

(10) 迎合激進份子主張，爭取「臺獨」基本教義派支持。

　　上述對「臺灣主體意識」動機論的懷疑，有基於兩岸現實某種
客觀的表述，但大都基於權力爭奪、選舉考量與兩岸較量的思考，
後者將「臺灣主體意識」視為要將臺灣人民綁到「去中國化」的「臺
獨」列車上，對中國統一大業造成的挑戰與危險性。但另一面也對
「臺灣主體意識」係基於一個非常複雜的歷史與現實的混合物，他
與「臺灣意識」有所不同，與「臺獨意識」又有所區別。「臺灣意識」
較為廣義，基於臺灣歷史的特殊性，臺灣民眾在這樣特殊的經歷與
心態形成了「臺灣意識」，而李登輝與陳水扁卻將「臺灣意識」與「出
頭天意義」引向「臺獨意義」。他們強調「臺灣優先」、「臺灣生命共
同體」、「臺灣命運應由 2300 萬人民決定」，將「臺灣意識」轉變成
一種「去中國化的意識」，然而支持臺獨的人畢竟有限，於是他們又
加入某種「國族觀」，把這一切提升為「臺灣主體意識」。因此對中
國大陸而言，「臺灣主體意識」脫離不了「臺獨意識」與「去中國化」
的本質。

　　前者從客觀的現實出發，反映了臺灣民眾對自己擁有一個正當
身份的渴求，至少在統一前，臺灣的政治地位是什麼？臺灣民眾的
身份權利是什麼？臺灣人民始終要討一個說法，防止糊裡糊塗被「統
一」，他們將這種不明不白的「統一」視為「併吞」。因此主張要對
「臺灣主體意識」給予「同情與理解」，應將「臺灣主體意識」包容

到中華民族偉大的復興大業中去，塑造兩岸新的價值觀與認同感。至於怎麼去建構一個共同的核心價值，章念馳在文中也透露「這些問題遠遠沒有重視。也沒有加以研究與交流，甚至都沒有好好想一想。人們誤以為兩岸關係就是一個統獨關係，就是『一個中國』與『一中一臺』之爭就是無休止的『口水戰』其實就是一個淺薄的誤解。兩岸關係是兩岸相互融合與命運再造的關係，是一個誰也不吃掉誰的關係。」（章念馳，2006：11）

二、中國對臺灣憲改價值的理解

2004 年陳總統的就職演說中就揭示（陸委會，2006：65），「在 2008 年阿扁卸任總統之前，能夠交給臺灣人民及我們的國家一部何時、合身、合用的新憲法，這是對阿扁對歷史的責任，也是對人民的承諾……，涉及國家主權、領土及統獨議題，目前在臺灣社會尚未形成絕大多數的共識，所以個人明確的建議這些議題不宜在此憲改的範圍之內」。

至此，中共就密切關注臺灣憲改發展動向，並且於 2005 年 3 月通過制訂「反分裂國家法」，包括使用非和平方式來制止臺獨分裂勢力分裂國家，並以「預劃紅線」策略，反制臺灣企圖通過「憲改」謀求「法理臺獨」達成分裂國家。

面對中共通過「反分裂國家法」，對臺灣政府則以侵害臺灣民主的角度，提出嚴正聲明控訴北京當局：違反主權在民及人民自決原則、違反和平原則、否定民主價值、違反臺灣民意、片面改變現狀、

背離兩岸關係緩和之方向以及危害區域安全[24]，並發動大規模遊行抗議中共。

反分裂國家法出臺後，中共又與連宋簽訂兩項公報，操弄與臺灣在野政黨之交流合作，在相關議題上如「九二共識」、「統獨爭議」、「軍購案」等，對臺灣執政黨展開內外夾擊施壓[25]；2006 年陳總統於「元旦文告」開始強調「臺灣主體意識」、啟動憲改工程與憲改時間表，以及「積極管理」的兩岸經貿政策[26]，加上「春節談話」的「廢統論」等。引發北京當局更加嚴重關切臺灣憲改進程，除持續對臺灣展開文攻，並透過各種手段，阻擋臺灣內部在憲改議題上的凝聚與匯流。

(一)「憲政改造」與「法理臺獨」的衝突

(1) 直接點名批判

中共當局對臺灣的憲政改造抨擊，主要抨擊對象集中在陳水扁總統，以便集中打擊點，分化臺灣內部，直接點名陳水扁進行抨擊，甚至進行人身攻擊，嚴厲指責「陳總統政治誠信和道德人格的徹底破產；他為了個人權位與一己之私，更加瘋狂地在臺灣內部挑起爭端、撕裂臺灣社會，執意進一步挑釁大陸製造兩岸關係緊張；陳水扁推動臺獨分裂活動步步升級，勢必引發臺海地區的嚴重危機，破壞亞太地區的和平與穩定」；「事實一再證明，陳水扁確實是臺灣島

---

[24] 參見〈中華民國（臺灣）對中國制訂「反分裂國家法」之立場〉（陸委會，2006：51-55）

[25] 參見〈因應中國近期積極拉攏在野黨之說帖〉（陸委會，2006：46-48）

[26] 參見〈陳總統中華民國 95 年元旦祝詞全文〉（陸委會，2006：33）

內、兩岸關係、亞太地區的麻煩製造者」。如此對民選的國家元首之直接辱罵，在國際社會非常罕見。

(2) 將臺灣憲改定調「法理臺獨」

陳總統則於 2006 年 9 月開始拋出「領土變更」的討論（《聯合報》，2006.9.25：A2 版），及至制訂「中華民國第二共和憲法」（《自由時報》，2006.10.17：A4 版）的可能性後，立即引發中共官方的強烈反彈，中共方面除嚴批陳總統違反「四不」承諾，並逐步強化對我憲改威脅中國主權及領土完整之批判，將臺灣憲改定位為：「臺獨分裂勢力，通過憲改，謀求臺灣法理獨立」，並認為 2007 年是臺灣當局謀求臺灣法理獨立的活動進入實質階段，兩岸關係面臨嚴峻挑戰。中共更於 2007 年定調為「反獨關鍵年」[27]（《聯合報》，2007.1.18：A14 版）。

(3) 法理臺獨與民主和平的衝突

事實上，憲改方案若是依照 2004 年陳總統的連任就職演說中並不涉及國家主權與領土變更問題，中共所謂的「法理臺獨」並無具體事實的根據。因此，中共在未加以考察臺灣憲改內容與進程前，一味統統打成「法理臺獨」，既沒有以相對同理心思考「反分裂國家法」對臺灣民主傷害而言，卻要以未經臺灣人民同意的「法理統一」，甚至要以「非和平方式」來完成，更是違反「和平」的普世價值。

---

[27] 中共於 1 月召開全國臺辦主任會議，中共中央對臺工作領導小組秘書長、國務委員唐家璇強調，今年是反獨關鍵年，認為今年（2007）年底臺灣立委大選與總統大選一定會拿修憲、制憲大作文章，加緊推動法理臺獨。

　　臺灣憲改涉及一套憲法與其他法律規定的民主規範與程序，它的完成與程序，有一套民主的原則與規範，中國大陸以「法理臺獨」理由，不僅否定臺灣對於憲改意見的自由討論，也否定臺灣按照民主程序來實踐民主意願，顯然與臺灣民主價值相抵觸衝突。

　　此外，中共以「反分裂國家法」為依據，用「法理臺獨」的角度詮釋，反對臺灣憲改，既違反了民主的價值，也違反了和平原則，而這兩項「民主與和平」正是普世價值，也是臺灣方面用以駁斥反擊中國「反分裂國家法」的主要價值論述[28]。而民調顯示，「反分裂國家法」甫通過時，臺灣有近八成四（83.9%）民眾不贊成「分裂國家法」，有超過九成以上（93.4%）不同意「反分裂國家法」中「對於臺灣與大陸主權爭議的問題，中共可以用非和平的手段來解決」的作法[29]；「反分裂國家法」通過兩週年後的民調也顯示，也有近八成（80.9%）民眾不同意中共制訂「反分裂國家法」中宣稱臺灣是中國的一部份，所有中華民國不是一個主權獨立的國家。有76.7的民眾不贊成「反分裂國家法」提供中共對臺灣動武的法律依據[30]。

---

[28] 例如陸委會主委吳釗燮就曾代表臺灣政府以〈民主與和平回應中共戰爭授權法〉、〈建構「民主和平」為核心的兩岸關係〉等兩篇文告，反擊大陸的「反分裂國家法」的出臺，請參考《政府大陸政策重要文件》（陸委會，2006：113-114；p103-106）。

[29] 依據陸委會委託國策院於2005年3月9日至12日執行的民調結果，請參見陸委會網站，http//www.mac.gov.tw/big5/mipolicy/at940313.htm。

[30] 依據陸委會委託臺灣智庫於2007年3月9日至3月11日執行的民調結果，請參見同上陸委會網站。

(二) 通過「憲改」謀求「法理臺獨」

在 90 年代臺灣進行民主化過程至今，李登輝主政的 12 年裡共進行了六次修憲，而陳水扁主政時期推動了 2004 年第七次修憲，以及準備進行下一階段的憲改。值得注意的是，中共因素在李登輝時期影響並不大，但在陳水扁時期就形成臺灣憲改的重要外部因素。

(1) 李登輝時期的修憲

李登輝執政期間進行六次修憲[31]，當時「中共因素」影響有限，當時中共主要集中在臺灣總統大選與廢省的具有「臺獨」的傾向，但在臺灣六次修憲期間與完成修憲後，並沒有如 1995 年李登輝訪美以及 1999 年發表「特殊兩國論」後，所展開激烈的「文攻武嚇」。 其因素主要是，臺灣的中華民國憲法架構原係從中國大陸帶來的大中國的憲法架構，而且增修條文的前言有基於「國家統一前之需要」的前提。因此，在「一中憲法」的前提，北京當局除以學者文章抨擊李登輝擴權（《大公報》，1996.3.14：A6 版）之外，並沒有出現「法理臺獨」批判字眼。甚至中共涉臺人士甚還表達：「修憲是臺灣島內之事，大陸原無置喙餘地」（《聯合報》：1999.1.24：13 版）。

這段期間內，北京當局將批判主要焦點放在：臺灣在野黨民進黨的「公投入憲」，利用「創制複決」行使主體變更，在其適用範圍加入「修憲」與「變更領土」內容，或是透過「公投法」草案，將

---

[31] 自 1990 年代開始，在李登輝總統主導下，以增修條文的方式，分別在 1991、1992、1994、1997、1999、2000 年，共進行六次修憲。

國家重大事項，包括修憲案納入，要求執政當局要以民族大義為重，
回到一個中國的立場，制止通過公投分裂國家[32]。

(2) 陳水扁時期的第七次修憲與憲政改造運動

2003 年陳水扁總統以民進黨主席身份在黨慶大會上，公開宣示，
要在 2006 年時，民進黨將與臺灣 2300 萬人民「共同催生臺灣新憲
法的誕生」，被國民黨視為「臺獨建國的時間表」（《中央日報》，
2003.9.30：二版社論），另方面，民進黨內部又釋出「主權可公投」
議題（《自由時報》，2003.9.26：第二版；聯合報，2003.9.28：A4版），
立即招來中國學者的抨擊，黃嘉樹認為「所謂催生臺灣新憲法，實
質上是『急進臺獨』的重大標誌性步驟，是要從『言論臺獨』推進
至『法理臺獨』」[33]，這是中國方面出現首次以「法理臺獨」抨擊臺
灣憲改。接下來涉臺學者抨擊臺灣的「公投制憲」，就是企圖實現「法
理臺獨」，就是無異向一個中國原則宣戰[34]。

2004 年 3 月 20 日民進黨陳水扁總統連任成功，又成功進行臺
灣有史以來首次的防禦性公投，中共於陳總統五二○就職演說之
前，發出強硬的「五一七聲明」，要求陳總統在「承認一中」與「法
理臺獨」兩條路選擇，自此嚴密關注臺灣憲改動向。中國國家主席

---

[32] 參見〈決不許藉『公投』之名分裂祖國〉，1997.8.25，新華社評論，陸委會
資料庫網站：http://csin.mac.gov.tw/maccgi/ttsinfo?3:4057:82:::@@13139。

[33] 參見〈黃嘉樹指出，陳水扁挑釁行為是極其危險的〉，2003.10.2，中共新華
社，陸委會資料庫網站：http://csin.mac.gov.tw/maccgi/ttsinfo?25:12429:82:::@
@27242。

[34] 參見〈公投制憲就是臺獨制憲──訪北京聯合大學臺灣研究所所長徐博
東〉，2003.10.28，中共新華社，陸委會資料庫網站：http://csin.mac.gov.tw
/maccgi/ttsinfo?25:12429:82:::@@27242。

胡錦濤於 2004 年 11 月訪問美國，在首次「布胡會」論及臺灣問題時，「臺灣當局頑固堅持臺灣是一個主權國家的分裂立場，拒不承認體現一個中國的『九二共識』，正謀求通過所謂『憲政改造』搞『法理臺獨』，企圖把臺灣從中國分隔出去，中國絕不允許」[35]（《聯合報》，2004.11.21，A3 版），這是中國國家主席胡錦濤首次絕不允許「法理臺獨」（聯合報，2004.11.23，A2 版），也是中國第一次透過元首外交希望美國能制止臺灣的「法理臺獨」。

　　2004 年底，北京當局開始思考啟動「反分裂國家法」的立法，以有效遏止臺獨份子推動「法理臺獨」（《中國時報》，2004.12.19，A2 版），即以「法理反獨」反制「法理臺獨」，在通過「反分裂國家」對臺獨劃下三道「紅線」[36]，（一）臺獨分裂勢力以任何名義、任何方式造成臺灣從中國分裂出去的事實，（二）是發生將會導致臺灣從中國分裂處的重大變故，（三）是和平統一的條件喪失。而這三條紅線解釋權都在北京，因此，未來臺灣進行憲改工程，將遭受自北京強大的外部因素制約著。

　　中國的「反分裂國家法」的目的，是企圖制止臺灣方面利用憲法方式，確定將臺灣從中國分裂出去，未來臺灣方面強調「民主化進程」，如制憲公投、臺灣正名各種議題，將招致北京當局的嚴重關注，也隱含著臺灣的「民主深化進程」與中國的「國家分裂程度」衝突，將是影響臺海和平穩定的重要潛在危機來源。

---

[35] 2004 年 11 月.20 日〈胡錦濤主席會見美國總統布希〉全文，請參見新華網網站 http://news.xinhuanet.com/world/2004-11/20/content_2241550.htm。

[36] 參見「反分裂國家法」第八條條文。

三、中國對於臺灣民主的傷害與操作

(一) 在國際社會宣傳臺灣民主為「臺獨」

　　中共對臺主權與民主的否定，是兩岸難以正常化的主要障礙。值得注意的是，北京當局在制訂反分裂國家法之前，曾極力避免將臺灣問題國際化，對臺灣民主化進程也很少在國際社會間加以抨擊。但在 2004 年開始，北京當局開始在國際社會上強調「臺獨」、「法理臺獨」、「臺獨分裂勢力」對兩岸關係、區域和平穩定的威脅；將臺灣元首外交說成是國際社會上製造「一中一臺」或「兩個中國」的麻煩製造者，將「反分裂國家法」宣傳成為遏止臺獨以維護亞太與臺海的和平與穩定。

　　中共透過國際宣傳，將臺灣民主扭曲為臺獨，臺獨將帶來戰爭的宣傳，也使得臺灣民主的發展，竟與世界各民主國家與中國建交的所謂「一中政策」的遵守，出現相互衝突的現象。若干民主國家甚至是美國會基於避戰，或為維繫其「一中政策」，而開始自我設限，甚至反對或干擾臺灣民主化進程，認為符合其「一中政策」的民主才是負責任的民主，挑戰「一中政策」的民主就是「民粹主義」，透過污名化臺灣民主以鬆動臺灣在全球民主價值同盟的關係（陳明通等，2005：38）。

　　自「反分裂國家法」通過後，北京當局開始對其認定為「法理臺獨」的臺灣民主重大宣示，如「憲政改造」、「廢統論」與「四要一沒有」，北京當局都採取先向「美國告狀」，實施「經外制臺」與「經美制臺」作法[37]，甚至要美國共同「制止臺獨」協助臺海的和

---

[37] 參見〈陳總統發表「四要一沒有」後大陸、國際重要反應及國安上宜有之因

平穩定，隨著中國經濟崛起以及北京政府與美國的全球合作，也給予中國更多的戰略籌碼以強化其「經美制臺」的結果（賴怡忠，2007：25）。北京當局主動先向國際社會宣傳反「臺獨」，並邀美國或國際社會防止「臺獨蠢動」，企圖污名化臺灣民主在國際社會的形象與聲譽。

(二) 拉攏臺灣在野黨

臺灣是民主開放的社會，政黨競爭與定期選舉成為臺灣社會的常態，2000 年臺灣首次政黨輪替，因國民黨分裂，陳水扁以四成選票贏得選舉，2004 年國親合作推出連宋配又以些微差距敗北，加上若干選舉爭議，使得臺灣朝野互動競爭朝向惡質化，導致社會分歧嚴重，給了中共拉攏在野黨與分化臺灣內部的良機，並得利用在野黨在國會的多數，全面壓制與孤立臺灣執政黨。

2005 年中共推動「反分裂國家法」出臺，引發臺灣內部與國際社會強力反彈，北京當局為平息臺灣的憤怒，解除國際社會的壓力，營造支持一個中國的「九二共識」在野黨領袖訪問中國的宣傳戰略，在扁宋會的刺激下，中共首先同意國民黨副主席江丙坤率團訪中，為連戰主席訪中先行鋪路，胡錦濤在接見江丙坤時面邀連戰成為訪中，「連胡會」達成了戰後第一次國共正式的會商，一星期後宋楚瑜緊接著訪中，對於連宋兩位總書記的客人，北京當局都給予「元首級的對待」，同時中共分別與國民黨、親民黨簽署公報，公開堅持「九二共識」、「一個中國原則」，及反對臺獨的立場，並透過媒體大肆報

應配合之道〉，國安局專案報告，臺灣立法院第 6 屆第五會期法制委員會第 2 次全體委員會議，2007 年 3 月 12 日。

導，加上「反分裂國家法」，中共構築了「一法兩公報」對臺新框架
(《中國時報》，2007.3.17：A12 版)。北京當局對臺戰略部署，一方
面解除了「反分裂國家法」對中共「非和平方式」的國際社會壓力，
另方面，順利達成分化臺灣內部，孤立執政的民進黨政府的目標。

　　2005 年開始國共建立起平臺，雙方進行兩岸經貿、農業、電子
資訊標準化合作論壇，跳過與民進黨執政當局協商，直接透過國共
論壇，釋出多項對臺優惠政策，除給在野黨加分外，更分化臺灣內
部，孤立民進黨，而民進黨政府受到刺激，亦質疑國親兩黨「聯共
賣臺」、「連中制臺」，使臺灣內部更加紛擾不安。

第三節　兩岸民主價值共享的機會與挑戰

一、兩岸的「民主政治」發展差異

　　中國政府與知識份子若能接受民主 (西方的) 已成為普世價值，
這對臺灣民主的價值與實踐必定較有同理心的理解，有助於兩岸政
治認知的拉進與相互理解。但是，北京當局仍將未來民主政治發展
模式要走「中國特色模式」，堅持所謂的「社會主義民主」道路，2005
年中國國務院首度發表「中國的民主政治建設白皮書」中，在前言
部分強調：「各國的民主是由內部生成的，而不是由外力強加的。……
由於國情不同，各國人民爭取和發展民主的道路是不同的，中國共
產黨和中國人民根據自己的國情進行了新民主主義革命，在新中國
成立後又從社會主義初級階段的實際出發，實行有特點的社會主義

民主。幾十年證明,走中國人們自己選擇的這條民主政治發展道路,中國人民不僅實現當家作主的願望,而且正在逐步實現把國家建設成為社會主義現代化強國的共同理想。」[38]說明了中國民主建設要走中國共產黨所定義的民主發展道路。

　　白皮書最重要的部分是在說明中國共產黨專政的民主正當性,白皮書前言強調「中國的民主是中國共產黨領導的人民民主。沒有中國共產黨,就沒有新中國,也就沒有人民民主,這是被歷史證明了的客觀事實。……中國的民主政治制度,是中國共產黨領導中國人民創建的。中國民主政治制度的發展和完善,是在中國共產黨領導下進行的。中國共產黨的領導從根本上保證了人民當家作主。」……白皮書結束語更強調:「中國的民主政治建設遵循原則:堅持中國共產黨的領導、人民當家作主和依法治國的有機統一。中國共產黨的領導是人民當家作主和依法治國的根本保證。」[39]說明了中國的民主發展將維持「中國共產黨」一黨專政領導,也將繼續朝中國特色社會主義民主政治的方向發展。

　　中國式民主與西方式民主有何價值差異?在西方式民主價值與實踐絕對無法接受所謂「一黨專政」與「官定的意識型態」,而中國也認為西方的資產階級民主與分權制衡哲學與中國國情不符,難以照搬照用。但從普世價值的角度,民主貴在提高人民的政治權利與公民自由,以美國「自由之家」(freedom House)所發布世界各國自由度歷年來調查報告,中國都是被評為「不自由」的國家(《自由時

報》，2004.12.22：二版；《青年日報》，2005.12.21：二版；《青年日報》，2006.5.4：二版）。以 2007 年公布針對 193 個國家之「政治權利」（political rights）及「公民自由」（civil liberties）兩項指標加以評比，中國繼續名列「不自由」國家，與俄羅斯、古巴、伊朗同列；臺灣則續列為「自由國家」，與其他亞洲國家比較名列前茅，與日本、韓國同列，「新聞自由」部分則臺灣更名列亞洲第一[40]。

　　臺灣民主價值與實踐與所謂西方民主模式是基本上相通相合，而中國自成一格的民主發展模式，與世界民主價值與實踐經驗的標準而言，不是一個民主國家，而是介於「極權國家」與「威權國家」，臺灣與中國的兩個政體，雖然都強調「深化與鞏固民主」與「不斷完善與發展社會主義民主政治」，但兩岸民主的現狀與發展目標存有極大差異。

二、中國大陸內部知識份子對重建民主價值的呼籲

　　若能看待臺灣的民主價值與實踐與「統獨問題」爭論，其實這兩者是不同維度層次的問題，「統獨問題」是眾多議題的變數與選項之一。在臺灣可以容忍統獨爭議的存在，並透過民主方式來決定爭議；相對地中國大陸卻可通過法律對不同意見者採取非和平的方式（包括戰爭）加以對付，連民主的方式與程序都等同是「獨立」。中國刻意漠視臺灣民主與自由選擇的權利，對臺灣民主的全盤否定，對民主價值的認知衝突正是兩岸衝突的根本因素。

---

[40] 參見美國自由之家網站 http://www.freedomhouse.org。

　　因此，中國思考臺灣民主發展，若能跳開統獨問題思考的軸線，建立民主的普世價值與實踐經驗的思考軸線，就能比較理解臺灣民主發展基本上是朝向這個普世價值與實踐經驗的發展軌道正在進行，也能理解臺灣民主成就為何被舉世所稱頌。

　　相對地，中國大陸能否可能朝向民主方向發展，中國的政府體制與運作能否朝向真正的「民主轉型」，它的民主化價值如何與普世價值接軌，不僅對臺海和平，對東亞區域是否和平穩定都將帶來深遠的影響。若中國逐漸朝向普世的民主化，兩岸就能在民主價值上又更多的共同認知，對臺海和平將帶來正面積極的影響。中國內部已有知識份子開始跳脫社會主義民主與一黨專制架構下發展民主建設，鼓吹中國民主化模式要能與普世的價值與經驗相接軌，以下歸納現階段中國民主化發展脈絡：

(一) 中國內部自由化的擴大

　　民主化的基礎在於自由化，亦即黨國機器對社會控制程度，中國大陸從極權體制逐漸過渡到威權體制，有些學者認為這是「退化的極權主義」（degenerative totalitarianism）（林佳龍，2003：22-28）或是「後極權主義」（post- totalitarianism），或是「中國式的威權主義」，中國黨國系統控制的領域正在弱化與縮減，這對中國社會相對多元化，而多元化正是民主的重要基礎之一。

(二) 中國民主價值制度重建之契機

　　中國大陸有許多學者開始倡議民主的價值與改革，例如俞可平的「民主是個好東西」，對民主概念的探討已接近一般民主國家的民主理念，認為「政治民主是歷史潮流，不斷走向民主是世界各國的

必然趨勢，但是推行民主的時機和速度，選擇民主的方式和制度，則是有條件的」（閻健，2006：3），提出以增量民主概念，要以不同於社會主義民主，但與西方民主理念接近的重要民主原則作為實踐要點：包括強調民主程序、把公民社會的存在視為民主政治的前提、推崇法治，以及充分肯定政府在民主建設中的重要作用等四點（俞可平，2003：157-165），其中前三點幾與西方民主社會的基本價值無異[41]。

　　北京大學法學院教授賀衛方則提出一黨專政違反憲法，建議共產黨為兩黨或多黨的說法，並建議「中共應逐漸理性化，開放兩黨制以及中國共產黨定位等問題的探討」（《青年日報》，2007.3.15：5版），並主張「在憲法中的私有財產保護條款逐漸擴張，配合物權法的制定真正使私有制正面形象得以樹立，然後司法獨立、新聞自由、人民代表大會的議會化，這些東西要不斷往前推動……」（《中國時報》，2006.12.26：A13版）。

　　類似上述的自由派與民主派言論、主張與價值探討已在中國知識界開始熱烈的討論著，並已獲得重視，目前主要的問題是在如何實踐與推動上，正如賀衛方所主張的「宏大價值的實現，主要依賴於具體政制、法律和程序」（賀衛方，2002：3-4）。而上述這些民主的思想與價值正在中國的學術界與政府智庫中發酵與散播，這將是中國真正能朝向民主化的希望所在，也是兩岸永久和平的希望所繫。

　　2007年3月16日中國人大會議通過「物權法」，該法通過的長期效應，除可能衍生越來越多關於產權糾紛法律訴訟之外，也將引

---

[41] 俞可平認為鼓勵政府在民主建設中發揮更加主動與積極的作用，他沒有接受「有限政府」的民主憲政概念，以致於分權與制衡的鬥爭哲學。

發公民政治權利的改革，特別是相應的司法改革與政治改革[42]，亦即確立「私有財產不可侵犯」的法律，非公有經濟將快速發展，會促進中國經濟體制逐漸朝向市場經濟制度發展，而所有權的絕對精神，將帶動個人主義價值的確立，而個人主義又與西方憲政主義息息相關。當中國私產權入憲和「物權法」完成以後，怎樣保證這些法定權利的具體落實，需要相關司法制度的連鎖改革，而為保障私有財產權的透明性與公平性，必須有相應的政治改革與司法改革，將會啟動言論自由、選舉自由等落實為每個公民的法定權利，逐步促成透過憲政民主改革落實法律正義（劉曉波，2007：45-48），「物權法」對中國未來政治經濟與民主化影響長遠。

　　至於中共官方態度是否轉變，以 2007 年中國總理溫家寶在人大閉幕記者會為例[43]，再度闡述「社會主義民主就是讓人民當家作主」、強調世界各國國情文化不同，中國也一樣要走自己的道路，朝「社會主義民主」模式發展，一再凸顯中共現階段無意進行幅度較大的政治體制改革，甚至迴避有關趙紫陽曾提及師法臺灣民主的談話之記者提問[44]。但是在態度上，溫家寶也表達出，「在社會主義的政治與民主建設上，經驗不足，我們願意實行開放政策，學習世界上一切先進的文明成果，結合我們自己的實際，走中國民主的道路」，此一說法與過去一味貶抑資本主義民主，掩飾一黨專政的合理

---

[42] 請參見陸委會第 152 次諮詢委員會議有關「中國物權法對經濟發展的影響」之委員發言重點，陸委會網站 http://www.mac.gov.tw/。

[43] 請參見十屆全國人大五次會議溫家寶答覆記者會全文，〈3 月 16 日溫家寶總理答中外記者問〉，2007 年 3 月 16 日，新華網。http://www.xinhuanet.com/zhibo/20070316b/wz.htm。

[44] 中共官方文字稿刪除此部分文字。

性的說詞比較，已具有較多的開放性與進步性，這對中國學習西方民主價值是一個值得期待的開始。

三、現階段中共對臺和平整合方案的民主價值評估

(一) 和平統一的價值

「和平統一、一國兩制」自 80 年代以來就是中共對臺的基本方針，「統一臺灣」成為中國領導人的歷史使命。為完成統一，配合中國崛起的發展與對臺統戰，中共現階段對臺灣積極展開與臺灣的經濟整合，主動釋出對臺善意，對臺進行差別對待操作，分化臺灣內部，另方面對持續加大對臺灣軍事恫嚇、「三光」臺灣外交關係、在國際社會封殺臺灣參與生存的空間，以及「五化」臺灣主權，逼迫臺灣接受一中，走上談判桌。

中共目前採取對臺「軟硬兩手」策略，重要標準在於是否接受「一個中國」、承認「九二共識」，台灣各政黨領導人若能接受，則一切都可談，也會得到一定「報酬」。例如，對承認一中的在野黨領袖，給予「元首級接待」，反之，對推動「法理臺獨」的領導人，則持續批判為「歷史罪人」，並將其孤立。其「和平統一」背後的價值，主要是訴諸：

(1) 民族主義

臺灣自古是中國的一部份，臺灣人是中國人，政治上消滅中華民國，不允許臺灣分裂勢力將臺灣從中國分裂出去。兩岸統一是中華民族復興的最重象徵，兩岸人民攜手合作為中華民族的偉大復興努力，共享繁榮與富強。

(2) 經濟一體化

中國經濟快速成長，中國在全球經濟分工上扮演重要角色，臺灣則在兩岸經濟分工合作獲益很大，臺灣經濟成長與中國經濟崛起關係密切，兩岸經濟整合已為兩岸的統一奠下基礎，邁向兩岸經濟一體化後，更可共同面對全球化與區域化挑戰。

(二)「一國兩制」的民主價值評估

中國統一的認知價值是民族主義的，這與臺灣民主價值無疑是相互衝突的。若以歐盟整合以及全球與區域經濟一體化的普世價值標準，例如是否尊重人民意願、是否具有明確終局方案與過渡性安排，以及是否有可操作性與互動架構等三種民主價值指標，來衡量檢視北京所提出的和平整合方案，顯然是無法價值相容共享。包括：

(1) 是否尊重人民意願

「一國兩制」沒有經過臺灣人民與政府同意，這點與歐盟整合自願性整合不同，加入歐盟的國家都必須經由政府議會，以及經由公民投票通過。面對臺灣民主價值與實踐的訴求，而中國大陸卻主張大陸 13 億人口有權決定臺灣的前途。

(2) 是否具有明確政治終局方案與過渡性安排

「一個兩制」的核心在於統一於「一個中國」之內，有明確的政治終極目標，沒有其他選項，與歐盟整合以及區域整合的歷史經驗比較，明顯剝奪臺灣人民的自由選擇權。從過渡性安排而言，要臺灣與香港澳門一樣，未來最終要與大陸統一，但北京當局要如何

說服臺灣人民接受臺灣不是主權國家的政治、經濟等各種誘因,明顯不足。

(3) 是否有可操作性與互動架構

在北京當局「接受一中,其餘免談」的政治框架下,只要臺灣政府與人民不屈服,現階段兩岸要達成「兩岸和平穩定互動架構」推進兩岸的善意和解、積極合作、以達永久和平,目前尚無可操作性可言。就算因兩岸經濟互賴密切,對正常化的互動架構殷切需求,現行兩岸授權公協會進行協商模式,就是兩岸刻意避開一中政治框架的協商模式。

顯然,兩岸和平整合的民主價值差異與衝突,是兩岸關係不正常的主要癥結,也是兩岸一切敵意與對抗的源頭,以建構主義的文化結構理論而言,兩岸在「憲政改造」/「法理臺獨」;「民主價值與實踐」/「分裂國家的步步升級」可說是處於是一種衝突對抗狀態的「霍布斯的文化結構」。如何透過「民主價值」共享的兩岸社會建構互動,轉化文化結構,朝向邁向相互尊重的「洛克文化結構」,甚至是相互合作的「康德的文化結構」境界,是兩岸邁向穩定和平的最重要路徑,甚至是唯一的路徑。

透過民主價值與實踐共享的良性社會建構,拉近兩岸在民主價值認知差距。最有可能的期待,就是中國能逐漸朝向民主化轉型發展,現階段中國大陸內部官方與知識份子已重新開始對自身的社會主義民主進行反思,以及展開對全球民主價值進行探討並學習各國民主經驗之際,臺灣如何提供發展經驗,以及扮演適當的協助者角色,這對兩岸關係穩定和平而言,將具有深遠的影響。

從兩岸民主價值共享角度出發，未來兩岸前途有兩條和平出路的想定（scenario），第一條出路是北京當局能充分理解並認同民主價值，亦即爭取臺灣人心認同，並透過民主程序以「民主統一」模式讓臺灣人民透過民主方式自願與中國統一。另一條是「和平獨立」出路，臺灣在深化民主的過程，理解尚未民主化完成的中國，其對臺灣民主價值與實踐解讀為「分裂國家行為的步步升級」刺激與敏感，甚至給獨裁政權藉口用以轉移內部衝突焦點，或是成為中共內部派系鬥爭的議題。若能區分「民主」與「獨立」的不同軸線上具有不同的實踐風險，如何讓中國理解「獨立」成為臺灣民主價值與實踐的自然結果，將有助於「和平獨立」情境的達成。因此，無論兩岸整合關係的終局選項如何，兩岸對民主價值與實踐的認知共享程度，將是未來影響臺海和平穩定的重要變數。

第七章　兩岸三角和平整合模式之建構

　　從兩岸經濟互賴、制度整合與民主價值分享等三個主要對兩岸和平穩定的因素分析來看，兩岸在經濟整合互賴方面對和平的創造效果最大，兩岸無論從貿易量、產業分工與全球共構商品供應鏈都顯示兩岸的衝突與戰爭都會導致兩岸與全球經濟的蒙受重大損失，任何造成臺海不穩定的訊息，都會引來國際社會的嚴正關切，因此，兩岸經濟整合對維護兩岸和平的助力最大，也是最重要的臺海和平穩定的因素。

　　但兩岸進一步經濟整合已遇到瓶頸，無論是建立任何形式的兩岸經濟合作機制，都需要在制度整合上尋求突破，無論是透過國際組織或是兩岸的制度化協議，亦即經濟整合需要制度化協議加以鞏固與擴大，另方面，經濟整合可增進雙方對民主價值的共享，兩岸透過對民主價值與制度建立，通過對個人自由和義務的認可，可激勵創造精神和商業擴張，最終將超越國界，達成經濟更深層、更多樣性的整合。

　　美國學者魯塞特（Bruce Russett）與奧尼爾（John R.Oneal）累積過去民主和平、貿易和平與制度和平的有關假設，提供更有解釋力的理論，其基本理論性貢獻包括：經濟上處於高度相互依賴的國家傾向於抑制與其商業夥伴進行戰爭；一個國家加入的國際組織越多，其政府使用武力對抗國際組織其他成員國的可能性較小；民主國家之間幾乎沒有戰爭，他們在總體上也比非民主國家和平。因此，民主程度、經濟相互依賴和國際組織這三大要素，對促進國際關係

的和平發展，具有獨立變項的、以及有統計學的貢獻（Russett & Oneal, 2001）。

就理論背景而言，本文基本架構依「三角和平論」框架（見圖7-1）進行歸納分析，針對貿易和平論、制度和平論、以及民主和平論的有關命題，進行理論整合（第二章內容），它們是「兩岸三角和平論」的基本理論來源。而本章主要處理有兩項要點，一是三角之間是否具有經驗和邏輯的聯繫；二是在相互影響過程，「和平」是否也對三角有促進作用，亦即三角之間的兩兩相互關係與和平對三角之間，是否真正能夠達成相互促進的互動。

兩岸經濟互賴（第四章內容）與制度整合（第五章內容）、民主價值共享（第六章內容）等三要素，從任何一要素都會與其他兩項要素，兩兩相互促進，相互補充，共組成一個穩定的平衡體（最小多邊形），形成所謂促進兩岸和平三要素，本章透過論述三要素的兩兩補充與促進的關係，建構「兩岸三角和平論」的框架（見圖7-2），本文借用自由主義國際關係理論的「三角和平論」，轉化應用來分析兩岸關係，就兩岸經濟互賴、制度整合以及民主價值整合等三要素對兩岸和平整合的解釋與預測，以提供實徵性資料歸納框架，並發揮理論性的解釋與預測功能，希能為使兩岸關係理論發展能突破過去規範性較強，實徵性較薄弱的侷限。

此外，兩岸的經濟互賴、制度整合與民主價值共享等三項和平要素，並非獨立而不相干之變項，兩兩之間具有理論與經驗上相互補充與相互加強作用，形成完整的「兩岸三角和平論」之理論框架，可用來歸納兩岸關係的實徵資料，解釋兩岸關係事件發展與其在兩岸和平的意義，進而預測兩岸各種互動對臺海和平的影響。

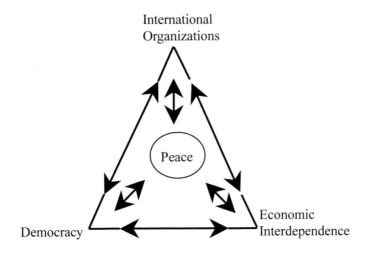

圖 7-1：三角和平論理論框架

資料來源：（Russett & Oneal, 2001：35）

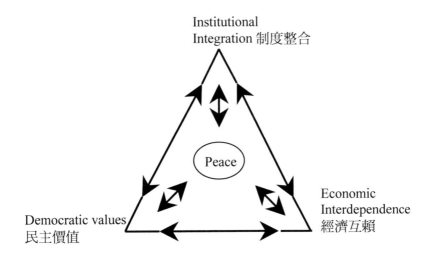

圖 7-2：兩岸三角和平論理論框架

第一節　經濟互賴對兩岸和平整合的解釋與預測

　　二次大戰後，推升國際經濟合作被認為是維護全球和平的要素。1930 年代的經濟大恐慌，很多國家的政府為了要自己國家人民的就業與生計，而展開限制外國商品進口，各國經濟政策大都採取孤立的鎖國政策（autarky），引發各國貿易壁壘與貿易戰，造成當時各國失業率與通貨膨脹大增，部分國家之人民甚至失去對民主的信心，為了儘速恢復經濟與歷史榮耀，有些國家揚棄民主，使得這段期間威權（authoritarian）與極權（totalitarian）國家數量增加[1]，並支持對外擴張政策，種下許多戰爭因素。

　　戰後，歐洲各國領袖有感經濟互賴是各國民主的基礎，也是直接促進和平的力量。主要因素包括（Russett & Oneal, 2001：25-26）：

1、本國將自然反對與有本國商人、企業與勞工在他國有重大的經濟利益的國家，發生衝突或戰爭。

2、本國也不會威脅危害對於依賴他國市場、原料與其他資源的國家的經濟關係。

3、若本國鼓勵國際投資，則資本家將不會同意戰爭發生，以免危及自己的投資事業。

　　1940 年代末歐洲各國領袖同意彼此開放市場進行貿易與投資，這樣將帶來一個穩定、繁榮與和平的新歐洲。

---

[1]　在後二次大戰檢討發生原因，發現民主政治的崩潰對破壞和平扮演重要的角色，而會對民主政治失去信心，與高失業與高通貨膨脹有關，如在二次大戰前的德國、日本與義大利等國（Russett & Oneal, 2001：24）。

　　另方面，歐洲相互自由貿易與投資的經濟整合關係，需要一組制度來確定與鞏固，1951 歐洲成立煤鋼共同體（ECSC），徹底解決過去各國將重工業轉成武器工廠的後果，透過重要經濟物質的共管使各國緊密地團結一起。美國援助歐洲的馬歇爾計畫，還成立歐洲經濟合作組織（OEEC）新機構負責協調，最後這個機構還變成全球性的重要經濟組織：經濟合作發展組織（OECD）。因此，經濟互賴整合機制的確立與有效運作，需要一套制度或國際組織來負責（Russett & Oneal, 2001：27）。

　　經濟的整合互賴與其他和平兩要素：民主政體維繫、國際組織與制度，具有相互補充、相互強化的緊密關係，亦即形成 Bruce Russett 所說的「善性循環圈」（Virtuous Circles）（Russett & Oneal, 2001：24）。影響著進一步經濟互賴的條件，相對地，一個和平的環境對經濟進一步互賴整合，可以提供更適合的經濟發展環境。

　　將此一理論檢視目前兩岸關係發展情形（見圖 7-2），雖然兩岸間經濟互賴密切，但制度整合不是嚴重不足就是尚在起步階段，而且雙方對民主價值理解處尚於嚴重對立狀態，形成了「政冷經熱」整合現狀，對於企求進一步經濟整合卻因制度化不足、民主價值與實踐認知差距大，以及臺海尚未是正常的和平環境等因素，致使兩岸關係仍無法順利正常展開，這也是現階段兩岸關係發展的主要瓶頸。

一、「政冷經熱」的整合現狀

(一) 非正常化的兩岸經貿整合關係

兩岸經貿高度整合的情形，在政治敵對的國家之間，是極為罕見的案例。以 2006 年為例，兩岸貿易量突破千億元美金，臺灣出口貿易已有 40%以上依賴中國，對外投資更有超過 70%以上集中在中國，在「臺灣接單、海外生產」的生產模式有高達 42.31%海外生產，其中資訊產品高達 76.45%，而海外生產有近 90%高比例生產集中在中國[2]，臺灣人長住中國的人數高達 100 萬人，僱用大陸勞工約 2000 萬人[3]。

因此，臺商對中國投資生產、提供重要半成品、原物料對中國經濟發展極為重要，而且在全球化經濟產業分工，兩岸已共構全球商品供應鏈，對全球經濟榮枯扮演重要影響力。幾乎很難找到像兩岸一樣的例子，政治敵對但經貿與產業卻密切整合的案例。在現今

---

[2]　依照中國大陸海關統計 2006 年兩岸貿易總額為 1078 億美金；依照臺灣海關統計，臺灣出口至中國與香港佔總出口的 39.8%；依照臺灣經濟統計 2006 年「臺灣接單、海外生產」比率高達 42.31%，資訊產品高達 76.45%。

[3]　長住中國大陸臺灣人數，中共官方目前並無正式且全面的統計，中國各地方政府對於「長住」之定義也不同，有些以登記戶口，有些則以往返期限為準，以致於從 200 萬到 100 萬各種說法眾說紛紜。綜合大陸各地估算，臺灣民眾因工作、求學或其他非旅遊、考察目的，而在中國大陸停留較長時間者約 100 萬人。臺灣海基會之臺商服務中心之簡介則推估為 75 萬人。至於臺商雇用大陸勞工人數則採用推估，廣東省臺辦主任甘兆勝指出，截至 2006 年 6 月 30 日，廣東省臺資企業累計 2 萬多家，實際利用 350 億美元，解決就業人員 600 百萬人，參見《大公報》，〈粵臺企突破兩萬全國居首〉，2006 年 8 月 15 日。若以廣東的臺商雇用大陸勞工 600 萬基礎估算，據中國商務部對外公佈資料，全國約 7 萬家臺商企業，則全部大陸臺商僱用將有 2100 萬人，因此本文以約 2000 萬人來估算。

敵對或分裂國家中，印巴之間、南北韓（見表 7-1、7-2）以及東西
德統一前，從未出現過經貿往來頻密的情形，印巴之間、南北韓經
貿進出口額度（見表 7-1、7-2）與兩岸經貿進出口額比較相差十分
懸殊。就兩岸貿易規模（2006 年已逾千億美元）就算是正常民主國
家之間如此大規模的經貿緊密整合，亦不多見。

　　然而如此大規模的經濟整合，兩岸卻因政治爭議，涉及雙方公
權力事項竟缺乏一套制度化的載體與機制，而非正常化的兩岸經貿
整合關係，包括貿易、投資、與市場的不對稱依賴都缺乏一套制度
化加以規範，形成了兩岸非制度化的經濟整合模式（詳見第三章）。

表 7-1：印度、巴基斯坦貿易統計

單位：百萬美元

期間	貿易總額		印度出口至巴基斯坦		印度自巴基斯坦進口		印度對巴基斯坦順（逆）差	
	金額	成長率	金額	成長率	金額	成長率	金額	成長率
1999	188.1	—	98.5	—	89.6	—	8.9	—
2000	231.6	23.13%	162.3	64.77%	69.3	-22.66%	93.0	944.94%
2001	233.8	0.95%	164.3	1.23%	69.5	0.29%	94.8	1.94%
2002	221.0	-5.47%	187.2	13.94%	33.8	-51.37%	153.4	61.81%
2003	248.5	12.44%	181.5	-3.04%	67.0	98.22%	114.5	-25.36%
2004	601.9	142.21%	523.6	188.48%	78.3	16.87%	445.3	288.91%
2005	755.6	25.54%	590.1	12.70%	165.5	111.37%	424.6	-4.65%

資料來源：整理自印度海關磁帶資料（美國 Global Trade Information Service 公司整理）。

表 7-2：南、北韓貿易統計

單位：百萬美元

期間	貿易總額		南韓出口至北韓		南韓自北韓進口		南韓對北韓順（逆）差	
	金額	成長率	金額	成長率	金額	成長率	金額	成長率
1997	5.7	—	1.3	—	4.4	—	-3.0	—
1998	0.8	-85.21%	0.8	-37.02%	0.0	—	0.8	-127.89%
1999	1.9	127.41%	1.9	127.41%	0.0	—	1.9	127.41%
2000	3.1	58.89%	2.9	52.49%	0.1	—	2.8	46.09%
2001	4.1	32.86%	4.1	38.43%	0.0	—	4.1	44.49%
2002	1.2	-71.31%	1.2	-71.31%	0.0	—	1.2	-71.31%
2003	14.2	1119.12%	14.2	1119.12%	0.0	—	14.2	1119.12%
2004	22.9	61.06%	22.9	61.06%	0.0	—	22.9	61.06%
2005	42.3	84.72%	42.3	84.72%	0.0	—	42.3	84.72%
2006	24.0	-43.36%	24.0	-43.36%	0.0	—	24.0	-43.36%

資料來源：整理自南韓海關磁帶資料。

(二) 兩岸共構全球商品生產供應鏈

　　臺灣赴大陸投資得臺商，結合臺灣母公司或臺灣企業，以及大陸方面的協力廠商，共構出兩岸共構全球商品生產供應鏈，這條供應鏈不只是兩岸參與而已，跨國公司也積極主導與參與其中，它影響全球的經濟利益的榮枯，如果兩岸共構全球商品供應鏈遭致損害，臺灣、中國乃至全球將受到重大衝擊。兩岸共構全球商品供應鏈是臺灣國家安全最佳的防衛機制（詳見第四章），也是全球主要國家關切臺海是否和平穩定的主要因素。

　　兩岸經濟整合由於出現不對稱依賴結構的發展，固然在北京當局掌握較大的影響臺灣的潛在勒索權力，但因經濟全球化分工運作

模式，中國享有極大的經濟利益，各國也分享龐大利益，中國大陸尚不至於為了在政治方面逼迫臺灣屈服，使出非經濟邏輯政策對臺灣進行經濟制裁與報復的措施，使中國與全球經濟蒙受嚴重損失的代價。

(三) 北京當局對臺「經濟吸納」的統戰和平

臺海未能獲致正常和平的主要問題，在於兩岸主權爭議與敵意，北京當局以 1997 年香港主權轉移運作模式，企圖垂範臺灣，為使臺灣與中國經濟整合過程中進行有統戰目的的經濟吸納，北京當局刻意以優惠政策措施吸納臺商，通過一系列對臺招商引資政策，全力拉攏臺商與吸納臺資，使臺灣加速向中國經濟傾斜。

為了要吸納臺灣企業前往中國投資與貿易，營造臺海和平穩定的環境是一項必備的條件，而且實踐經驗上，香港主權轉移能和平繁榮落幕，中共對香港經濟吸納的統戰策略，被證明成效顯著（邱垂正，1999）。至於對臺經濟吸納是否奏效？可從臺灣內部對中國經貿政策出現嚴重分歧，以及政策調整幅度趕不上臺商的需求，都已明顯構成臺灣政府壓力[4]。但從營造統一大業為目標的經濟吸納「和

---

[4] 由於臺灣內部對於中國經貿政策出現嚴重分歧，臺灣政府曾於 2001 年 8 月召開「經濟發展會議」（簡稱「經發會」），邀集臺灣產官學，就兩岸直航、三通做出共識，2006 年 6、7 月間臺灣政府又召開「臺灣經濟永續發展會議」（簡稱「經續會」），再度邀集產官學界進行連續數月的大規模座談與意見整合，其中兩岸經貿政策再度成為討論的焦點，因此兩岸經貿政策在臺灣內部引發之重大爭論，足以顯示兩個意義，一、兩岸經貿政策之爭議程度，超乎政府部門決策機制的範圍，為避免政治對抗與社會衝突，在政府部門主導下，以公開透明的座談方式，向社會各界徵詢意見，並加以整合成可操作的共識；第二，不到 5 年召開兩次對中國經貿政策全國性產官學會議，議題的爭議性不斷提高，共識越來越難達成，顯示臺灣內部對中國經貿政策，因不

平環境」，對於維護與促進臺海和平也有暫時性的助益。但是北京當局基於政治目的的經濟手段，這個以統戰為目標的暫時性和平，只能算是工具性和平，還不是穩定的永久和平。

二、制度化、價值性是兩岸經濟再整合的前提

(一) 制度化整合嚴重不足或處於初級階段

　　兩岸經貿整合缺乏制度化機制，使得兩岸人民權益都無法獲得充分保障，雙方交流的繁榮成果也缺乏制度化機制可能承載，解決因交流所衍生糾紛，使兩岸的經濟整合有更佳的透明度與可預測性。

　　2002 年開始兩岸加入世貿組織，東亞各國也啟動區域經濟整合的自由貿易協定（RTA）或經濟合作。北京當局要求臺灣必須接受「一個中國」原則、承認「九二共識」為前提，才願意與臺灣恢復協商，進行兩岸經濟合作機制的協商；同時，在國際經濟整合層面，中國阻撓臺灣與其他各國經濟體簽訂區域經濟整合協定 RTAs，甚至與東協國家達成遵守一中的原則，打壓臺灣在國際社會生存的條件，目的在使臺灣處於國際社會邊緣化壓力下，逼迫臺灣政府接受「一中」框架。北京當局強調「一個中國」政治框架的前提，企圖以「一中」框架作為「統一框架」，這是兩岸經濟無法進一步整合的主要原因。

　　2005 年中共制訂「反分裂國家法」前後，在兩岸交流議題中，開始區分有些議題是沒有「一中前提」的，有些議題必須臺灣接受

　　同政黨、社會階層、與職業類別有嚴重落差，加以全體共識決的決策模式，使共識的達成十分困難，以「經續會」而言，少數堅持就能否決多數上的意見，使得最後的共識都是最後階段勉強湊出來的。

「一中前提」，前者如2006年6月14日所達成的四項專案包機，以及2007年5月1日的大陸觀光客來臺協商議題、臺灣農產品輸銷大陸、大陸漁工輸臺、大陸砂石進口臺灣等議題，北京當局同意在某些議題領域，可與臺灣授權的公協會進行接觸與協商。

　　但堅持協商議題必須要有「一中前提」，包括直航、貨幣清算機制、兩岸金融監理、司法互助、投資保障協定……等，以及包括中國方面最常提的兩岸經濟合作機制等。與過去比較起來，大陸方面已經在有些交流議題上不再堅持臺灣要接受「一中前提」，因此可以將現階段兩岸可逕行協商的協議，稱為「交流議題」，必須有「一中前提」的協商議題，稱為「核心議題」。但在2008年5月以前，相對於兩岸經濟整合的密切程度，兩岸制度化要到趕上經濟整合的程度仍只是在起步的初級階段而已。因此兩岸要進一步經貿整合，必須有制度性整合做為基礎與支撐，尤其是雙方公權力所授權的協商成為最重要的關鍵因素（張五岳，2007：40），兩岸才能擺脫非正常化的經濟整合關係，逐漸朝制度化、正常化的兩岸經貿整合關係發展。

(二) 兩岸民主價值仍處於對立階段

　　相較於經濟互賴整合的密切，以及制度整合的初步階段，兩岸在民主價值認知仍屬於對立對抗階段。兩岸民主價值的背離與差距，也使經濟整合出現倒退反向作用力，形成反整合的現象。主要有兩個方面：

(1) 臺灣方面：臺灣政府認為中國是一黨專制，無法落實保障人權，不能建立公平的政治競爭，同時，中國認為臺灣的民主進程是「臺獨」，也不排除以非和平方式完成統一；中國對臺灣併吞野心讓臺灣必須積極備戰，以及必須思考經濟過度

依賴對臺灣國家安全造成的負面影響,因而採取避免過度投資中國,強調全球布局的重要性,並對大陸的經濟吸納採取防堵與禁管制的作為。臺灣的經濟自保政策如「戒急用忍」、「積極管理」政策,都對兩岸經濟整合帶來降溫的效果。因此北京當局沒有進行政治改革與民主化,並持續將臺灣民主解讀為臺獨進而要脅武力相向,也必然使臺灣政府對兩岸進一步的經濟整合保持高度戒心並採取防衛政策進行抵制[5]。

(2) 中國大陸方面:民主價值就是個人機會平等,尊重人權,強調自由競爭,並保護私有財產權。中國大陸民主改革牛步,產權改革緩慢,司法不獨立,人治色彩重,降低中國市場的可信度與透明度,使得中國成為風險高的投資環境,中國的不民主與法治程度不足也使得中國經濟發展的潛力以及與區域經濟整合的能力下降。

(三) 兩岸「非和平」的障礙

和平是經濟往來的條件。兩岸是否能維持和平是直接影響兩岸經貿整合的基礎條件,一個穩定和平更是進一步兩岸經貿整合的不可或缺的條件。兩岸經濟合作模式已經成為全球商品供應鏈的重要環節,全球主要國家關切兩岸焦點都是臺海能否維繫「和平」,臺海和平成為舉世共同的期待與共同的語言。在台海和平的全球共識裏,其中隱藏著各國在兩岸經濟分工合作的重要利益,本文提出「兩岸共構全球商品供應鏈」的概念,就是說明各國與兩岸間在這條全

---

[5] 最具體的例子,就是中國在福建地區規劃的以臺灣為對象,成立海峽西岸經濟特區(簡稱:海西區),專門對臺經濟吸納。在區域經濟整合方面,則希望以「一中框架」的中國與香港、中國與澳門的 CEPA,來對臺展開經濟吸納工作。

球商品供應鏈中擁有重要利益，而能否持續維繫台海和平，更是這條全球商品供應鏈持續運行的基本條件。

但是，全球持續關切臺海是否和平？也相對地說明兩岸之間隱含的潛在衝突，兩岸共構全球商品供應鏈得以持續運行和平現狀的本質，可以用阿拉伯語對「和平」sulah 與 salaam 不同的區分來理解，sulah 係指「敵對行動的停戰狀態」，salaam 是指「相互尊重的永久和平關係」（Russett & Starr,2001：310），臺海和平的現狀若能從 sulah 轉向 salaam，這是兩岸經濟進一步整合的不可或缺重要因素，也是兩岸共構全球商品供應鏈持續擴張其重要影響力的關鍵條件。

反之，若從 sulah 趨向衝突或戰爭，則將威脅兩岸經濟整合與全球商品供應鏈的經濟地位，甚至有毀滅的可能。兩岸和平現狀影響經濟互賴，朝向穩定的永久和平關係發展對兩岸經濟整合越加正面。

三、兩岸經濟整合是創造和平的誘因與條件

(一) 營造和平發展環境

兩岸經濟整合現狀符合生產全球化（the globalization of production）運作模式，這種運作模式是有別以往的特質（unprecedented nature），是以跨國公司的全球布局生產營運模式（the geographic dispersion of MNCs production），透過提高海外或跨國公司之間的國際分工，主要型態是國際的「外包生產」（international subcontracting）與「公司間的策略聯盟」（international inter-firm alliances），而這種全球化經濟合作分工新模式對主要國家之間的和平安全將帶來助益（Brooks, 2005:3-5）。

　　但是，Brooks 的分析跨國公司全球生產布局模式（the geographic dispersion of MNC production）對和平安全的影響曾提出，跨國公司全球生產布局的生產模式對不同經濟發展程度的國家之和平安全影響是不同的，基本上對經濟發展強國之間和平是有正面助益，但對經濟強權與發展中國家則正、負面都有，但對於發展落後國家而言則將轉為負面（Brooks, 2005：14）。

　　中國大陸自改革開放以來，近二十年來以每年平均 9.7% 的速度高度成長，世界銀行公布數據統計，2006 年中國的 GDP 總量以超過英國，僅次美國、日本與德國，居世界第 4 名[6]，並為全球第三大貿易國，另方面主要跨國企業在中國投資設廠，已使中國成為全球的世界工廠與主要市場之一，中國經濟的崛起已是全球公認的事實。而臺灣是全球第 16 大貿易國，2006 年 WEF 世界論壇成長競爭力指標排名 13 名，IMF 洛桑管理學院世界競爭力年鑑排名第 18 名[7]，兩岸在全球經濟表現顯著並扮演重要的角色。兩岸經濟整合為跨國公司重要的全球商品供應鏈，包括臺灣企業、大陸臺商、大陸企業以及全球跨國公司在這條供應鏈上具有重大利益，這對原本處於敵對狀態緊張關係的兩岸情勢獲得和緩，也提高了臺海和平安全的保障。

　　除了 Stephen Brooks，Craig Addison 曾分析臺灣高科技產業在全球生產的影響力，對臺灣的安全地位有如「矽屏障」（silicon shield），是臺灣最堅強的國防（Addison, 2001），Thomas Friedman 在於暢銷

---

[6]　有關各國（地區）國內生產毛額（GDP）統計，參見（行政院主計處，2006：56）。

[7]　有關臺灣與中國的貿易排名，世界論壇與洛桑管理學院競爭力排名，參見 2007 世界年鑑（中央通訊社，2006：375-379）。

著作《世界是平的》（World is flat），更提出臺灣已成為全球供應鏈的重要環節，這將是臺灣最佳的防衛機制（Friedman, 2005）。縱然兩岸政治對立，兩岸經濟整合已為臺海和平發展奠下基礎，這種政治對立、經濟合作的情形在所有敵對國家衝突型態，甚為罕見。

(二) 創造制度的需求

　　兩岸經濟互賴密切，社會往來頻密，亟需要有制度性協議來處理因交流所衍生的問題，但因兩岸政治主權僵局爭議難解，致使形成現階段兩岸非制度、非正常化的兩岸整合關係。

　　為使兩岸關係正常化，兩岸自 1990 年開始雙方各自成立海基、海協兩會進行協商，歷經國民黨執政時期的 1993 年辜汪會談與 1998 年辜汪會晤，並達成多項協議與共識。卻因兩岸政治爭議干擾，如 1995 年北京當局藉口李登輝訪美、1998 年藉口李登輝提出「特殊國與國關係」等理由，中斷兩岸制度性協商，以致於在國民黨執政時期與對岸所累積的制度化協議，僅剩下「兩岸文書驗證」、「兩岸掛號函件查詢、補償」等兩項事務性協議，勉強可以維繫運作。

　　民進黨執政後，兩岸經貿社會往來更加密切，企業與民眾對經貿自由往來與三通需求更加殷切，臺灣政府為了回應民間、經濟全球化的需求，在未能與中國大陸正式協商的情況下，曾片面實施小三通政策、主動規劃開放第二類與第三類大陸觀光客來臺、開放企業赴大陸投資上限、開放中國大陸物品進口、航空貨運便捷化措施等。雖然臺灣政府盡可能在未與中國進行協商前，曾就「操之在我」部分逕行政策調整，以滿足兩岸經濟互賴的對制度化與正常化的需求，但仍無法滿足部分業者與民眾對建立兩岸經貿制度協商的實際需求。陳總統連任後，2004 年臺灣政府也曾多次呼籲北京當局應不

預設前提地就「投資與貿易」、「司法議題」、「三通與觀光」與其他重要議題共 22 項議題進行協商，一直到 2006 年 6 月 14 日雙方才就「兩岸專案包機」達成四項常態化運作協議[8]。

雖然如此，兩岸經濟互賴整合需要更多制度框架來支撐與承載，北京當局卻要求臺灣政府必須接受「一中原則」作為協商前提要件，企圖「以經逼政」，除非臺灣政府在政治上讓步，不然更重要協商議題如直航、貨幣清算、司法互助、投資保障等等北京當局拒絕協商。當兩岸又陷入政治僵局的死胡同，臺灣又無法接受「一中政治框架」前提，大陸方面就利用臺商與臺灣的企業家向臺灣政府施壓，並進行「指控臺灣當局阻撓協商」輿論戰，企圖達到「以商圍政、以民逼官」目的。2005 年北京當局通過「反分裂國家法」後，更積極拉攏臺灣在野黨，刻意繞過執政黨，以國共經貿論壇的方式片面宣布對臺政策，企圖孤立與內外夾擊臺灣政府與執政黨。

雖然如此，畢竟兩岸因經貿高度互賴整合，對制度化需求殷切，而且，涉及公權力事項必須由政府出面協商，北京當局不可能以政治框架為由，持續拒絕與臺灣協商[9]，亦即兩岸經濟互賴整合會對制度化有強烈需求，終於迫使北京當局必須務實地將兩岸議題區分為，必須接受「一中」前提的核心議題，與不需要接受「一中」的

---

[8]　在 2006 年兩岸四項專案包機常態化運作協議之前，兩岸政府透過授權民航團體協商年度性的春節包機協商，成功推動 2003 年、2005 年、2006 年春節包機，為兩岸關係帶來些許的和緩與穩定。

[9]　2000 年民進黨執政以來，北京當局基於政治立場堅持臺灣不接受「一中」政治框架，就不願與臺灣進行協商，但隨著兩岸經貿互賴提升，2002 年底兩岸政府可不在「一中」前提下進行 2003 年春節協商，2004 年又因政治考量中斷春節包機，但 2005 年又恢復春節包機至今，顯示「一中」政治框架並非牢不可破。

協商議題，而將協商議題交由雙方授權的民間組織進行協商，創造出兩岸雙方所說的「澳門模式」。

兩岸經濟整合的力量創造出制度的強烈需求，逼迫北京當局繞過「一中」政治框架前提，務實地與臺灣進行協商，截至 2007 年，兩岸政府授權各種公協會組織協商（只是以民間組織的名義，但兩岸都是政府官員主導協商）的議案，已經包括兩岸客貨運包機、兩岸海運直航、大陸觀光客來臺、大陸漁工協議、大陸砂石進口來臺、以及臺灣農產品輸陸等多項議題展開協商中。

1990 至 2000 年國民黨執政 10 年兩岸協商時代，目前僅剩下 1990 年的潛返偷渡犯刑事嫌疑犯的「金門協議」、1993 年辜汪會談的「兩岸公證書使用查證協議」與「兩岸掛號函件查詢、補償事宜協議」等三項協議仍尚稱進行中，至於民進黨 2000 年執政至今七年來，與中國大陸方面進行的協議有主要有：2006 年兩岸授權團體所簽署的四項專案包機，至於正在進行中大陸觀光客來臺、大陸漁工與大陸砂石輸臺，兩岸海運等多種議題的協商（見表 7-3）。並不是說民進黨的兩岸協商成就超過國民黨，更不是北京當局比較贊成民進黨政府中國政策，而是兩岸經貿互賴在民進黨執政時期大幅超越國民黨（請參閱第三章、第四章有關兩岸經貿統計圖表），因兩岸經濟互賴所創造出來的制度需求，逼迫北京當局必須務實讓步。

未來，只要兩岸經貿互賴整合增加，兩岸制度化需要就會提高，兩岸經濟互賴的客觀形勢與需求，就越能迫使兩岸政府繞開政治爭議，進行制度化的協商，使雙方交流互動的便捷性、透明性與可預測性提高，有利於兩岸關係保持和平與穩定。

(三) 傳遞民主價值

　　經濟互賴對傳遞民主價值與實踐，有兩方面的影響，一是理念傳達的影響：自由市場經濟主張自由貿易，強調人員移動自由、提倡個人主義、重視法治精神、以及鼓勵企業家等等，這些都是全球經濟整合的基本精神。透過各國經濟整合過程的相互學習與相互約定，傳遞上述基本精神，而這些正是民主國家所孕育的基本價值，透過各國經濟整合，將有助於原本孕育於民主社會的經濟規範向非民主國家滲透，使非民主國家逐漸朝向民主國家。

　　例如，中國大陸加入世界貿易組織後，在經濟全球化運作下，外商大舉投資中國，中國也依 WTO 規範時程向全球開放其市場，原本孕育於民主社會的經濟法則，透過與中國經濟整合與合作的過程，向中國移植與輸入，使得中國的經濟法規必須與世界接軌，例如中國通過「物權法」幾乎宣布中共準備放棄共產主義，朝肯定與保護私有財產制度，當保護私產的絕對精神，孕育出個人主義與憲政主義的政治改革與司法改革，中國出現大陸西方標準的中產階級後，人們是否還會接受無產階級專政的概念，放任仍由中共一黨專政下去，恐將有很大問題。

　　另一面是，經濟整合民主門檻機制的要求，例如加入歐盟的國家都必要是民主國家，要想獲得加入歐盟的經濟利益好處的國家，就必須是民主國家的條件有助於民主化的普及與推廣（Russett & Oneal, 2001：40）。歐盟如此，由巴西、智利、烏拉圭、巴拉圭、阿根廷等國成立的南美洲區域貿易市場（Mercosur）規定入會條件是要民主國家，使得過去巴西、智利、烏拉圭、巴拉圭、阿根廷等國

曾經是威權國家，彼此間亦曾發生武裝衝突，如今已逐漸向民主國家轉型過渡，促進各國互賴與合作更加緊密。

　　兩岸經濟整合中，兩岸人民交流互動下，臺灣民主價值必然對中國具有某種啟示作用，臺灣政府開放大陸觀光客來臺所欲達成的政策目標，除經濟因素之外，就是要讓大陸民眾親身來臺體驗臺灣民主開放的社會，讓大陸民眾更理解臺灣民主的內涵。

第二節　制度整合對兩岸和平整合的解釋與預測

　　新自由制度主義理論的論證起源於 20 世紀 80 年代，強調透過國際建制進行國際關係合作的可能性，以削弱無政府狀態的不確定性。新自由制度主義認為，「建制」或「制度」（institution）[10]促使國家合作，促成公益（common good），最終會促成國際秩序。經由國際建制的作用，新自由制度主義認為國家間可以克服被欺騙的恐懼，透過合作放棄追求相對利益，而追求共同利益或絕對利益（absolute-gains）。

　　相對於，新現實主義認為，建制僅能促成國家進行協調（coordinate）而非合作，國家間的合作很難達成，就算合作也是短暫的，這是因為國際體系的無政府狀態與不確定的特徵，國家會恐懼在合作中被欺騙，國家傾向只追求相對獲益（relative-gains），認

---

[10] 新自由制度主義的「制度」（institution）：是一組持續及相互連接的正式或非正式規則，它指示的行為角色，規範行為與預測期待。參見（Keohane,1989: 163）

為只有透過權力的擴展才能獲致安全與維持和平（Mearsheimer, 1995：12）；但新自由制度主義並沒有如此悲觀，認為透過國際建制也能使國家間獲致安全與和平。

本文的兩岸「制度整合」論證是以新自由制度主義為基礎，要達成兩岸「制度整合」有兩個途徑，首先是國際建制，如國際組織與國際規範，其次是兩岸建制，包括兩岸間的協商機制與協議等。本文基本假設是兩岸透過國際與兩岸建制，進行「協調」與「合作」越多，兩岸制度整合功能越強，對臺海和平將帶來更多的正面助益的成效。

現階段因兩岸經濟整合密切，驅動這兩岸制度整合有其必要性與迫切性，但又因兩岸政治與主權的對立，使兩岸的制度整合舉步維艱困難重重，兩岸在國際社會與國際組織的外交零和角力，兩岸間協商停停走走甚至出現長期中斷。另方面，兩岸制度整合也與兩岸對民主價值的對立與差距有關，也是兩岸制度化協商的一大變數。

兩岸經濟整合已出現瓶頸現象，主要障礙在於制度整合一直無法有效開展，形成非制度化、非正常化的兩岸整合關係，此外，而兩岸民主價值的對立與衝突，也干擾兩岸建制與協商的進行，造成兩岸制度整合的遲緩與困難，正式現階段兩岸無法和平穩定的主要表徵與型態。

一、兩岸制度化整合的對立與攻防

兩岸簽署與締結制度化的可能管道來源，主要是透過國際建制與兩岸協商機制，前者如國際組織與國際規範，後者就是兩岸政府授權委託的協商。

　　由於北京當局不承認臺灣主權地位，與臺灣建交的國家即進行斷交，不給予國際社會對兩岸有雙重承認的空間，堅持「赫爾斯坦原則」（Hallstein Doctrine）[11]。對臺灣參與國際社會與國際建制，只要參加身份涉及主權象徵即給予全力封殺，至於非政治類的經濟社會文教體育等政府間國際組織，北京當局也會以「更改國名與會籍」等方式進行打壓。尤其近年來經濟全球化，臺灣加入世界貿易組織WTO、申請加入區域經濟整合以及與各國簽訂自由貿易區FTA，北京當局都加以阻撓與打壓，甚至連臺灣民間參與非政府國際組織也出現打壓事例。

　　至於透過兩岸協商機制的兩岸制度化方面，在國民黨執政時期曾出現 1993 年的辜汪會談與 1998 年辜汪會晤；在民進黨執政以來曾達成兩岸專案包機協議以及陸續展開的觀光客、農產品、砂石、漁工、海運等協商進行中，雖然雙方政府有進行接觸與協商，但協商模式卻不是以「政府對政府」協商模式，而是透過授權民間組織進行接觸安排協商，但兩岸制度化的速度與廣度，受兩岸政治氣氛影響很大，進展很不順利，遠遠不及兩岸經濟整合發展的需求。雖然如此，比起兩岸在國際建制的互動，兩岸協商機制取得兩岸制度化成果明顯比在國際建制互動較佳。

---

[11] 中共至今在外交上仍堅持所謂了「Hallstein Doctrine」，也就是仿效當年東西德分裂時期，西德以「德意志帝國」的合法及唯一繼承者自居，否定東德國際法人格，因此只要有國家承認東德，西德隨即宣布與其斷交或不與其建交，請參見（陳明通等，2005：142）。

(一) 現階段兩岸在國際建制的對立與攻防

(1) 政府間國際組織（international governmental organization, IGO）

　　中國對臺灣參與國際建制，加入以政府或主權國家名義參與的國際組織，尤其是加入聯合國或與聯合國相關的國際組織，是一律加以封殺，臺灣多次申請加入聯合國或加入世界衛生組織的觀察員，就遭到中國多次封殺與打壓。（見表 5-4）

　　對於以其他名義加入的政府間組織，如以臺澎金馬關稅領域名義（TPKM）加入的世界貿易組織，或是以中華臺北（Chinese Taipei）加入的「亞太經合會」（APEC），都是臺灣與中國在國際社會角力攻防的主要焦點，包括在 WTO 竄改臺灣代表職銜與名稱[12]，在 WTO 中國代表團不與臺灣代表正面公開交鋒，甚至蓄意迴避與臺灣官員在國際組織互動。此外，在 APEC 中拒絕臺灣元首或政治性領導人參加，就連立法院王金平院長代表臺灣參加 APEC 都被北京當局拒絕（《自由時報》，2005.10.18：A2 版）。

---

[12] 臺灣在 2002 年 1 月正式成為世界貿易組織（WTO）會員後，就根據 WTO 總部協定第四條：「任何會員都可以成立常任代表團（Permanent Mission）的規定，成立駐 WTO 常任代表團」，在中共壓力下，2003 年 2 月 WTO 秘書長蘇帕猜針對臺灣代表團名稱、臺灣提送文件涉及主權意涵文字等中共爭議事項提出建議方案，包括：WTO 秘書處刊行之名錄，常任代表團英文稱為改為「常任代表辦公室」（Office of Permanent Representative），臺灣代表人員職銜也配合修改，臺灣提送文件秘書處在週知會員文件封面首頁加註「相關文字不具主權意涵」等類似文字。中共企圖將臺灣代表團港澳化，打壓意圖明顯，而香港與澳門在 WTO 名稱是 Economic Trade Office in Geneva。

(2) 非政府國際組織（international non-governmental organization, INGO）

除政府間國際組織，就連臺灣民間參加非政府國際組織亦遭中共嚴重打壓（見表 5-5）。中共企圖全面封殺臺灣外交空間至為明顯。

(二) 現階段兩岸制度整合的障礙與有限成果

中國否定臺灣民主，否定臺灣主權，未正視中華民國存在的事實，在外交上採取零和圍堵臺灣的外交空間，而兩岸的外交戰難歇，兩岸不可能透過國際建制來進行有效的協調與合作，並足以證明兩岸無法加入相同的國際組織，並透過國際機制與規範來使雙方行為正常互動。無論從新自由制度主義的途徑或是兩岸三角和平論的概念，兩岸在國際機制上無法有效制度整合，是破壞臺海和平穩定的一大變數。

然而，兩岸關係並非單純的敵對關係，兩岸協商機制可稍彌補兩岸在國際機制無法互動的困境，兩岸的協商機制建立於 1990 年的海基與海協兩會，雙方曾展開定期性的協商互動，但兩岸協商亦受到雙方內部與國際因素影響，以致於 1995 年協商中斷後，雙方就沒有針對兩岸事務性議題達成協議，至 2002 年底雙方才授權民間航空組織於澳門達成 2003 年的春節包機的協議，惟之後又因於政治考量與 2004 年總統選舉影響又中斷包機，直至 2005 年才恢復春節包機，2006 年 6 月 14 日兩岸簽署 4 項專案包機協議，並針對觀光客、農產品、海運、大陸漁工、大陸砂石等議題進入兩岸協商，為原本緊張兩岸關係又注入和平穩定的元素。

　　雖然兩岸政治爭議一時不易解決，但由於相互摸索，逐漸找到雙方都可以採納的方式，所謂「○五共識」的兩岸協商新機制的建立，找到解決彼此糾紛的互動協商機制，雖然此一新模式，臺灣仍受制於中國，在於兩岸協商議題的議題設定、參加人員層級、以及協議節奏易受干擾等問題，雖然如此，卻已為兩岸和平穩定奠下初步的成果與努力的方向。

(三) 兩岸制度整合的脆弱性

　　兩岸制度整合趕不上經濟整合的需求，常受到來自兩岸內部因素與國際因素的干擾，以致於兩岸協議是否順利進行或落實執行，都會被嚴重影響，也充分顯示出兩岸制度整合的脆弱性。其原因包括：

(1) 缺乏國際社會有力的仲裁與保證：由於兩岸制度整合主要來自兩岸間的協議機制，而非國際建制，最關切臺海和平的美國與日本，雖嚴重關切臺海和平與兩岸關係，但卻始終不願意扮演兩岸間的調停者（mediator）[13]（Thacik, 2007：87），而只願意在兩岸進行協商中扮演促成者的角色（facilitator），雖然臺灣陳水扁總統曾提議「美中臺共同管理臺海現狀」的主張（賴怡忠，2007：28），但也始終未被中國與美國接受，與北韓問題有六國參與進行所謂的「六方會談」相比較，顯然臺海問題缺乏國際社會的關注與參與，因而兩岸協商進行與協議落實，缺乏國際見證與仲裁的力量。

---

[13] 雷根總統在一九八二年七月十四日發表的所謂「六項保證」，表明美國不擔任中國與臺灣的調停者（mediator）。

(2) 受到臺灣內部政治發展影響：由於北京當局掌握著兩岸協商機制的議題設定權，也控制著協商的進度與速度，基於對臺灣統戰需要，大陸方面會考量臺灣政治發展，企圖藉著兩岸協商的議題設定與協商進度，來影響臺灣內部的政策。例如，每遇臺灣選舉前，北京方面都會刻意將正在進行中的兩岸協商議題進程節奏放緩，甚至暫停，企圖藉兩岸協商議題來影響選情，或避免給特定支持對象負面影響。另方面臺灣方面進行民主深化工程，推動憲改、公投，或特定政治活動，如正名、獨立運動的提倡，北京當局也會刻意拖延對兩岸有利的協商議題，以便製造臺灣內部壓力，分化臺灣內部團結。

二、制度化整合是兩岸經貿正常化的關鍵

依照基歐漢（Keohane, Robert）定義「制度」，是一組持續及互相連接的正式或非正式規則，它指示了行為角色、制約行動及劃定期待（Keohane ,1989: 163）。在新自由制度主義認為，在國際體系中，制度能改善國家被「欺騙」的擔憂，並達成下列三的目的：第一、制度能提供明確資訊，可明確行為者的作為與意向，使蓄意欺騙者無法輕易得逞；第二、制度交互作用與功能，使制度的忠誠者參與者獲取利益，讓欺騙者付出沉重代價並被懲罰；第三、制度化增加國家間的互賴增長，降低交易成本，減少監控對方（Keohane,1995：39-42）。

要達到上述制度化，透過雙邊或是多邊協商是必要的過程，協商是達成制度化的手段。因中國堅持不承認臺灣主權地位，中國除了打壓臺灣之外，兩岸政府在國際社會缺乏互動，無法透過國際機

制進行有效的協商以達成兩岸的制度化，例如兩岸同時加入世界貿易組織，雙方在入會前並未申明使用排除條款，但涉及兩岸經貿議題，中國就拒絕透過 WTO 規範與臺灣進行互動。

因此現階段兩岸制度化的主要來源，都來自兩岸協商機制所達成的協議，至於兩岸政府基於經貿互賴整合需要，在兩岸未協商前或未取得協議前的自行單方面的開放措施，大都很難獲致對岸的配合。例如，臺灣方面自行推動經貿文教開放措施，如 2001 年 1 月 1 日實施小三通、2001 年 11 月 23 日開放大陸地區人民來臺觀光推動方案、2001 年 10 月 31 日通過實施擴大境外航運中心功能及範圍，開放貨品通關入出境、2003 年 1 月 16 日通過「加入 WTO 兩岸經貿政策調整執行計畫」開放貿易商直接交易及擴大開放大陸物品進口、開放陸資來臺投資不動產，2002 年准許兩岸金融往來，開放 OBU 與 DBU 與大陸金融機構直接往來等等（陸委會，2004：42-59）。這些涉及公權力的開放措施，都是因中國不願重啟協商而屬於自行開放的政策。

另一方面，中國政府在臺灣政策開放之初都採取觀望，不會立即配合，等到實施一段時間，大陸方面會選擇對自己有利的部分，或對臺灣有統戰效果的部分開始逐步配合。但這些片面措施沒有協議可以遵守，若兩岸關係發生變化，這些開放措施被會有被片面中斷與廢止的風險，而這正是兩岸非正常化、非制度化的經貿整合關係的風險所在。

在本文中並不將未協商或沒有協議的片面經貿開放措施視為兩岸制度化，理由是沒有協商與協議就是沒有遵守義務，無法解決被「欺騙」的關切，無法達成明確資訊、預期作為、減少監控對方以及降低交易成本的問題。雖然兩岸政府各自推出政策經營兩岸關

係，會帶來兩岸關係一時的穩定與發展的效果，但仍與「制度化」的意涵有出入。

目前兩岸曾於 2003 年、2005 年、2006 年與 2007 年，兩岸曾就授權民間航運組織接觸聯繫，並由雙方官方主導協商下達成春節包機以及四項專案包機，並在這種協商模式基礎下，擴及到大陸觀光客來臺、臺灣農產品輸陸、大陸漁工來臺、大陸砂石輸臺，以及兩岸海運的協商等等。這種協商模式，雖然不是政府對政府的協商與協議，但對雙方政府而言都有遵守的義務，破壞雙方的協議都必須付出代價，截至目前為止，雙方包機協議都能達到兩岸制度化的目的，並出現「路徑依賴」（path dependence）現象（Peter,1999），亦在雙方既有基礎上產生擴溢效果（spill-over effect），這對兩岸建立經貿整合的正常化與制度化而言，是初步的開始。

(一) 制度化是兩岸經濟互賴正常化的觀察指標

(1) 觀察指標一：制度化協商是否順利進行

兩岸授權相關團體進行各項議題之協商，幕後皆有雙方官方機構直接指揮，所謂「民間協助、政府主導」的協商模式。由於兩岸經貿密切程度與對制度化的殷切需求，遠遠超乎目前制度化的初步進展，因此兩岸制度化各項議題協商的進度與配合度，都可以用來解讀當下兩岸關係好壞、正常與否的狀態，例如 2007 年 3 月 4 日陳總統在大陸兩會期間提出「四要一沒有」，北京當局立刻放慢對臺觀光客、包機、砂石等各項議題之協商，一方面藉以延宕制度化協商進展壓迫臺灣政府讓步，另方面透過管道對臺灣的相關業者控訴臺

灣政府是麻煩製造者，企圖「以商逼政」、「以民逼官」達到夾擊臺灣政府的效果。

在國民黨執政時期，當時兩岸海基海協兩會進行定期協商之際，北京方面曾以李登輝前總統的「訪美」、提出「特殊兩國論」為由，停止兩岸兩會協商與互訪作為報復措施，兩岸關係陷入長期低盪。

(2) 觀察指標二：協商議題區分

本文區分目前兩岸經貿協商之議題區分為，一中前提的「核心議題」與非一中前提的「協商議題」，隨著兩岸協商模式開展，「核心議題」被複製到「協商議題」上，從需要「一中前提」到不需要「一中前提」，兩岸協商議題的區分，可作為另一項觀察指標。

隨著一中前提「核心議題」範圍縮小，一直到全部都是「協商議題」，則兩岸經貿整合將能逐步朝向制度化發展，反之，原本不需一中前提的協商議題，卻被納入一中前提「核心議題」，正代表著兩岸關係朝嚴峻情勢發展。2004 年中共發表五一七聲明，兩岸議題都必須要符合「一中前提」才能開展，但至 2005 年，舉凡觀光客、農產品、客貨運包機都可以不必「一中前提」，由兩岸授權團體進行協商，對兩岸經貿整合制度化發展帶來正面的意義。

目前觀察重點在於，北京當局是否將「直航協商」、「兩岸金融監理」、「貨幣清算機制」、「兩岸司法互助」等議題，由一中前提的「核心議題」轉變成非一中前提的「協商議題」，交付兩岸授權單位進行協商。若能不斷議題突破，則兩岸制度化進展也將反過來有助於兩岸經貿進一步整合互賴，形成更緊密之經濟合作機制。

(二) 制度整合成為兩岸政府互動的焦點所在

兩岸經濟互賴已是現狀，因此中斷經濟互賴的現狀，不僅兩岸會帶來嚴重損失，同時也會使全球經濟蒙受傷害。現階段兩岸政府間的互動，除了政治主權與民主價值的爭議之外，在兩岸經濟緊密互賴現實驅動下，兩岸政府互動的觀察焦點在於制度整合的協商。

首先，因應兩岸經濟互賴與全球經濟分工需求，兩岸制度化的進程不僅是兩岸關心，而是全球各主要國家也都會關切與歡迎，例如，每當兩岸政府授權民間團體進行包機協商，就會成為各國關切焦點，並對兩岸制度化的協議表達樂觀其成。

至於兩岸如何擱置政治爭議，並透過協商達成制度化整合，所採用協商模式、協商議題、參與者的組成，以及協商進度與時程，都會成為兩岸政府互動的關注焦點，並影響著兩岸制度化進展的程度。

(三) 確保臺海和平之最容易的觀察變數

制度化整合具有鞏固兩岸經濟互賴的現狀，並促使兩岸經濟進一步整合。此外，制度化整合更是確保臺海和平的關鍵因素。由於兩岸制度化協議推動，操之在於有公權力的政府，因此相較於需透過整體社會長期的經濟整合與價值共享，兩岸制度化的進程比較容易觀察與分辨，使得兩岸制度化整合成為確保臺海和平最容易的觀察變數。

兩岸制度化程度越高，兩岸互動正常化的程度就越高，兩岸就越能獲得穩定的和平。現階段兩岸制度化程度與兩岸經貿社會交流比較起來，制度化程度極為有限，與經貿密切整合不符比例原則。兩岸進入協商啟動的時代，1990 至 2000 年國民黨執政階段，僅剩

下 1990 年的潛返偷渡犯刑事嫌疑犯的「金門協議」、1993 年辜汪會
談的「兩岸公證書使用查證協議」與「兩岸掛號函件查詢、補償事
宜協議」仍尚稱進行中，至於民進黨執政時期與中國大陸方面進行
的協議有主要有：2003、2005、2006 年春節包機，2006 年兩岸授權
團體所簽署的四項專案包機，至於正在進行中大陸觀光客來臺、大
陸漁工與大陸砂石輸臺，兩岸海運等多種議題的協商，至 2007 年 4
月底仍未達成協議（參見表 7-3）。顯示兩岸制度化易被各種內外政
治題干擾，過程並不順利，嚴重落後經濟互賴發展程度。惟 2005 年
以後兩岸在制度化協議，兩岸政府的默契互動下，逐漸發展出授權
民間組織、多項議題齊頭並進的協議模式，這種模式能否彌補兩岸
制度化不足，符合兩岸因經貿互賴所帶動對制度化的需求與協商，
是觀察與預測臺海和平情勢的重要指標。

表 7-3：兩岸制度化的協議成果

時期	協議名稱	協議內容	是否持續落實
國民黨執政時期	1990 金門協議	遣返偷渡犯、刑事嫌疑犯。	由兩岸紅十字組織於 1990 年 9 月 12 日簽訂，執行成效深受兩岸關係影響。
	1993 年辜汪會談	「兩岸公證書使用查證協議」、「兩岸掛號函件查詢、補償事宜協議」、「兩岸聯繫與會談制度聯繫」、「辜汪會談共同協議」。	中共藉口 1995 年李登輝總統而中斷與海基會的協商。四項協議中，目前僅「兩岸公證書使用查證協議」、「兩岸掛號函件查詢、補償事宜協議」仍能運作。

	1998 年辜汪會晤	雙方達成下列三項共識： 1、雙方同意強加對話，以促成制度化協商。 2、雙方同意就涉及人民權益之個案，積極協助相互解決。 3、臺灣邀請汪道涵先生回訪，汪道涵同意在適當時機來臺訪問。	
民進黨執政時期	2003 年兩岸臺商春節包機	1、單向、單飛、中停港澳 2、航點為上海與桃園中正、高雄小港。 3、搭乘對象為臺商與其眷屬。	因臺灣總統大選，2004年兩岸春節包機協商未能達成協議。
	2005 年兩岸臺商春節包機	與 2003 年相比較： 1、由「單向、單飛、不中停」擴大為「雙向、對飛、不中停」。 2、航點增加北京、廣州。包機期間延長，搭機資格放寬。 3、航班增加 3 倍，搭乘人數增加 4 倍餘。	
	2006 年兩岸臺商春節包機	與 2005 年相比較： 1、航點再增加廈門。 2、包機時間延長。 3、搭乘資格大幅放寬 4、航班再度增加。	
	2006 年四項專案包機	「專案貨運包機」、「節日包機機制化」、「緊急醫療包機」、「特定人道包機」。	1、申請方式與航路、航空證照及航空人員證照人員文書查驗與各項機務查驗，均依照 2006 年

			春節包機模式
			2、兩岸專案包機協議，係一常態性協議，除了擴大包機營運範圍外，雙方不必因每年春節與節日是需進行協商，提出申請即可。

資料來源：作者整理自陸委會網站新聞稿，陸委會網站：http://www.mac.gov.tw/。

三、兩岸制度化整合基礎在於價值化的整合

　　民主國家間容易達成經濟互賴，主要是民主國家的經濟價值與制度相近，雙方容易理解，並容易在共同的遊戲規則中獲致共識，亦即民主國家間要達成制度化協議，比起與非民主的威權國家，要更容易完成雙方政治、外交、經濟、文化交流等制度化協議（Russett,1993:35）。

　　臺灣與中國，一邊是民主制度，一邊是非民主制度或稱後極權主義。雙方政治價值與政府結構相差很大。更重要的是，中國完全否定臺灣的主權地位，也不願與臺灣政府進行公開的政府對政府協商，對於臺灣推動民主化工程，視之為「臺獨分裂勢力的臺獨分裂活動」，將臺灣憲改視為「法理臺獨」（詳見第六章第二節）。北京當局強烈反對臺灣民主化進程，並常用以「兩岸氣氛不佳」為由，延緩或中斷兩岸授權的協商。亦即北京當局已將兩岸制度化協商的也

視為一項對臺統戰的工具，用於分化臺灣內部團結以及對臺灣政府施壓，達到抑制臺灣民主化的努力。

兩岸制度化的挫折，主要還是自中國對臺灣國際社會無情打壓，暴露出中國對臺灣「終局統一」的目的，再加上一連串的軍事威脅、分化臺灣內部團結等統戰作為，以及通過「反分裂國家法」——以法律授權方式得以「非和平方式」對臺發動包括武力在內的軍事攻擊。在這些政策背後隱含在北京當局對臺統戰思維與基本價值包括：「統一臺灣」、「反對臺獨」、「否定臺灣民主」、「臺灣不是一個主權國家」，這些北京對臺敵對與威脅的認知與價值，必然也引發臺灣政府對於國家安全的重視，並相對採取一連串的防衛政策，這是兩岸制度整合的「價值障礙」。

因此兩岸制度化有一股促進了力量，是兩岸經貿互賴會創造兩岸制度化的需求，但也有一股相反的阻力，那就是來自兩岸的「價值障礙」。

(一) 兩岸制度化的價值障礙

相對於兩岸經濟互賴創造出兩岸制度化的需求，兩岸「價值障礙」卻使兩岸制度化的進行陷入困境，甚至出現「制度化逆轉」現象。兩岸制度化的價值障礙主要有：「臺灣主體的界定」與「一中前提的設定」兩項。

(1) 臺灣主體的界定：中國北京當局對於臺灣政府的定位始終不願清楚界定，對於台灣談判者身份也採取一種模糊的立場。也就是北京當局，不承認臺灣主權地位，也否定中華民國的存在，就連臺灣政府機關與官員身份也不承認，以致於兩岸在制度化協商中，處處迴避官方名義，例如涉及公權力事項

得協商，參與協商的代表具有官員身份，但北京當局堅持必
須以民間組織身份進行協商，刻意製造出兩岸制度化協商的
民間化、非政府化、非公權力化。兩岸制度化協商中，中國
迴避對臺灣協商主體的清楚界定，不給「中華民國」一個合
理明確定位的「價值障礙」，是形成兩岸制度化的最大障礙，
因此，現階段中共否定臺灣主體地位的價值障礙，在實務面
也增加協商成本，不利協商高度複雜專業的協商議題，未來
將是兩岸制度化協商朝向正常化必須克服的一大障礙。

(2) 一中前提的設定：過去北京當局將全面涉臺議題都設立為臺
灣政府必須然接受「一個中國」原則，中國才願意同臺灣展
開協商。中國對所有協商議題設定「一中」框架前提，到了
2003 年春節包機協商首度打破一中原則，北京當局不再堅
持臺灣政府必須先接受一中，而以官方授權民間組織模式進
行協商。雖然北京對臺灣主體仍沒有清楚界定，但若干議題
可以在無涉一中前提進行兩岸制度化協商新模式，對未來兩
岸正常化開啟了新希望。

　　未來兩岸若能持續突破兩岸制度化協商的「價值障礙」，從協商
議題不再受到「一中框架」束縛，以及一直到協商主體能回到政府
對政府的正常軌道上，兩岸制度化成果必然得以快速推展。

(二) 制度化的動力：增加「民主共享知識」與減少「價值障礙」

　　上述對兩岸制度化的「價值障礙」要減少與解除，兩岸必須在
民主價值與實踐的共享知識（shared knowledge）（Wendt, 1995：72）
有更多的互動培養，所謂共享知識是指行為體在一個特定社會環境

中共同具有的相互主體理解和期望（inter-subjective understand and expectation）。

　　建構主義強調能動者（agent）與結構的互構，Wendt 在其社會建構國際關係理論中，能動者可以是國家、國際組織、跨國公司、團體企業與個人，結構就是國際體系或兩岸關係中的觀念分配，或是在無政府狀態的所呈現霍布斯、洛克與康德三種文化結構（Wendt, 2005：246-308）。建構主義者強調社會建構就是強調能動者對結構形成的作用，又強調結構對能動者的建構作用。能動者的互動構成了共享知識的社會結構，而社會結構又建構了能動者的認同與利益（陳欣之，2003：13）。

　　因此，隨著兩岸在經貿社會的頻密往來，在民主價值的共享知識累積會隨時間而日漸擴大，而能逐漸調整改變對兩岸民主發展的理解和期望。例如大陸官員與學者對臺灣總統選舉與憲改的態度，從臺灣無權選總統的論調[14]到尊重臺灣人民意願選出領導人[15]，從只

---

[14] 1996 年臺灣第一次總統大選，國臺辦曾回應「臺灣領導人的產生方式及其結果都改變不了臺灣是中國領土的一部份」，見 1996 年 3 月 23 日，中共新華社，陸委會兩岸知識庫網站：http://csin.mac.gov.tw/maccgi/ttsweb@3:7686:3 :1:9@@7115444583；2000 年臺灣第二次民選總統後，中共外長唐家璇發表公開談話指出，臺灣進行的選舉是一地方性選舉，無論選舉結果如何，無論是那個人成為臺灣新領導人，都不會改變一個事實，這就是臺灣是中國領土不可分割的一部份，因為這是一個客觀事實，全文參見陸委會兩岸知識庫網站：http://csin.mac.gov.tw/maccgi/ttsweb@3:7686:3:3:24@@832619598。中共極力否定臺灣擁有選總統的可能性。

[15] 但至 2004 年第三次臺灣選舉後，國臺辦副主任王在希則重申不介入臺灣選舉，並尊重臺灣同胞民主的權利和要求當家作主的願望，但反對以臺灣當局以公投搞臺獨分裂。全文參見陸委會兩岸知識庫網站：http://csin.mac.gov.tw/maccgi/ttsweb@3:7682:3:6:52@@530245259。

要涉及憲改無論是修憲或制憲都是法理臺獨，一直到只要憲法總綱不變，其他內容如何改變北京當局不會過問與干涉[16]。這些對臺灣民主的理解與期待固然無法滿足臺灣對於民主深化改造，但已經具某種程度的理解性與期待性的轉變。

對兩岸制度化而言，2004 年北京當局發出嚴厲的 517 聲明要臺灣當局在承認一中與臺獨道路二擇一，當時所有兩岸議題都必須要在臺灣承認一中前提才能協商，但 2005 年春節包機快速達成，2006 年四項專案包機的協議成功，可見兩岸只要交流不中斷，兩岸在共享知識的交流持續與擴大將可透過共享知識的增加，逐漸地化解對立與衝突，讓兩岸霍布斯文化結構朝向洛克的文化結構發展，甚至在某些領域方面出現了康德式的文化結構[17]。因此兩岸對民主價值與實踐多一些相互主體性理解與期待，可望降低「價值障礙」對兩岸制度化的負面干擾。

(三) 兩岸制度化對兩岸共享知識之影響

兩岸制度化對兩岸的共享知識影響，主要路徑依賴（path dependent）影響。歷史制度論認為，現今和未來的政策形成及制度運作將對先前政策與制度有著依賴的作用，也就是一旦某種政策或

---

[16] 2006 年 11 月北京一位重量級大陸學者曾向作者清楚表明此一立場。

[17] 例如兩岸人民在中國大陸或臺灣地區發生旅遊意外事件，雙方公權力單位對死傷者給予最好的後事料理與醫療協助，如召集醫療人員趕赴出事現場，以及啟用醫療專機等，並立即啟動快速通關作業協助家屬探視，並派出高層長官赴現場督導相關救援工作落實到位。此一積極互助的作為，在政治敵對國家很難找到相同的例子。

制度形成後，它對未來政策形成將有影響，因此歷史的軌跡對往後的發展有著制約作用（Peter, 1999：63-77）。

　　兩岸制度化成果也會對未來的制度化發展具有制約性影響，雖然兩岸關係政治爭議複雜敏感，時和緩時緊張，對兩岸制度化進度有著明顯的制約作用，然而對制度化的路徑依賴卻是十分明顯的。

　　兩岸制度化成果有限，兩岸春節包機卻是說明路徑依賴的好實例。兩岸有了 2003 年兩岸春節包機開辦的經驗，雖然 2004 年臺灣總統大選影響而中斷 2004 年春節包機實施，但隨後兩岸關係趨緩，兩岸政府就是以恢復包機用來突破兩岸關係僵化的政策工具，接續開辦擴大實施 2005 年、2006 年春節包機、以及開辦以春節包機實施經驗為基礎的四項專案包機，在有限的兩岸制度化實例中，其前後政策與制度的路徑依賴卻十分明顯。也就是目前的制度化對未來進一步制度化有著路徑依賴軌跡擴大的正面影響。

　　兩岸制度化的路徑依賴，其實就是目前兩岸制度化直接影響兩岸知識共享的累積，有更多的制度化就有更多知識共享的累積，更多的知識共享將反過於影響兩岸進行更多的制度化協商與協議的達成。如此路徑依賴交互影響，這是兩岸制度化對知識共享的貢獻。相對地，透過兩岸知識共享積累可反過來突破與降低制度化的「價值障礙」，增進兩岸進一步的制度整合，對於和平穩定發揮良性循環互動的正面作用。

第三節　民主價值共享對兩岸和平整合的解釋與預測

　　歐盟經濟整合過程中，新會員國加入歐盟的條件資格必須是民主國家，曾經是非民主的歐洲國家希望加入歐盟獲取經濟互賴的利益，首先就必須滿足政治民主的歐盟入會標準（Russett & Oneal, 2001：38），過去 50 年從未有人懷疑歐洲整合堪稱人類和平的民主政治轉型最成功的例子，尤其是能將會員國中近半數過去曾是經歷獨裁統治的國家，為加入歐盟成為會員國，快速轉型成功為自由民主與市場經濟的國家（唐棐鈞，2007：21）；在世界貿易組織或其他區域整合國家中，如北美自由貿易區、東亞自由貿易區等，並沒有以民主國家作為入會的條件之一。民主國家並不是加入經濟整合組織的條件，但民主國家之間制度、規範、文化、價值類似，容易透過協商方式達成共識，因此在各區域經濟整合的實例中，民主國家之間的區域經濟整合容易取得較佳成果，卻是各國經濟整合的共同經驗。

　　歐盟整合的經驗實務就是如此，在 Bruce Russett 與 John Oneal 的「三角和平論」（Triangulating Peace）中，其中民主（Democracy）作為和平的三要素之一，是強調西方民主國家間從未發生戰爭，民主國家一般而言也都比威權國家體系更加和平，然而從簡單的「和平民主論」發展到康德式三角和平論，就連 Russett 本人也認為其論述雖更具說服力，但更具爭議性，在實徵資料蒐集界定上更易被混淆（Russett & Oneal, 2001：36）。因此將 Russett 等人的三角和平論轉化為兩岸三角和平論時，在處理「民主」democracy 這個變項適用

於兩岸整合關係，本文特將 democracy 這個變項定義進行調整，不採取是否為民主國家與民主政體的靜態界定，而是以「民主價值共享」作為動態變項，其主要原因有：第一、中國政體與政府結構明顯不是西方民主國家，也不同於臺灣社會，但因其非西方式的民主體制，因此遽下與臺灣易生戰爭衝突之結論，恐過於草率。第二、中國強調「社會主義民主」，其對民主之解釋與作為雖迥異於西方，但如今中共當局與大陸知識份子已逐漸不排斥西方民主價值，甚至有時推動民主建設的目標與西方是一致的[18]。第三、相對於經濟互賴、制度整合等兩項變數，是屬於物質主義的整合模式，本文以建構主義方法來說明兩岸在「民主價值共享」的價值認知建構，將更能說明兩岸互動社會實踐，比起用簡單的民主政體做簡單的類型化，更具說服力。

　　建構主義強調觀念認同的重要性，認為國際體系（或兩岸關係）的物質性結構，但只有在觀念結構的框架，才能有意義（秦亞青，2001：231-264）。目前強調「和平統一、一國兩制」的政策概念，或臺灣政府期望兩岸關係能「善意和解、積極合作、永久和平」的

---

[18] 2007 年 3 月 19 日中共十屆人大第五次會議閉幕後記者會，中國國務院總理溫家寶在回答記者表示，「民主、法制、自由、人權、博愛，這不是資本主義所特有的……是人類共同追求的價值觀」、「社會主義民主就是讓人民當家作主，這就需要保證人民的民主選舉、民主決策、民主管理和民主監督的權利；就是要創造一種條件，讓人民監督和批評政府。」……「我們願意實行開放政策，學習世界上一切先進的文明成果，結合我們自己的實際，走中國民主道路」。上述溫家寶的談話表達中國與西方具有共同的民主目標，也不再排斥西方民主經驗發展模式，全文參見新華網 http://www.xinhuanet.com/zhibo/20070316b/wz.htm。在中國的知識份子強調西方民主的發展經驗，在最近也有人公開撰文宣傳，如俞可平提出「民主是個好東西」等（閻健，2006）。

政策概念，都必須建立在兩岸行為的能動者在社會實踐中建構出來的社會事實（social fact），才能實現。

　　本節主要說明兩岸民主價值的知識分享與實踐經驗，若能透過能動者（agents）對社會結構的互動，進行新的社會建構，將有助於兩岸經濟互賴的提昇，也有助於兩岸制度化與制度整合，將為兩岸和平帶來具體的貢獻。但是目前兩岸現狀是，經濟互賴密切，而經濟緊密互賴驅動著制度化的需求，但由於兩岸價值障礙仍多，尤其是民主價值對立，抑制了兩岸制度化的進程，也使兩岸經濟互賴現狀增加許多風險考量。

一、兩岸民主價值與實踐對經濟互賴的影響

　　民主國家間因制度與價值相近，政策的透明性與預測性高，經濟互賴緊密，相對地，民主國家與其他威權國家的經貿關係，以及威權國家之間的經貿互賴關係，就不若民主國家間來的緊密。理由是民主國家間從未發生戰爭，就算有衝突也會選擇和平的方式來解決（Russett,1993）；此外，由於民主國家對保障財產私有的法治精神，強調競爭效率的市場經濟，機會公平的個人主義，以及主張自由貿易等基本價值，都有利於國際經濟互賴發展。

　　但臺海兩岸卻是特殊的例子，兩岸政治制度迥異，但經貿整合緊密，中國大陸成為臺灣第一大出口國，也是第一大對外投資國，在全球經貿分工架構下，兩岸共構全球商品供應鏈呈現共存共榮局面。然而臺灣民主體制與中國政治體制的差異，以及北京當局對臺灣政府的敵意，臺灣對中國高度不對稱經貿依賴現狀基礎下，未來是否進一步的經貿整合或是轉為經貿對抗，將取決於中共對臺政策

與臺灣政府的中國政策，尤其是雙方對兩岸經貿政策到底是採取整合政策？還是防衛政策或統戰政策？恰好形成一個囚犯困境的賽局（prisoners' dilemma game）。

若北京能尊重臺灣民主價值與實踐經驗，能不預設一中前提的條件，進行與臺灣各項經貿整合，臺灣在沒有被中國武力威脅下，並在經濟緊密互賴的基礎上，與中國進一步建立更緊密的經濟合作機制為經濟發展邏輯的必然趨勢，則兩岸可望達成突破目前非正常化與非制度化，建立更密切的經濟整合關係。

但顯然目前兩岸的現狀互動落於其他三種象限，亦即至少有一方是採取統戰政策或防衛政策。一方面是北京當局在主權立場問題，堅持不讓步，也不尊重臺灣民主價值與實踐，將重要兩岸議題與「一中」前提掛勾在一起，如現階段不願就兩岸金融監理機制、貨幣清算協定，智慧財產權、臺商投資保障協定以及直航等議題進行協商，除非臺灣在政治議題上承認「一中」。另方面是臺灣政府基於與中國經貿互動過於傾斜，經貿嚴重依賴「敵國」，產生極大的國家安全顧慮，反映在臺灣政府對中國經貿政策的管制與限制政策，如上市公司投資上限、重大投資案的積極管理，與敏感科技保護等等，其導致結果有兩種：

(一) 兩岸經濟互賴進一步整合受到阻礙

北京當局否定臺灣民主價值與實踐，否定臺灣人民有權決定臺灣前途，否定臺灣有權利參與國際社會，這些對臺灣的打壓敵意，縱然一時間北京對臺灣釋出無條件的經濟整合合作機制，但一旦涉及制度化協商，雙方必然也因協商主體與地位對等的爭議，而難以為繼。況且，現狀是兩岸經貿已高度互賴，若要進一步滿足兩岸經

濟合作的需求，都必須面臨經雙方涉及公權力部門進行協商達成協議後，才可望進一步的展開有效整合。

　　北京當局持續否定臺灣主權與臺灣民主的情形下，並以「一中政治框架」作為協商的前提要件，在臺灣政府無法接受「一中政治框架」之際，北京當局則透過各式的經濟吸納統戰來逼迫臺灣政府接受「一中政治框架」，為了對付中國大陸「以商圍政」與「以經促政」，臺灣方面為了國家安全與生存考量，必然將被迫採取一連串的反統戰政策，進行經濟安全的防衛。

　　在雙方的不信任與敵對政策下，兩岸經濟進一步互賴整合必然遭遇重重阻礙，並形成現階段兩岸非正常化的經濟整合關係。除非中國當局願意尊重臺灣民主，願意尊重臺灣民主實踐的結果，願意放棄「一中政治框架的」對臺協商前提，臺灣才有可能與中國大陸方面進行協商，例如兩岸包機協商便是在無涉一中前提下所達成的兩岸制度性協議，但是雙方涉及公權力議題協商可以不涉一中政治框架的議題畢竟要取決北京當局的態度。

(二) 臺灣的經濟防衛措施

　　從動態的兩岸經貿互動史來看，在中國尚未對臺灣釋出政治的善意與讓步前，臺灣逐步向中國依賴的過程中，臺灣政府勢必要對中國大陸的磁吸效應進行各種經濟安全的防衛措施，包括從資金、技術、人員等交流進行管制，包括國民黨執政時期的「戒急用忍」政策，在民進黨時期有「積極管理」政策，都是臺灣經濟防衛措施的代名詞。目的都是要減少與中國的依賴，分散投資，以減少對臺灣經濟安全的威脅。

　　除非臺灣願意接受「一中」框架或中國願意放棄或調整[19]「一中」框架，否則只要中國大陸方面持續對臺進行政治打壓與經濟吸納統戰，未來臺灣勢必相對採取更多經濟防衛措施，來防止繼續向中國單向依賴。兩岸經貿問題主要來自政治爭議，而政治爭議來自中共不尊重臺灣民主價值與實踐，也來自臺灣對中國民主化缺乏信心所致。

二、兩岸民主價值與實踐對制度整合的影響

　　從歐盟整合的例子，民主整合帶動了制度整合，制度整合又促進了的民主轉型發展（Russett & Oneal, 2001：38）。此外，民主國家間在雙邊或多邊的制度整合方面，都比非民主國家間，或比民主國家與非民主國家之間，發展出更密切整合關係。

　　兩岸最大的差距就是對民主價值的差異性，雖然雙方各自發展對臺與對中政策，也強調和平與發展是兩岸交流主軸，但雙方因民主價值與實踐差異，北京當局否定臺灣民主與獨立主權地位，臺灣不願接受中國設定的「一中」前提，造成雙方涉及公權力事項的交流制度卻無法透過協商達成共識。

---

[19] 例如中共將部分兩岸議題與「一中前提」相互掛勾者，為「核心議題」；部分兩岸議題不涉及「一中前提」，為「協商議題」。所謂調整，就是「核心議題」轉變為「協商議題」，使兩岸在無涉一中前提下進行協商。

(一) 兩岸制度化協商受到干擾與破壞

　　由於兩岸民主價值與實踐的對立，也使得兩岸間制度化協商的機會頻遭到破壞與阻撓，例如國民黨執政時期北京當局曾以 1995 年李登輝總統訪美為由，中斷 93 年以來的辜汪會談，又於 1999 年以李登輝前總統接受「德國之音」專訪拋出「特殊國與國」說法，中斷了 1998 年辜汪上海會晤所達成的高層互訪共識。

　　經過兩千年臺灣總統大選民進黨執政，兩岸關係陷入新的膠著情勢，一直至 2002 年底雙方授權機構協商 2003 年春節包機達成協議，但隨著臺灣民主深化，通過公民投票法，陳總統又於 2003 年底發起兩項防禦性公投，以致於北京當局又中斷 2004 年的春節包機協商。

　　2004 年臺灣總統大選民進黨籍陳水扁總統連任成功，北京當局拋出態度強硬的「五一七聲明」，要臺灣承認「一中」或不承認「一中」，二者擇一。2004 年底中國醞釀制訂「反分裂國家法」，採取軟硬兩手對臺策略，開始針對某些涉及公權力議題，以委託民間團體方式進行協商。然而，這種新的協商模式，北京當局持續受到臺灣內部情勢變化以及民進黨推動民主進程，如公投、憲改；臺灣選舉如總統、立委與縣市長選舉的影響，以及政治情勢變化，如正名、臺獨運動、紅衫軍街頭運動等影響，相對地，臺灣政府也受到中國不斷打壓臺灣的敵意而採取防衛措施，如中國對臺的軍事威嚇、外交打壓、通過否定臺灣民主的「反分裂國家法」，以及違反民主常態運作邏輯拉攏臺灣反對黨進行黨際交流等等，都會使協商議題或協商進度受到負面的干擾影響。

　　綜合上述，干擾兩岸協商進行的主要因素，無論是臺灣內部公投、憲改與選舉，或是在臺灣民主社會推動的正名、臺獨等各種訴求，都是臺灣民主價值與實踐的一部份；另方面中國的軍事恫嚇、外交打壓，以及通過「終極統一」並可以使用「非和平方式」的「反分裂國家法」，甚至是刻意與臺灣在野黨進行交流企圖架空民選政府與執政黨的作法等等，都是對臺灣民主價值與實踐的否定。正是這些對臺灣民主價值與實踐否定，使得兩岸海基海協兩會協商被迫中斷，也使雙方授權民間機構協商進度受到相當多的外部因素干擾，使得雙方制度化協商進展得十分緩慢，波折也多。

(二) 北京當局主導兩岸制度化的議題設定

　　北京當局以一中原則的政治框架作為兩岸制度化協商的基礎，只要臺灣不接受「一中」前提，或是中國不接受臺灣民主價值與實踐偏離「一中」前提，都會使兩岸制度化難以展開或回到原點。然而，面對兩岸經貿整合頻密互動的強烈需求，以及 2005 年制訂「反分裂國家法」後，北京當局開始在「一中」原則基礎上有了更靈活的作法，亦即透過官方授權民間公協會機構進行的協商新模式，也就是北京雖然強調「民間對民間、行業對行業、公司對公司」協商模式[20]，但卻容許部分議題可以無涉一中前提進行協商，如客貨運包機、大陸觀光客來臺等議題。而無法透過協商新模式進行協商的

---

[20] 有關北京當局「民間對民間、行業對行業、公司對公司」協商模式，參見「陳雲林表示將繼續推動兩岸全面直接三通」，中共新華社 2001 年 1 月 22 日；「錢其琛會見臺灣親民黨三通訪問團」，中共新華社 2001 年 4 月 3 日；「民航總局臺港澳負責人就兩岸空中直航問題發表談話」，中共新華社 2003 年 12 月 19 日，陸委會兩岸資料庫網站 http：//csin.mac.gov.tw/maccgi/ttsweb。

議題，都是必須臺灣要先承認與接受「一中」前提，才可能進行協商。因此，就算未來兩岸可以透過協商新模式，而不必在一中原則下可進行協商，但是，只要中國維持對臺灣經貿不對稱依賴，北京當局對於兩岸協商的議題主導與議題設定便仍有相對優勢的勒索權力。

　　未來兩岸協商必須面對不僅是協商進度受到外部因素干擾，另方面，北京當局掌握大部分議題設定的權力。未來，只要中共持續否定臺灣民主價值與實踐，北京當局極可能透過議題設定權力對台灣進行統戰操作，分別展開對臺商、社團、與臺灣在野黨進行各項制度化議題的交換，分化臺灣團結，孤立臺灣政府與執政黨，最後達成對臺灣統戰的政治目的。

三、兩岸民主價值認知對臺海和平的挑戰與機會

　　二次大戰後，民主和平論認為民主國家間不會發生戰爭。中國不是民主國家，兩岸關係緊張引發衝突與戰爭可能性，會比民主國家間更容易爆發衝突，殆無疑義。期待中國成為民主國家後，兩岸就可以維持真正和平，這是臺灣官方對兩岸「民主和平」觀點，不過這種觀點流於主觀期待，偏離事實相當遙遠，且對現狀問題缺乏解釋力。

　　從民主價值差異的觀點切入，兩岸根本衝突問題在於雙方對民主價值與實踐的差異，北京當局把臺灣民主價值與實踐解讀為臺獨或分裂國家的活動，並因臺獨分裂活動無法制止時，應依法採取「非和平方式」對臺灣展開攻擊手段。因此，兩岸民主價值與實踐的差距，不能排除有可能引發衝突甚至導致戰爭的結果。

　　若有相同的民主價值與實踐經驗，例如加拿大處理魁北克獨立運動，以及英國處理北愛爾蘭獨立問題，民主方式是避免大規模衝突的唯一途徑。因此，北京當局縱然仍堅持基於民族主義與國共內戰延續的思考，片面聲稱擁有對臺灣的主權，也曾寄望「黨對黨模式」來解決兩岸問題。然而臺灣民主化後，若兩岸有相同的民主價值與實踐經驗的認知共享，就會透過適當的和平方式來解決，北京當局於 2005 年通過可採非和平解決方式的「反分裂國家法」，正好證明北京當局非民主化的政權本質，以及企圖用非民主態度解決兩岸問題。

　　因此，建構和平的兩岸關係是以促進並擴大兩岸對民主價值與實踐的認知共享為基礎的，相對地，有一個和平環境，也才能繼續增進兩岸對民主價值與實踐的共享知識。

(一) 民主統一：寄希望於臺灣人民

　　2005 年 3 月 4 日胡錦濤的四點聲明中之一，提出「貫徹寄希望於臺灣人民的方針絕不改變」[21]，若能堅持落實，這是北京當局透過影響臺灣大多數民眾來達成目標，如果統一是目標，那麼就要爭取臺灣民主多數人支持統一，那麼「民主統一」是兩岸真正和平解

---

[21] 2005 年 3 月 4 日中共國家主席胡錦濤曾提出對臺政策四項意見，俗稱「胡四點」，包括一、堅持一個中國原則絕不動搖，二、爭取和平統一的努力絕不放棄，三、貫徹寄希望於臺灣人民的方針絕不改變，四、反對臺獨分裂活動絕不妥協。一旦「四絕」出現矛盾時，孰先孰後，胡錦濤並沒有說明，若依照邏輯而言，其中第一、第二、第四項是與臺灣民主價值與實踐相違背的，第三項若能貫徹又絕不改變，則最偏向接近臺灣民主價值與實踐。

決的可能選項之一。胡四點的對臺新政策似乎也已經隱含有「民主統一」的意義。

　　北京當局若能以臺灣民主的方式說服臺灣人民支持統一，完成未來統一目標，則將是兩岸穩定和平的重要里程碑，可以用來作為現階段觀察北京當局向臺灣民主價值與實踐靠攏的階段性指標。

(二) 民主決定：只要臺灣人民同意不排除任何形式的兩岸關係

　　2004 年 5 月 20 日臺灣總統陳水扁在連任就職演說中，提出「只要臺灣人民同意不排除任何形式的兩岸關係」，亦即透過民主程序，統一、獨立與其他模式都是選項，事實上臺灣是民主國家，其實不必陳總統特別強調，這是民主國家基本價值與民主實踐結果。與上述胡四點中「既希望於臺灣人民」比較，明顯更具選項開放性，但這已經是兩岸領導人在有關民主價值上最為接近的地方。未來只要北京當局努力維持類似「民主統一」基調，並持續向「民主決定」方向調整[22]，兩岸要破除「一中政治框架」，進行大規模的制度整合，促進兩岸更深化的經濟互賴，邁向永久和平，並非是永遠不可能實現的願望。

　　本章以「兩岸三角和平論」歸納分析臺海兩岸和平整合模式具有三種理論性功能，第一、提供一套兩岸資料累積的框架與思考架構。第二、用經濟互賴、制度整合與民主價值共享等三個變項，以及上述三項變數的互動發展關係，完整解釋兩岸和平整合的現狀發

---

[22] 國臺辦陳雲林也曾說過：「唯有人民才是兩岸關係發展的最終決策者」，參見 2007 年 4 月 30 日，中共新華社，陸委會網站 http://csin.mac.gov.tw/maccgi/ttsinfo?28:14406:82:::@@27516。

展。第三、以經濟互賴、制度整合與民主價值分享等三個變項，以及上述三項變數的互動發展關係，來預測兩岸和平整合模式的未來努力方向。

「兩岸三角和平論」係繼承新自由主義國際關係理論，包括新自由制度主義，如經濟互賴與制度整合的兩項變數，另方面也納入國際關係建構主義，亦即對價值認知意義的重視，如民主價值分享等。西方的「三角和平論」是以康德式和平（Kantian Peace）作為關懷終極價值，其與新自由主義理念與理論假設較接近，透過「經濟互賴」、「民主」、「國際建制」等和平因素，追求國際體系的良性循環互動圈（Virtuous Circles），以創造並維護和平；其與新現實主義理論強調權力操作、軍事較量、戰略規劃的知識脈絡，有明顯差異，更與其詮釋國際體系導致惡性對抗循環圈（Vicious Circles）明顯不同。

兩岸關係也是一樣，從過去軍事衝突、全面敵對的競爭，但現在追求共存共榮、永久和平的整合，兩岸關係從過去惡性對抗循環圈（Vicious Circles）到未來善性循環互動圈（Virtuous Circles），需要新的兩岸關係的理論架構來解釋與預測，在全球化下新兩岸關係的發展變化，本文提出「兩岸三角和平理論」就是以兩岸「經濟互賴」、「制度整合」，以及「民主價值共享」等三變項，以及三變項的互動關係，發揮善性或惡性循環互動圈與否，建構未來兩岸和平整合模式的發展提出解釋與預測。

第八章　研究結論

第一節　研究發現

　　歸納兩岸和平整合模式之三角建構的研究成果與相關文獻，有五項研究發現，重點說明如下：

一、兩岸三角和平模式建構的適用

　　基於全球化產業分工與區域經濟整合趨勢，兩岸經貿密切整合的需要，以及兩岸人民頻密往來的需求等因素，建立兩岸正常化的整合機制已成為兩岸共同的訴求與利益但兩岸主要的爭議在於如何建立整合模式彼此有極大的差異，本文的基本立場是在於追求穩定和平為最首要目標的兩岸整合關係正常化，那麼要建構臺海兩岸和平整合模式，其所要具備最必要條件有哪些？

　　事實上，影響戰爭與和平的條件無法窮盡，因此，和平沒有充分條件，只有必要條件，而本文所建構「兩岸三角和平論」便是論證出「經濟互賴」、「制度整合」，以及「民主價值共享」是最主要的必要條件；而且這三個主要的必要條件具有兩兩相互配合與補充的關聯性，亦即每一角與另兩角具有相互補充加強作用，共同組成一穩定的平衡體，從幾何的角度而言，就是形成的最小的多邊形——建構出「兩岸三角和平論」。

在理論上，Russett and Oneal 提出「三角和平論」，將民主和平論、經濟相互依存和平論與國際制度和平論等三角共量的加總，可以說是綜合新自由主義各種主要研究面向的結合（秦亞青，2004：61）。本論文除繼承以自由主義為主要意涵的「三角和平論」之外，用以轉化成評估兩岸整合關係的「兩岸三角和平」論，其中在「經濟互賴」與「制度整合」係建立在新自由制度主義立論基礎與假設上，至於「兩岸民主價值與實踐的共享」上，則吸取建構主義與民主和平論的觀點，強調民主價值認同的對兩岸永久和平重要性，亦即在兩岸的經濟互賴與制度整合是兩岸關係的物質性結構，只有在民主觀念結構框架中，才能呈現兩岸永久和平的意義。

因此，兩岸和平整合的現狀發展固然可以用很多角度與條件來解釋，但最重要的三個必要條件與變項：「經濟互賴」、「制度整合」與「民主價值共享」三者，以及這三者變項間兩兩之相互的關係，最能解釋兩岸和平整合的現狀，以及預測未來發展。

二、和平就是以正向善性循環圈「Virtuous Circles」取代反向惡性循環圈「Vicious Circles」

以歐洲整合的經驗而言，在二次大戰後就是透過民主的提升（promotion of democracy）、強化國際經濟（bolstering of national economics）、組建並參與國際組織的綿密網絡（construction of a thick web of international institution）等三項，使歐洲可以消弭戰禍，創造和平與繁榮的新歐洲（Russett & Oneal, 2001：24-26）。而歐洲整合的經驗模式成功就是能透過以上三項和平條件相互之間，正向地彼此相互加強與相互補充，形成不斷的善性循環圈（virtuous circles）

（見圖 8-1），使得原本兩次世界大戰的火藥庫，成為全球最和平穩
定的地區，以「三角和平論」解釋的歐洲和平整合經驗[1]足以給兩岸
關係的和平整合帶來重要啟示。

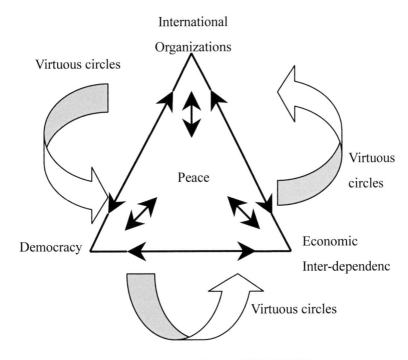

圖 8-1：三角和平論正向善性循環圈圖

資料來源：（Russett & Oneal, 2001：15-42）。

---

[1] 這裡必須說明「三角和平論」可以說明歐洲整合經驗，也可以帶來兩岸和平
整合的啟示，但歐洲整合理論，如新功能主義、功能主義卻不能適用在兩岸關
係的發展。

　　相對地也可以反證回去，過去歐洲征戰不斷，以「三角和平論」三變項的惡性循環圈（vicious circles），來解釋歐洲戰爭爆發與衝突的來源。而造成國際體系互動惡性循環主要原因為，溯及到 1648 年歐洲各國結束三十年戰爭所逐漸建立起來西發利亞體系（Westphalian system），但西發利亞體系確定各國擁有對內與對外的主權（Bull, 1977）以解決在國際體系無政府狀態（anarchy）的互動法則。英文「anarchy」原本並非是混亂的代名詞，但西發利亞體系以現實主義觀點強調國際政治是追求權力競爭，各國必須對防止潛在敵對國家軍事力量增加，透過各種同盟關係維持平衡，並隨時保持警戒狀態。這種國際體系就如霍布斯 Hobbes 所說的是一種所有國家彼此對抗的戰爭（a war of all against all），使得西發利亞體系容易轉化為霍布斯體系（Hobbesian system）。從歷史經驗而言，歐洲各國在確立西發利亞體系後，因為國家間的武器競賽（arms race）與影響力的角逐（competition for sphere of influence），導致安全困境（security delimma），使得國際環境更加不安全，甚至醞釀大規模的衝突發生。而這就是原本無政府狀態（ananchy）國際環境的西發利亞體系容易受到惡性循環圈（vicious circles）影響而趨向不穩定，甚至衝突一觸即發（Russett & Oneal, 2001：23）。以兩次世界大戰的經驗，往往是軍備競賽下，各國軍事能力的提升，反而會降低外交與經濟的聯繫，使得互信逐漸減少，進而導致大規模的戰爭（Choucri and North, 1975）。

　　本文主要就是論證兩岸的「經濟互賴」、「制度整合」與「民主價值共享」三者，在理論與經驗上兩兩相互正向影響，相互補充，進行對兩岸和平穩定形成正向循環的促進效果，可以形成正向善性循環圈（virtuous circles），使兩岸和平整合模式成為未來的希望。

　　相對地，兩岸之間的負向惡性循環圈（vicious circles）一樣威脅兩岸和平穩定，來自傳統主權的堅持、軍事的恫嚇、外交與國際社會的打壓作為，以及北京當局對臺的內部分化等等，這些都使兩岸善性循環圈（virtuous circles）無以為繼，使兩岸協商出現遲緩或中斷，妨礙兩岸和平整合正常化的原因。例如從 2003 年 12 月開始中共中央軍委會於「中國人民解放軍政治工作條例」中發佈對臺「三戰」策略－輿論戰、心理戰與法律戰，展開對臺新戰爭模式，此一模式不僅先於軍事行動，並且貫穿整個軍事行動（吳崑義，2006：1），2005 年中國公佈「反分裂國家法」就是「三戰」新攻勢，就是將兩岸關係引導入新一輪的「惡性負向循環」，幾乎抵銷了兩岸長期累積的善性正向循環。

　　以經濟互賴的角度而言，應屬於兩岸營造善性循環圈（virtuous circles）的重要機會，尤其是對兩岸政治、外交、軍事嚴重對立威脅的情勢下，經濟互賴更可能是創造兩岸和解、合作與和平的首要條件。但在中共刻意的對臺經貿統戰以及不願與臺灣進行不設前提的兩岸制度化協商，使得兩岸經貿互賴出現臺灣對中國三項不對稱經濟依賴，兩岸經貿整合呈現非正常化、非制度化的整合關係。亦即兩岸現階段正向的善性循環要素受到負向的惡性循環要素的嚴重抵銷，或發生善性循環圈倒退或消失，甚至有逆轉成為惡性循環圈（見圖 8-2），亦即出現正反循環變形轉向的情形。現階段兩岸的經貿整合非正常化與非制度化其實就是一種「正反向循環變形」的現狀。

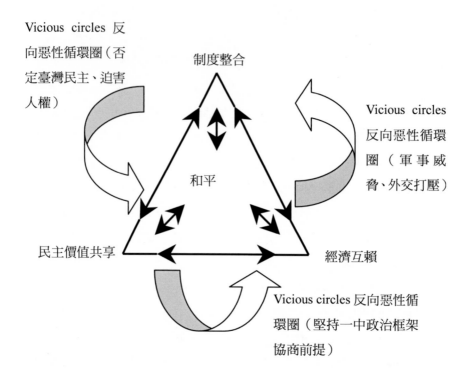

圖 8-2：兩岸三角和平論反向惡性循環圈圖

　　從實際案例而言，2005 年開始兩岸政府透過新協商模式，啟動兩岸客貨運包機、大陸觀光客、大陸漁工來臺、大陸砂石輸臺、臺灣農產品輸入協商事項這是可算是兩岸整合關係發展的善性循環，這兩岸協商進行有時進度快速，有時進展緩慢，甚至中斷，大都肇因兩岸在「民主價值共享」嚴重對立，形成兩岸政治與主權議題的嚴重爭議，尤其是中國對臺灣民主與主權的否定，否定臺灣 2300 萬人對臺灣前途的最後決定權，否定並打壓一切臺灣作為主權國家的

象徵與作為，例如兩岸外交爭奪、軍事對峙大都屬形成兩岸和平整合關係的負向惡性循環圈（vicious circles）因素，干擾且抵銷了雙方好不容易建立正向善性循環圈（virtuous circles）營造建構機會，亦即增長兩岸間「經濟互賴」、「制度整合」，以及「民主價值共享」的機會。

然而經濟全球化的角度，兩岸經貿互賴應相嵌在經貿全球化運作模式之下（可視為更大的正向善性循環），使得兩岸經貿互賴固然出現三項不對稱經濟依賴現象，又是非制度化、非正常化的整合關係，但在全球化新經濟分工模式，兩岸經貿互賴已呈現「兩岸共構全球商品供應鏈」，此一運作模式這對兩岸和平又帶來正面的影響，亦成為臺灣國家安全重要的防衛機制。

雖然，全球化經貿整合互賴新模式的和平形勢可以視為是基於善性循環圈的康德體系（Kantian system）（Russett & Oneal, 2001：41）。但兩岸整合關係並非從此和平就可以高枕無憂，Russett & Oneal 曾提醒追求和平有識之士（Proponent of peace）必須提高警覺，特別是全球持續性的經濟低迷將會是康德體系（Kantian system）最主要的威脅（the primary threat to a Kantian system），歷史證明經濟長期不振將會使民主政權岌岌可危，導致戰爭與衝突的發生。理論上三角和平論就會出現逆轉（negative spiral），包括出現貿易下滑、民主治理失效、以及國際組織的弱化無能，康德體系將轉變成不安全的霍布斯體系（Hobbesian system）（Russett & Oneal, 2001：42）。

兩岸整合關係也是一樣，若兩岸共構商品供應鏈出現弱化或消失，兩岸出現長期的貿易投資銳減，或是中國與臺灣民主遭到嚴重挫敗，以及兩岸協商出現中斷等等情形，都嚴重不利於兩岸關係的和平穩定。

三、從規範性理論（normative theory）到經驗性理論（empirical theroy）

　　有關兩岸關係理論提出，過去學者、政府與政黨人士大都提出規範性理論，亦即在現有分裂國家各種互動制度中，或基於政治領導人的創見，提出兩岸關係應該朝向「聯邦」、「邦聯」、「國協」、「一國兩制」、「東西德」、「南北韓」、「歐盟模式」、「一中兩國」、「一國良制」、「大中華經濟圈」、「大中華經濟協作區」等各種政經整合模式。上述這些規範性的整合模式，卻少有以政治科學（political science）的理論建構方式，透過經驗性資料（empirical data）的收集與歸納，提出假設，並透過科學程序進行驗證，得出經驗性的理論或框架（empirical theory or framework），用來解釋分析現狀的發展，以預測未來。雖然目前臺灣學界已有人透過政治科學方法進行兩岸關係理論化建構（包宗和等，1999）已經展開，但要發揮一般性理論建構影響力，仍待學界積極重視與投入。

　　本文提出以「兩岸三角和平理論」的思考架構，作為「臺海兩岸和平整合模式建構」依據，就是希望建構終極和平的兩岸整合關係，提出經驗性的解釋與預測的理論架構，為建構兩岸關係一般性理論理論，略盡棉薄之力，並希望能拋磚引玉。

四、關注領域從單面向到多面向

　　臺灣政黨與社會對兩岸關係的分歧，除了統獨意識型態外，主要來自對於兩岸關係整合關注面向不同所導致。

　　本文提出「兩岸三角和平整合模式」，以「經濟互賴」、「制度整合」、以及「民主價值共享」等三變項，以及三變項兩兩之間的關係來解釋與預測兩岸和平整合的關係，「兩岸三角和平整合模式」至少以三種主要面向的角度，以及這三種面向兩兩之間的關係，三種面向關注兩岸關係的完整發展，而現階段臺灣內部對兩岸關係發展充滿爭議，其主因就是往往以上述三項變項其中之一的變項來作單獨解釋或擴大解釋，以單一條件因素進行過度的強調或簡化，容易形成偏差與對立，也因關注焦點偏重不同而產生爭議，難以凝聚共識。

　　以政黨而言，國民黨過度強調兩岸經濟互賴的事實與其對兩岸未來發展的重要性，而鼓勵加速對中國經濟開放與經濟依賴，卻嚴重忽略兩岸民主發展的差異以及兩岸制度整合的懸殊落差，亟待透過兩岸正常化協商來累積制度整合，並透過民主實踐與價值交流與拉近雙方對民主價值與實踐的差距。以致於因國民黨偏重強調經濟互賴的重要性，忽略中國在國際社會對臺灣打壓以及對臺灣民主進行污名化，如此單面向的關注偏差（focus of bias），自然也會引發爭議。

　　而部分主張臺灣主權獨立與中國互不隸屬的政黨團體，也有相同的關注偏差問題，如太強調凸顯中國對臺灣民主打壓與國際地位的矮化，過度否定與中國經濟互賴的成果，主張中國承認臺灣主權或放棄對臺使用武力前，應盡量減少對中國經濟依賴，甚至主張完全切斷與中國的經濟關係以免危害臺灣經濟安全等，也同樣地犯了關注焦點的偏差。

五、臺灣從威權到民主化的國家安全觀

　　1987 年臺灣解除戒嚴開始至 2007 年，正好走了 20 年的民主改革的道路，經由種種的改革，臺灣人民推動民主化結束了國民黨長達 50 年的統治，臺灣民主快速發展，不僅是對內人權與自由權益的保障與伸張，另方面對臺灣的國家安全與國家認同方面，由於國民主權的確立，挑戰了過去威權時代的國家安全觀，建立了民主實踐的國家安全觀。

　　臺灣民主化前的國家安全觀是政治強人主導的，專制統治下的政黨利益高於人民的利益。回顧過去威權統治國家安全陷入困境，除了中共長期打壓外，更重要的是政治強人長期以「一個中國」與北京當局進行代表權之爭，並採取「漢賊不兩立」零和對抗政策，導致如今臺灣重返國際社會不幸後果。然而臺灣已從威權統治，轉化為奠基於人民同意的民主國家，國家主權概念也朝向落實國民主權的價值與實踐，主體為人民，而非過去的獨裁統治者或政黨。

　　隨著完成民主化，民主臺灣的國家角色與兩岸定位也發生顯著的轉變。臺灣的國家角色從過去與中共爭天下與爭正統，逐漸轉化以「新興民主國家」做為國家認同的對象，臺灣對兩岸定位從過去雙方領導人的未來「統一」的唯一選項，到只要臺灣人民同意不排除與中國建立任何關係的開放式選項[2]。同時對國家安全的概念也從傳統的狹義軍事安全威脅，轉變為廣義的綜合安全觀。例如伴隨民

---

[2]　臺灣在國民黨執政時期，在現行憲法規定與國統綱領指導下，「一個中國」或統一是兩岸未來的惟一選項。但民進黨執政後強調 1999 年通過「臺灣前途決議文」，主張臺灣是一個主權獨立的國家，兩岸互不隸屬，任何主權變更必須由全體臺灣人民共同決定之；2006 年總統將國統綱領終止適用。

主化，臺灣的民主價值與實踐已成為兩岸主要價值衝突的主要來源；可是另方面因民主化所引發臺灣內部國家認同的分歧，也已被視為當今國家安全的威脅（陳明通等，2005：13-17）。然而面對中國的打壓與威脅，「民主」已成為國際社會支持與同情臺灣的主要價值，因為臺灣民主若被犧牲而遭中國併吞，這將會是全球民主陣營的極大諷刺與挫敗（Herschensohn,2006:161-170）。

　　兩岸和平整合模式的建構，民主臺灣與非民主中國兩造如何互動達到和平整合的目標，不只是評估未來中國是否可能民主化而已，更重要的是，臺灣民主價值與實踐能否被中國所理解與尊重。

第二節　研究建議

一、「兩岸三角和平論」作為兩岸關係的一般性理論

　　本論文提出「兩岸三角和平論」用以解釋兩岸和平整合模式的現狀（given situation），一方面以三角變項與變項之間的關係之架構，來歸納所蒐集的資料作為一個資料分析框架，另方面透過三角變項，以及兩兩變項之間的關係架構來解釋兩岸和平整合現狀，以及預測未來的發展。

(一) 作為一個資料收集的框架

　　研究兩岸關係目前最缺乏一般性理論的建構，可以作為累積資料的架構，為使累積資料具有理論性引導，而不至於使兩岸關係的

研究流於粗糙經驗資料（raw empirical material）收集而已，兩岸三
角和平論可以作為一個蒐集資料框架，以利進一步分析解釋兩岸關
係的發展現狀。並對和平這項兩岸重要的焦點有一個共同聚焦的研
究平臺。

(二) 解釋兩岸和平整合的現狀發展

　　由於受學術的分工影響，研究兩岸關係甚為支離破碎，研究兩
岸民主化、兩岸經貿、兩岸參與國際組織或兩岸協商等，目前學術
分工很難集中在一起，以至於兩岸經貿研究往往缺乏政治民主化與
兩岸外交爭奪的思考；而專研中國民主化著作往往缺乏經貿互賴與
制度整合對民主化具有深遠影響；兩岸協商的制度化整合也往往缺
乏經貿互賴與民主價值差異的相互呼應的關照，因而也顯得不夠深
入與完整。

　　台灣對兩岸關係的學術研究的成熟度不足，也反應在政黨對兩
岸關係的現狀發展產生嚴重失焦的對立問題。以國民黨與民進黨的
差異來說明，國民黨偏重看待兩岸關係經貿互賴的面向，認為臺灣
已經嚴重依賴中國經濟，因此維繫穩定的兩岸關係有利於兩岸經濟
發展，但國民黨卻忽略兩岸外交戰場上中國對臺灣無情的打壓行
動，也忽略對中國民主化催生的民主策略與義務[3]，將兩岸關係縮小
焦點看待是經貿往來，嚴重忽略其他兩項面向，包括一、極易與國
內的其他政黨關切焦點不同而引發內部爭論，二、對於中國進行各

---

[3] 2005年國民黨主席連戰赴中國與共產黨展開多次黨際交流以來，國民黨從未
透過國共論壇的管道，宣傳臺灣民主價值以及聲援過中國的民主化。

式統戰而疏於防備，很難抵禦中國「以經促統」「以經促政」的經濟吸納戰略。

民進黨堅持臺灣是主權獨立的國家，堅拒接受一中，不接受「九二共識」，為努力鞏固邦交國並積極參與國際事務，不惜與中共進行外交爭奪戰，對中共不重視民主罔顧人權則給予嚴厲譴責，並全力協助中國民運與促進中國民主化。另方面，堅持在兩岸達成制度化協議前，對於中國片面的經濟吸納採取抵制措施，但臺灣的抵制措施常令臺商或外資等企業家對執政的民進黨政府的「保守政策」感到不滿，無法提供臺灣企業家一個充分自由經營環境。

因此，臺灣執政黨對於中國的威脅與敵意，包括中國於國際社會強力打壓臺灣，對於兩岸協商牛步化的政治操作化，以及否定臺灣主權傷害臺灣民主等有較完整深刻理解，因而拒絕配合進一步經濟依賴的深化。執政黨此舉，卻遭到在野黨、工商企業界與外國商會則給予強烈抨擊。

面對臺灣內部對兩岸關係發展的紛擾，本文提供一個完整的分析架構，以及兩岸關係發展現狀的完整圖像（big picture）討論架構，有利於吾人正確解讀兩岸關係完整的發展，進而正確判斷臺灣政黨大陸政策的偏好（bias），而不會被中國當局、台灣政黨或特定媒體的文宣所蒙蔽或偏差誤導。

(三) 對於兩岸和平整合模式的發展的預測

兩岸和平整合模式而言，「經濟互賴」已成為兩岸和平的最大保障，但由於兩岸在外交領域的激烈攻防，以及兩岸民主發展的嚴重差距，而經濟互賴有無經濟統戰的陷阱，經濟互賴能否獨力支撐兩岸和平大廈？是頗具複雜與爭論的議題，一方面臺灣經貿高度依賴

中國，當臺灣失去經濟自主性[4]，政治自主性也隨之不存，這是臺灣經濟安全所嚴重關切的問題，另一方面，全球化下全球經濟分工下，只要兩岸經濟與全球產業保持連結，臺灣也扮演重要角色，縱然對中國經濟依賴很深，中國要掀起對臺衝突依然會被全球主要經濟國家的嚴重干預。無論如何，有制度整合與民主價值共享的條件加入，將更有利於建構穩定的兩岸和平，如同 Galtung 教授所說有利於從消極負面和平（negative peace）轉到積極正面和平（positive peace），才能真正能消除兩岸間「結構性暴力」（structural violence），才能預防兩岸衝突（Galtung,1996:1-3），而追求制度整合與民主價值共享兩個方向是臺灣政府可作為長期追求兩岸和平不可放棄的努力目標。

二、兩岸從敵對式相對利益（relative interest）到雙贏式絕對利益（absolute interest）戰略思考轉變

　　兩岸關係過去在權力爭奪的現實主義式的敵我決策思考下，兩岸政府對利益取捨主要以敵我較勁角度，傾向採取「相對利益」式的思考模式，只要大陸方面獲取利益大於臺灣，臺灣就不會接受，例如拒絕外交上的雙重承認，採取所謂「漢賊不兩立」立場，而這種最典型思維則體現在目前北京當局對臺灣的國際參與對外邦交的立場上，堅持所謂了赫爾斯坦原則「Hallstein Doctrine」（陳明通等，2005：142）。

　　但在自由主義決策思考下，會以本身是否獲益絕對值為思考依據，亦即傾向「絕對利益」式的思考，不會在乎對方是否獲益超過

---

[4]　尤其是指臺灣方面失去對「兩岸共構商品供應鏈」的主導性而言。

臺灣。明顯地,臺灣已逐漸擺脫過去只從「相對利益」式來思考兩岸關係,例如外交領域上以不再繼續「漢賊不兩立」或「相對利益」的外交思考,甚至願在國際社會接受國際社會對兩岸國家的雙重承認[5]。

　　更多的「絕對利益」事例則更多出現在兩岸經貿互賴議題上,在全球化下兩岸頻密交流產生密切的經濟依賴關係,一味以敵我的「相對利益」政治主權考量兩岸關係互動,堅持一中政治框架立場,拒絕兩岸政府間直接協商制度化議題,將壓抑兩岸經貿文教交流所產生互利效果,也將使兩岸政府在經濟互賴基礎上持續展開經貿統戰與反統戰的攻防。

　　兩岸在經貿文教交流方面,顯然有較多的「絕對利益」思考與經驗,以致於雙方基於「絕對利益」思考,在「共同利益」合作基礎上謀求雙方的和解與合作,並透過不斷擴大「共同利益」的基礎與空間,讓兩岸整合關係的有更多獲取積極和平(positive peace)的機會,使兩岸整合關係從過去「霍布斯體系」(Hobbesian system)過渡到「洛克體系」(Lockean system),甚至是「康德體系」(Kantian system),而邁向「康德體系」過程需要持續的善意循環圈(virtuous circles)來不斷建構。

---

[5]　我國展開務實外交不再拒絕邦交國同時也與中國建交,亦即不迴避雙重承認問題。

三、發展兩岸或臺海和平學研究

　　臺灣學界對兩岸關係的研究，從早期國共敵我意識分明的「匪情研究」，發展到以科學中立為態度的「大陸問題研究」。隨著兩岸關係的逐漸開展，所採取的研究取向也從強調軍事、戰略、權力等現實主義概念為主，逐步發展到研究兩岸交流、合作互助為主的研究取向。

　　研究趨勢的轉變，也對應著兩岸關係從過去軍事對抗、漢賊不兩立的外交零和戰，到兩岸交流所衍生問題的合作解決，甚至是追求兩岸永久和平的研究。並且隨著兩岸交流領域的擴大，臺灣學術院所從事兩岸研究趨勢也從過去只強調中共意識型態與黨政研究，擴展到兩岸各項經貿文教交流，研究的學院系所也不再以政治系所、大陸研究所、國際關係、戰略研究所為主，而是包含法律、經濟、金融、財稅、勞工、移民、航運等各專業領域的科際整合研究。

　　雖然如此，隨著兩岸交流頻密，以及在中共刻意不願正視中華民國存在的事實，兩岸關係存在著「政冷經熱」格局，這種格局發展是會導致岸衝突還是永久和平，影響兩岸人民之幸福與否與臺灣發展未來甚鉅。但在臺灣竟然沒有成立研究和平學或設立專以研究兩岸和平的學術研究機構或智庫，以致於有關如何促進兩岸永久和平，抑制衝突戰爭發生的有系統的學術專門研究文獻至為缺乏。

　　相對於，西方民主社會學術社群與民間智庫，對於全球衝突的和平解決方式之研究，曾提出針對全球區域衝突的原因以及各項增進和平的方案[6]，反觀臺灣身繫臺海安危，竟無專門研究兩岸和平的機

---

[6]　全球著名以和平研究的機構包括，美國的史汀生中心（The Henry Stimson Center），參見 http://www.stimson.org/；挪威奧斯陸的國際和平研究中心 PRIO

構，實亟待補強。尤其是在九〇年代後，歷任美國總統就職演說都宣示要以「民主和平」為美國當前國家目標之際，臺灣應思考與以美國為主的民主國家結合成民主「價值同盟」，共同推進「追求並支持全球民主以終結獨裁政權」,「和平最佳途徑就是把民主自由推展擴散全世界」[7]的目標。

第三節　研究展望

　　本論文提出「兩岸三角和平論」的分析架構，以兩岸的「經濟互賴」、「制度整合」與「民主價值分享」三項變項以及 12 種變項之間相互關係，作為解釋與預測兩岸關係和平整合發展的一般性理論。而這三變項在兩岸和平整合關係的目前與未來發展各具理論意義，在研究展望上可作為學界研究兩岸和平之重要參考指標，亦可以作為政府有關部門推動兩岸和平穩定的施政參考。

（International Peace Research Institute, Oslo）參見 http://www.prio.no/等等。

[7] 請參見美國國務院網站 http://usinfo.state.gov/specail/inauguration.html.。President Bush Inauguration, January 20, 2005.網頁副標為：Bush Ties Second Term Policy to the Advancer of Freedom. Says US will support democratic movement and institutions worldwide.

一、經濟互賴是兩岸和平的主要屏障

　　兩岸經貿互賴緊密，若不考慮其他因素，單從兩岸貿易、投資與人員往來的相關數據來瞭解兩岸關係，幾乎與兩個正常國家的經貿合作夥伴無異，很難去聯想兩岸存在有嚴重政治敵對的狀態。

　　Brooks 研究 90 年代後的全球化經濟整合的生產模式對和平安全的影響，歸納出兩項結論：第一、生產的全球化（globalization of production），如跨國公司生產模式（MNC production strategies），已改變大多數經濟強權國家的經濟運行結構，不再需要以非和平方式征服他國領土才能獲取所需經濟資源，現代的全球跨國公司生產模式已能有效率汲取經濟資源，這種全球化生產模式會防止並降低強權領導者或野心政客以發動戰爭方式進行搶奪經濟資源的誘因（Brooks,2005:48-50）。

　　第二、全球性的區域經濟整合（regionalism）成長快速主要誘因，有助於本國對外吸引外資直接投資（FDI），尤其是跨國公司資金。各國基於害怕被 FDI 孤立（isolation from FDI）的龐大壓力，甚至與鄰近長期關係安全緊張的敵對國家盡棄前嫌[8]，進行經濟合作與整合，而區域經濟整合的成就，不僅在西歐國家如長期宿敵德、法徹底解除敵意，大大提高兩國的安全關係，創造出兩國的永久和平；就連過去一直在區域經濟整合發展出現許多問題的發展中國家決策者，也積極進行區域經濟整合工作，亦即強大外部經濟壓力促使各國進行密切的經濟合作，而區域經濟整合有助於提高在發展中國家的和平（Brooks,2005:53-54）。

---

[8]　例如印巴兩國於 1999 年進行地區性的經濟整合協議，使兩國安全關係大為提升。（Brooks,2005:54）

　　而兩岸雖然未簽訂區域經濟整合協議，但兩岸經濟互賴密切絕不遜於任何正常國家之間的經濟整合，並在全球化經濟分工扮演舉足輕重的地位，在第四章詳論兩岸共構商品供應鏈的發展現狀，關係著全球經濟的榮枯興衰，臺海的和平穩定為全球各主要國家所關切，「維持臺海和平」也是全球各國政府與兩岸政府最一致性的目標共識，只是對維持和平的方法與手段不同而已，但對臺海和平的共識目標都是在維繫兩岸共構全球商品供應鏈正常運作。因此現階段兩岸共構的商品供應鏈已發揮了維護台海和平的功能，被稱為最重要的臺灣防衛機制（Friedman, 2005），以及臺灣最堅強的國防──矽防衛（Addison, 2001）。

　　在分裂敵對國家的互動歷史裏，很難找到如兩岸經貿互賴如此密切的實例，二次大戰前未曾如此，二次戰後的東西德、南北韓、印度與巴基斯坦之間也都未曾出現，如兩岸經貿互賴密切的情形出現。然而，在「政冷經熱」的發展格局下，兩岸經貿已呈現不對稱經濟整合關係，而依賴較小的北京當局有能力進行政治操作的條件，就在北京當局刻意的政治操作下，形成「非正常化、非制度化的兩岸經貿整合關係」（詳見第三章），造成臺灣當局對經濟安全的顧慮以及引發臺灣內部對中國經貿關係的爭論，使得現階段因經貿互賴所呈現兩岸和平，也僅算是「敵對行動的停戰狀態」的層次，而非發展到「相互尊重的永久和平關係」的程度。但相對於兩岸過去半世紀的緊張與對立狀態，經貿互賴無疑開啟兩岸和平的機會之窗，因為全球與兩岸經濟互賴讓戰爭與衝突的代價與成本之高，難以估計。此外，只要保持經濟互賴的現狀，就會對兩岸「制度整合」保持股切需求，也會對持續不斷開啟「民主價值共享」的建構機會，這些對兩岸穩定和平將持續產生正面作用。

二、制度整合是兩岸和平互動最清楚的指標

　　兩岸制度化協商過程以及兩岸在國際組織互動攻防，都是兩岸能否建構積極和平的觀察指標（詳見第五章）。兩岸成立海基、海協交流協商專責機構已長達 16 年之久，但雙方協商成果對於兩岸制度化的累積甚為有限，突顯出兩岸政治僵局難以解開。民進黨執政後，北京方面曾一度拒絕協商，2002 年底開始，雙方以授權民間公協會方式於澳門進行協商，達成 2003 兩岸春節包機，隨後此一模式又達成 2005、2006、2007 年幾項包機協議，同時以此一模式進行觀光客來臺、大陸漁工、臺灣農產品輸陸等其他議題的協商。

　　在政治主權、外交軍事等因素嚴重干擾下，兩岸制度化進展雖不順利，但畢竟仍出現一些成果，如 2006 年 6 月兩岸達成四項專案包機的協議。但在國際場合的兩岸激烈零和攻防仍沒有出現任何緩解的情形。顯示，兩岸制度化整合在北京當局思考仍是內外有別，亦即國際組織與國際社會場合，北京當局處處封殺臺灣加入以主權國家身份加入的國際組織，對於政府間國際組織設法矮化臺灣，甚至連民間參與的非政府組織也出現中共打壓的事實。但對於兩岸之間的制度化整合，則在中方充分議題主導下，選擇若干議題與臺灣進行協商。

　　兩岸經貿社會交流頻密，因交流所衍生問題，雙方本應透過制度化協議解決爭議，以求維護正常的交流秩序。但北京當局一方面在國際組織與國際場合封殺或矮化臺灣，另方面也仍不願與臺灣在不設政治前提展開協商，因此目前兩岸制度化相當有限與脆弱，對於兩岸和平的維繫並無太大的助益。

　　但相對過去兩岸毫無制度化協商成果，如今已開啟有限的協商管道（limited channel），在此基礎上逐步擴大累積制度化成果，逐漸突破政治障礙，如此兩岸制度整合才有可能為建立相互尊重的永久和平奠下制度化基礎。雖然如此，能否擴大目前制度化協商議題範圍？以及觀察協商進程順利與否？以及兩岸制度化能否在國際組織與國際場合展開，這些制度整合的脈動與節奏都是未來影響兩岸和平最容易觀察的指標。而兩岸「制度整合」也將提供「經濟互賴」進一步提昇的制度載具，同時亦能透過更多兩岸制度化的路徑依賴，有更多兩岸能動者的制度化往來，提供更多民主價值知識共享機會的累積，以逐漸降低制度化的民主價值障礙。

三、民主價值共享是兩岸永久和平的最根本因素

　　「民主價值共享」已成為兩岸是和平的最根本因素。臺灣經過20 年來的民主轉型與政黨輪替，臺灣前途由臺灣 2300 萬人民共同決定的主權在民原則，若能為北京當局所接受，未來兩岸任何的整合模式發展，都將會是和平過程。若北京當局否定臺灣民主，而且罔顧推動中國民主化與人權的改善，那麼任何北京提出的整合模式，都很難被臺灣大多數人接受。

　　臺灣政界與學界人士經常提出以「歐盟模式」來解決兩岸爭議，但歐盟經濟模式不只是經濟整合模式的概念而已，從民主價值與實踐角度而言，加入歐盟的入會條件必須是西方式議會民主國家（Thody, 2001: 19），同時為了使歐盟後進較貧窮國家的民主轉型得以持續穩固與深化，以確保其歐盟會員國的資格正當性，歐盟近年還提出「共同區域政策」（Common Regional Policy），亦即推動一連

串會員國區域發展計畫，目的在於協助歐盟後進國鞏固民主（黃偉峰，2000：30-31）。

此外，民主國家處理分裂國家或殖民地的問題，若以民主程序原則加以解決，發生流血衝突與戰爭的問題，會比非民主國家較少。例如，英國處理其過去殖民地，尊重當地住民意願的民主原則之適用，誠為消除各種暴力或戰爭的重要工具，更是實施和平方案的前提[9]。其他如加拿大處理魁北克獨立，英國處理北愛問題等也是以民主原則來處理，使紛爭得以和平落幕。

至於，非民主國家若要以非民主方式或非和平方式來處理與民主國家整合問題，例如北韓與南韓、中國與臺灣的整合問題，雙方民主價值南轅北轍，若透過直接訴諸軍事、外交、政治手段進行整合，衝突在所難免，也將不利於雙方經貿互賴與制度整合的進一步整合發展（詳見第七章）。

兩岸主要爭議在於主權問題，北京當局持續以民族主義的觀點將臺灣民主價值與實踐解讀為臺獨，認為臺灣憲改是法理臺獨，如此兩岸民主價值衝突與落差，極易使兩岸經貿互賴與制度整合出現遲緩，甚至是倒退，也是兩岸互動中陷入惡性循環（vicious circle）的主要因素，造成臺海和平整合造成負面影響。

協助中國民主化，讓中國領導人與人民能理解臺灣民主化，拉近雙方價值差距，長期而言，將有助於使兩岸和平整合模式出現更

---

[9] 世界各殖民地爭取獨立有兩條道路，一條是武裝鬥爭的道路，一條是和平的道路，英國透過殖民地憲制改革使得殖民地的民族主義者可以選擇一條和平的道路爭取獨立。英國在殖民地撤退過程中的權力轉移，透過憲制改革方式來實現，一方面可以和平轉移權力，另方面可以保持英國與後殖民地成立新獨立國家的聯盟關係，維持英國的長期影響力。（張順洪，1997：157-160）

多的正向善性循環圈（virtuous circle）出現的機會，才能扭轉現階段兩岸「民主價值共享」仍處於霍布斯文化結構，並可增加更多洛克、康德文化結構出現的可能性。例如，臺灣方面與中國進行「經濟互賴」與「制度整合」之際，不能因擔心破壞兩岸協商氣氛而忽略「民主價值共享」的積極建構，因為「民主價值共享」才是兩岸「經濟互賴」、「制度整合」正常化的基本要素，也是締造兩岸永久和平的根本因素。

參考書目

一、中文專書與期刊

《2005 中國外商投資報告》，2005 年 10 月 9 日，中國商務部出版，p182。

Addison , Craig(2001)，金碧譯，《矽屏障：臺灣最堅強的國防》，臺北：商智文化。

Fontaine, Pascal(2007)，《認識歐盟》，臺北，歐洲經貿辦事處翻譯更新版。

Glipin ,Robert(1989)，楊宇光譯，《國際關係政治經濟學》（The Political Economy of international Relations），北京，經濟科學出版社出版。

Paul Hirst & Grahame Thompson 著（2000），朱道凱譯（2002）《全球化迷失》（Globalization in Question: The International Economy and the possibilities of Governance），臺北市，群學出版社。

Russett, Bruce & Starr ,Harvey (2001)，王玉珍等譯，《世界政治》（World Politics：The Menu for Choice），北京，華夏出版社。

Schumpeter, Joseph(1999)，吳良健譯，《資本主義、社會主義與民主》，北京，商務出版社。

Thody, Philip(2001)，鄭棨元譯，《歐洲聯盟簡史》（An Historical introduction to the European Union），臺北，三民書局。

Thomas Friedman 著（2000），蔡濟光、李振昌、霍達文等譯，《了解全球化：凌志汽車與橄欖樹》（The Lexus and Olive Tree），臺北市，聯經出版社。

Thomas Friedman 著（2005），楊振富、潘勛譯，《世界是平的》（The World is Flat），臺北市，雅言出版社。

丁渝洲（2004），《2003～2004 臺灣安全戰略評估》，臺北市，遠景基金會出版。

丁韶彬（2004），〈自由國際關係理論的新發展——三角和平論評析〉，
　　北京，《歐洲研究》，第 3 期，頁 54-64。

尹啟銘（2004），《臺灣經濟：轉捩時刻》，臺北，商周出版社。

文久（2004），〈兩岸較量國際間〉，香港，《廣角鏡》，第 382 期，
　　頁 50-54。

王俊南（2001），〈兩岸統合歧見之探討〉，《共黨問題研究》，臺北，
　　第 27 卷第 12 期，頁 8-24。

王家英、孫同文、廖光生編（1996），《兩岸四地的互動整合——機遇
　　與障礙》，香港，香港中文大學亞太研究所。

王家英、孫同文編（1996），《兩岸關係的矛盾與出路》，香港，香港
　　中文大學亞太研究所。

王逸舟（1995），〈國際關係與國內體制——民主和平〉，北京，《國
　　際政治》6 月號，頁 31-40。

王塗發（2006），〈全球化等於中國化的迷思〉，收錄於《臺灣經濟重
　　新起爐——全民經濟發展會議》論文集，臺北，群策會主辦，3 月
　　18 日-19 日。

王義桅（2003），〈三角和平論與國際關係的三維世界——評三角和平：
　　民主、相互依存與國際組織〉，上海，《太平洋學報》，第 3 期，
　　頁 91-96。

包宗和、吳玉山主編（1999），《爭辯中的兩岸關係理論》，臺北，五南。

卡帕羅索　李邁，林翰譯（1995），《政治經濟學理論》，臺北，風雲
　　論壇出版社。

平生（1992），〈從「互賴理論」探討兩岸統一問題〉，《共黨問題研
　　究》，臺北，八十一年七月。

朱立群、王妙琴（1996），〈評民主和平論〉，北京，《中國與世界》
　　6 月號，頁 35-37。

朱松柏（1991），《分裂國家統一的歷程》，臺北，政大國關中心。

朱炎（2006），蕭志強譯，《臺商在中國——中國旅日經濟學者的觀察
　　報告》，臺北，財訓出版社。

朱景鵬（1999），〈區域主義、區域整合與兩岸整合問題之探討〉，《中國大陸研究》，臺北，第 42 卷第 8 期，八十八年八月，頁 71-93。

朱新民、洪中明（1992），《衝突？整合？海峽兩岸統一政策之研究（一九八七至一九九二年）》。

江宜樺（1998），《自由主義、民族主義與國家認同》，臺北，揚智。

江啟臣（2005），〈坎昆會議的 WTO 角色：主要國際關係論的詮釋〉，臺北，《政治科學論叢》，第 23 期，頁 133~168。

何頻、高新（1998），《北京如何控制香港》，明鏡出版社。

吳釗燮（2006），〈和平與發展──開創兩岸雙迎新局〉，發表於 2004年 7 月 4 日，收錄於《政府大陸政策重要文件》，行政院大陸委員會編印，11 月，頁 135。

吳釗燮（2006），〈和平與發展──開創兩岸雙贏新局〉，收錄於《政府大陸政策重要文件》，陸委會編印，11 月，頁 126-135。

吳新興（1992），〈民間交流對於臺海兩岸整合的意義──理論的探討與食物的驗證〉，《國立成功大學社會科學學報》，八十一年十二月，頁 99-199。

吳新興（1994），〈臺海兩岸關係的政治經濟分析〉，臺北，《理論與政策》，第 8 卷第 4 期，頁 67-77。

吳新興（1995），〈整合理論及其中國問題解決的應用〉，臺北，《問題與研究》，第 34 卷第 2 期，頁 20-31。

吳新興（1995），《整合理論與兩岸關係之研究》，臺北，五南出版社。

吳新興（2001），〈整合理論：一些概念性的分析〉，《中國事務季刊》，臺北，第五期，頁 41-55。

吳福成（2002），〈從失位定位──推動兩岸 FTA 思考〉，臺北，《兩岸共同市場基金會通訊》，Vol.2，九十一年三月，頁 21-24。

吳豔君（2005），〈試論民主和平論與冷戰後的美國推進戰略〉，武漢，《全球視野理論月刊》，第 7 期，頁 136-139。

呂亞力（1985），《政治學》，臺北，三民書局。

呂芳城（2001），〈未來解決兩岸主權統合方式之研究〉，《國防雜誌》，

臺北，九十年六月。

宋立功（1996），〈精英政治。統戰策略。籌委人選——試論中方如何招收治港班底〉，《信報財經月刊》，香港，第 227 期。

宋新寧、陳岳（1999），《國際政治經濟學概論》，北京，中國人民大學出版社。

宋鎮照（1995），《發展政治經濟學——理論與實踐》，臺北，五南圖書出版公司。

李少軍（1995），〈評「和平民主論」〉，北京，《歐洲》第 4 期，頁 4-8。

李非（2005a），〈建立「兩岸共同市場」問題研究〉，北京，《臺灣研究》，第 73 期，2005 年第 3 期，頁 1-5。

李非（2005b），〈如何建立「兩岸經濟合作機制」〉，北京，《兩岸關係》，第 97 期，頁 10-11。

李家泉（1996），〈各種解決兩岸關係構想或模式之探討〉，收錄於《中國統一論壇論文集》，香港，7 月。

李家泉（1998），《香港回歸望臺灣》，香港，香港文匯出版社出版。

李登輝（2006），《臺灣經濟發展政策建言書暨全民經濟發展會議李前總統談話集》，臺北，全民經濟發展會議 3 月 18-19 日，群策會主辦。

李銘義（2006），《兩岸關係與中國研究》，臺北，新文京開發出版，頁 50-51。

杜震華（2002），〈加入 WTO 還是不夠〉，臺北，《兩岸共同市場基金會通訊》，Vol.2，九十一年三月，頁 27-28。

汪堯田（2002），《國際規則發展契機——加入 WTO 後的中國》，上海，上海財經大學出版。

肖平（2005），〈民主和平論對布希政府對外政策的影響〉，成都，《西南民族大學學報人文社科版》，第 26 卷，頁 276-279。

辛旗（1998），〈著眼於兩岸人民的未來，共同締造一個統一的中國：對於汪道涵關於一個中國內涵論述的理論思考〉，中國評論，八月頁 43-53。

邢慕寰、金耀基（1986），《香港之發展經驗》，香港，香港中文大學
　　出版社。

周志懷（2002），〈論海峽兩岸經貿關係的制度化安排〉，北京，《臺
　　灣研究》，第58期，2002年第2期，頁7-14。

周志懷（2005），〈反分裂國家法與是推進祖國統一進程的戰略性舉措〉，
　　北京，《臺灣週刊》，第621期，頁2-3。

周志懷（2005），〈反分裂國家法與新時期大陸對臺政策〉，北京，《臺
　　灣研究》，第72期，2005年第2期，頁1-5。

周恩來（1984），《周恩來統一戰線文選》，北京，人民出版社。

周恩來（1991），《周恩來外交文選》，北京，中央文獻出版社。

孟昭昶（2000），〈聯邦制？邦聯制？海峽兩岸整合的前瞻〉，《政策
　　月刊，臺北，第62期，八十九年九月，頁2-5。

孟德斯鳩（1998），張雁深譯，《論法的精神》，臺北，臺灣商務印書館。

林中斌（2005），〈橫眉冷對反分裂法〉，蘋果日報3月14日，A15版。

林中斌（2006），〈認清反分裂法的真正面目〉，蘋果日報3月14日，
　　A15版。

林向愷（2003），〈臺中經貿往來對國內經濟的衝擊與國家經濟安全：
　　臺、中經貿往來十六年的檢討〉，臺北，收錄於兩岸交流與國家安
　　全國際研討會論文集，2003年11月1日至2日，群策會主辦，頁
　　71-109。

林佳龍（2003），《未來中國——退化的極權主義》，臺北，時報文化。

林武郎（1998），《中國大陸區域經濟的整合與產業發展》，臺北，行
　　政院大陸委員會。

林郁方（1992），《分裂國家統一經驗研究》，臺北，行政院大陸委員會。

林碧炤（1987），〈歐洲整合：理論與爭議〉，《中山社會科學譯粹》，
　　第二卷第二期，高學，中山大學中山學術研究所，頁116-119。

林潔珍、廖柏偉（1998），《移民與香港經濟》，香港，商務印書館出版。

林濁水（2004），〈反分裂國家法與中國的對臺戰略〉，臺北，收錄於
　　《國家發展研究》，第四卷第一期，12月，國立臺灣大學國家發

展研究所編印，頁 207-240。

林濁水（2006），《共同體——世界圖像下的臺灣》，臺北，左岸文化。

林聰標等人（1995），《一九九七前後中資企業在香港所扮演的政經角色及其對臺灣可能的影響》，臺北，陸委會。

邵宗海（1997），〈香港在中共經濟擴張與兩岸關係發展中扮演的角色〉，《中共研究》，第 31 卷第 3 期，頁 64-78。

邵宗海（1998），〈中國統一模式與統一過程互動評估〉，《兩岸關係：兩岸共識與兩岸歧見》，臺北市，五南出版社。

邵宗海（2006），《兩岸關係》，臺北市，五南出版社。

邱宏輝（1997），〈香港與中國大陸經濟的互補互動關係〉，《中共研究》，第 31 卷第 2 期，頁 65-73。

邱垂正（1999），《過渡期中共對香港主權轉移之運作模式分析》，臺大國發所碩士論文。

邱垂正（2003），〈WTO 下中共對臺「經濟吸納」的建構與部署〉，臺北，國防政策評論，第 3 卷，第 3 期，頁 4-23。

邱垂正（2005），〈以商圍政的香港模式〉，中國時報。3 月 21 日，第 13 版。

邱垂正（2005），〈兩岸非正常化經濟整合關係之省思與挑戰〉，臺北，展望與探索，第 3 卷第 11 期，頁 18-38。

邱垂正（2007），〈兩岸共構全球商品供應鏈之現象與挑戰〉，臺北，師大政治論叢，第七、八期合輯，國立師範大學政治研究所出版，2 月，頁 65-94。

邱淑美（2001），〈兩岸關係與歐盟關係下〉，新世紀智庫論壇第 13 期，臺北，新世紀基金會出版，頁 78-86。

俞可平（2003），《增量民主與善治——轉變中的中國政治》，北京，社會科學文獻出版社。

俞可平（2005），《中國模式與北京共識超越華盛頓共識》，北京，社會科學文獻出版社。

姜家雄（2004），〈國防預算檢討與和平的可性〉，雷敦龢主編《平安如江河——和平學論文集(二)》，臺北，輔仁大學出版，頁 295-314。

柯俊吉（1992），《從整合理論論臺海兩岸關係發展（一九八七年至一九九二年）》，臺北。

胡孝紅（1997），〈國際經濟合作與國家主權〉，中國湖北，《社會科學研究》，3 月號，頁 76-81。

香港里昂證券（2006），《兩岸經濟正常化的影響評估》（Cross-Strait Business Normalisation Impact Study），臺北市歐洲商務協會贊助，11 月。

倪世雄（2001），《當代西方國際關係理論》，上海，復旦大學出版社。

唐棣鈞（2007），〈歐盟 50——輝煌的過去，煩惱的開始〉，臺北，《NEWSWORLD》，中央社出版，第 45 期，3 月號，頁 16-28。

孫國祥（2004），《亞太綜合安全年報》，臺北，兩岸交流遠景基金會出版。

孫國祥（2005），〈東亞區域整合之演進與願景：經貿、金融與安全面向的探討〉，《遠景基金會季刊》，臺北，遠景基金會出版，頁 119-174。

徐斯儉（2002），〈全球化：中國大陸學者的觀點〉，收錄於宋國誠主編《21 世紀中國——全球化與中國之發展》卷二，國立政治大學國際關係中心，民 91，頁 110-113。

徐斯儉（2006），《中國大陸民主化指標研究暨資料庫》，臺北，行政院大陸委員會委託研究，陸委會印行。

秦亞青（2001），〈國際政治的社會建構——溫特及其建構主義國際政治理論〉，《美歐季刊》，第 15 卷第 2 期，頁 231-264。

秦亞青（2001a），〈國際體系的無政府性〉，北京，《美國研究》，第 2 期，頁 135-145。

秦亞青（2004），〈現代國際關係理論的沿革〉，北京，《教學與研究》，2004 年第 7 期，頁 56-63。

翁松燃（2001），〈統合模式初探〉，《國家主權與統合模式》研討會，
　　臺北，新世紀智庫論壇，第 13 期，頁 6-10。

袁鶴齡（2002），〈新經濟時代兩岸資訊科技之發展與互動〉，收錄於
　　饒美蛟、陳廣漢主編《新經濟與兩岸四地經貿合作》，香港，商務
　　印書館。

高長（2001），〈加入 WTO 後兩岸經貿互動對臺灣經濟發展的影響〉，
　　臺北，《中國事務季刊》，第二期，九十八年十月。

高長（2002），〈兩岸加入 WTO 後，臺灣對大陸經貿政策的因應與挑
　　戰〉，臺北，《兩岸共同市場基金會通訊》，Vol.2，九十一年三月。

高朗（1998），〈從整合理論分析兩岸間整合的條件與困境〉，收錄於
　　《兩岸關係理論研討會論文》，國立臺灣大學政治系主辦。

康德（2002），李明輝譯，《康德歷史哲學論文集》，國科會經點譯注
　　計畫，臺北，聯經出版社。

張五岳（1992），《分裂國家互動模式與統一政策之比較》，臺北，
　　業強。

張五岳（2005），《中共對臺商政策、策略及方法》，臺北，行政院大
　　陸委員會委託研究。

張五岳（2007），〈關注今年兩岸關係發展的熱點〉，臺北，《交流》，
　　第 92 期，4 月，頁 39-42。

張亞中（1998），《兩岸主權論》，臺北，生智。

張亞中（1998），《歐洲統合》，臺北，揚智文化。

張亞中（1999），〈兩岸未來：有關簽署「兩岸基礎協定」的思考〉，
　　《問題與研究》，八十八年九月，頁 1-29。

張亞中（2000），〈兩岸統合之理論與實踐：歐盟經驗的啟示〉，美歐
　　季刊，臺北，八十九年三月，頁 35-82。

張亞中（2000），《兩岸統合論》，臺北，生智。

張亞中（2001），〈兩岸統合與『第三主體』的建立〉，《中國事務》，
　　臺北，第五期，九十年七月，頁 56-67。

張亞中、孫國祥（1999），《美國的中國政策：圍堵、交往、戰略伙伴》，

臺北,生智。

張京育等編(2004),《四年期程國家安全情勢評估報告》,臺北,中華歐亞基金會發行。

張建一(2006),〈兩岸產業發展趨勢及其產品在世界主要市場的競合〉,《兩岸經貿》5月號,頁10-13。

張祖樺(2001),《中國大陸政治改革與制度創新》,臺北,大屯出版社。

張登及(2003),《建構中國—不確定世界中的大國定位與大國外交》,臺北,揚智。

張順洪(1997),《大英帝國的瓦解——英國的非殖民地與香港問題》,北京,社會科學文獻出版社出版發行。

張源容(2005),〈臺商大陸投資風險——防範經驗(上)〉,收錄於《臺商張老師月刊》,臺北,臺北企業經理協進會出版,頁56-67。

張瑞育(2006),〈臺商赴大陸投資之產業網絡關係之研究——以IT產業為例〉,收錄於《兩岸關係與大陸問題研究》研究生論文研討會,臺北,行政院大陸委員會主辦,頁97-112。

張榮恭(1999),〈兩岸關係的正確途徑—對等分治、和平競賽、民主統一〉,《政策月刊》,臺北,八十八年十月。

張維邦(2001),〈歐洲整合意涵與模式〉,《新世紀智庫論壇》第13冊,臺北,財團法人陳隆志新世紀文教基金會,頁24-35。

張維邦(2003),《莫內與歐洲媒鋼共同體的建立》,臺北,一橋出版社。

張曉慧(2002),〈「民主和平」論〉,北京,《國際資料信息》,頁30-32。

張讚合(1996),《兩岸關係變遷史》,臺北,周知文化。

梁寶華(2005),《大陸臺商一千大》,臺北,工商時報主編,工商財經數位出版。

盛九元(2005),〈兩岸經貿關係發展的前提與前景〉,收錄於《第十四屆海峽兩岸關係研討》,中國鄭州,全國臺灣研究會、中華全國

臺灣同胞聯誼會、中國社會科學院臺灣研究所等主辦，八月，頁147-160。

許阡（1996），〈由西歐經驗評析兩岸整合問題〉，《政策月刊》，第17期，八十五年六月。

許家屯（1993），《許家屯香港回憶錄》上下冊，臺北，聯經出版社。

郭建中（2003），〈應用 WTO 與 FTA 擴展經濟發展空間〉，收錄於臺灣經濟戰略研討會論文集，臺北，臺灣智庫主辦，2 月，頁 77-101。

郭偉峰（2003），《大陸對臺思維轉化解讀》，香港，中國評論文化有限公司出版。

郭樹永（1998），〈經濟依存和平論初探〉，北京，《歐洲研究》，第5 期，頁 28-33。

郭樹永（2000），〈評國際制度和平論〉，上海，《美國研究》，第 1期，頁 24-40。

陳文鴻、朱文暉（1997），〈臺灣資訊電子業的發展及其對中國統一構成的挑戰〉，北京，《戰略與管理》雙月刊，總第 25 期，頁 20-31。

陳明通等（2005），《民主化臺灣——新國家安全觀》，臺北，先覺出版社。

陳明通（2006），〈國家認同新典範的躍升〉，收錄於蕭新煌編《臺灣新典範》，臺北，財團法人群策會李登輝學校出版，頁 136-169。

陳欣之（2003），〈國際安全研究之理論變遷與挑戰〉，《遠景基金會季刊》第 4 卷第 3 期，臺北，遠景基金會，頁 1-40。

陳添枝、鹽谷隆英編（2005），《迎向東亞經濟整合》，臺北，中華經濟研究院。

陳博志（2003），〈深耕臺灣、布局全球之重點戰略〉，收錄於《臺灣經濟戰略研討會論文集》，臺北，臺灣智庫主辦，二月，頁 1-20。

章念馳（2006），〈『臺灣主體意識』辨析與建構新型的兩岸關係〉，香港，《中國評論》，6 月號，頁 6-11。

曾怡仁、張惠玲（2000），〈區域整合理論的發展〉，臺北，《問題與研究》，第 39 卷第 8 期，頁 53-70。

曾柔鶯（1993），〈歐市整合與兩岸關係〉，《臺灣經濟》，臺北，82
　　年8月。

湯紹成（1992），〈從德國統一經驗看臺海兩岸關係〉，臺北，《政治
　　評論》，81年6月。

童振源（2003），《全球化下的兩岸經濟關係》，臺北，生智出版社。

童振源（2005），〈東亞經濟整合與臺灣戰略〉，收錄於《東亞區域整
　　合與兩岸關係》論文集，第五屆兩岸遠景論壇，財團法人兩岸交流
　　遠景基金會主辦。

童振源（2006），〈東亞經濟整合與臺灣的戰略〉，臺北，《問題與研
　　究》，第45卷，第2期，頁25-60。

賀衛方（2002），〈走向具體法治〉，北京，《現代法學》，第24卷
　　第1期，頁3-4

黃立、李貴英、林彩瑜（2001），《WTO 國際貿易論》，臺北，元照
　　出版社。

黃明和、陳信甫（2000），〈歐洲聯盟經濟整合模式適用於兩岸關係之
　　探析〉，《全國律師》，臺北，八十九年九月。

黃偉峰（2000），〈歐盟共同區域政策的發展與其為區域性動員之影響〉，
　　收錄於洪德欽主編，《歐洲聯盟經政策》論文集，臺北，中央研究
　　院歐美所，六月，頁9-47。

黃偉峰（2000），〈歐盟整合模式與兩岸主權爭議〉，收錄於《歐洲整
　　合模式與兩岸紛爭之解決》論文集，臺北，中央研究院歐美所歐盟
　　研究小組主辦，六月九日，頁1-19。

楊開煌（1991），〈海峽兩岸「談判學」──未來海峽兩岸各種可能接
　　觸談判模式與利弊分析〉，《大陸經貿投資月報》，臺北，八十年
　　九月。

楊銘（1998），《中國概念投資總覽》，臺北，財訓出版社。

群策會（2003），《從 T 到 T⁺──臺灣 21 世紀國家總目標》，臺北，
　　玉山社。

葛永光（1991），《文化多元主義與國家整合》，臺北，正中。

雷敦龢主編（2003），《和平學論文集（一）》，臺北，臺灣促進和平基金會、東吳大學張佛人權研究中心共同企畫，唐山出版社。

雷敦龢主編（2004），《平安如江河──和平學論文集（二）》，臺北，輔仁大學出版。

劉平、洪曉東、許明德譯（1999），《世界貿易體制的政治經濟學：從GATT 到 WTO》，北京，法律出版社。

劉吉主編；李君如、吳軍著（1992），《民主並非虛幻的存在》，上海，人民出版社。

劉復國（1995），〈英國與歐洲共同體：國家利益與區域整合的矛盾〉，《歐美研究》，第二十五卷第三期。

劉碧珍、陳添枝、翁永和（2005），《國際貿易──理論與政策》第二版，臺北，雙葉書廊。

劉曉波（2007），〈物權法爭論背後的政治較量論〉，香港，《爭鳴》，第 254 期，4 月 1 日，頁 45-48。

潘美玲（2003），〈發展理論與和平的建構──弔詭與出路〉，收錄於黃默等著《和平學論文集》，臺北市，唐山出版社，頁 105-129。

蔡東杰（2003），〈現實主義〉，臺北，張亞中主編，《國際關係總論》，揚智文化，頁 91-80。

鄭安光（1999），〈民主和平論及其對冷戰后美國外交戰略之影響〉，臺北，《美國研究》第 2 期，頁 31-51。

鄭竹園（1996），〈大中華經濟圈的形成與前景〉，收錄於《邁向二十一世紀中華經濟學術研討會論文集》，臺北，財團法人中華共同體促進基金會編印。

鄭端耀（1997），〈國際關係「新自由制度主義」理論之評析〉，《問題與研究》，第 36 卷第 12 期，頁 1-22。

鄭端耀（2001），〈國際關係「社會建構主義理論」評析〉，《美歐季刊》，第 15 卷第 2 期，頁 199-229。

蕭全政（1991），《政治與經濟的整合──政治經濟的基礎理論》，臺北，桂冠出版社。

蕭萬長（2002），〈老蕭論經濟〉，《兩岸共同市場基金會通訊》，臺北，春季刊，九十一年三月，財團法人共同市場基金會出版。

賴怡忠（2007），〈針對「胡四點」與「反分裂法」的「四要一沒有」〉，臺北，《交流》，第92期，4月，頁23-30。

閻健編（2006），《民主是個好東西──俞可平訪談綠》，北京，社會科學文獻出版社。

顏建發（2001），〈兩岸統合的前景〉，《遠景季刊》，臺北，九十年十月，頁101-120。

龐建國（1994），《國家發展理論──兼論臺灣發展經驗》，臺北，巨流出版社。

羅伯特・基歐漢、約瑟夫・奈著（1991），林茂輝等譯，《權力與相互依賴──轉變中的世界政治》，北京，中國人民公安大學出版社。

羅伯特・基歐漢、約瑟夫・奈著（2005），門洪華譯，《權力與相互依賴》（第三版），北京，北京大學出版社。

譚慎格（2007），〈定義臺灣的『現狀』〉，臺北，自由時報國際名家專欄，4月23日，第4版。

蘇元良（2005），《嗥嗥蒼狼──開拓臺灣電子業新版圖》，臺北，財訊出版社。

蘇宏達（2001），〈歐盟經驗與兩岸統合：建立WTO架構下的雙邊商務糾紛解決機制〉，《問題與研究》，臺北，第40卷第2期，頁1-32。

蘇長和（1996），〈駁民主和平論〉，北京，《國際政治》，8月號，頁10-14。

蘇長和（1998），〈經濟相互依賴及其政治後果〉，上海，《歐洲》，第4期，頁34-39。

蘇長和（1998），〈經濟相互依賴及其政治後果〉，北京，《歐洲研究》，第4期，頁34-39。

鐘京佑（2004），〈全球治理與公民社會〉，臺北，《中山人文社會期刊》，26期，頁99-123。

龔澤宣（2004），〈「民主國家」之間的利益衝突與戰爭——民主和平論存疑〉，廣州，《政治學研究》，第1期，頁7-85。

二、政府出版品

中央通訊社（2006），《2007 世界年鑑》，臺北，中央通訊社編印，12月。

反分裂國家法（2005），北京，中國民主法制出版社。

王崑義（2006），《反三戰系列之一：中共對臺輿論戰》，反三戰系列套書，臺北，政戰學校軍事社會科學研究中心出版。

臺灣民主基金會（2006），《2006 中國人權觀察報告》，財團法人臺灣民主基金會出版。

交通部（2007），〈落實兩岸直航與開放觀光事宜專案報告〉，臺北，立法院內政委員會書面報告，交通部編印，2007年5月9日。

行政院主計處（2006），《統計手冊》，臺北，行政院主計處編印，12月。

馬振坤（2006），《反三戰系列之二：中共對臺心理戰》，反三戰系列套書，臺北，政戰學校軍事社會科學研究中心出版。

國安會（2006），《2006 國家安全報告》，臺北，國家安全會議編，5月20日初版，國安會出版。

國防部（2006），《中華民國九十五年國防報告書》，臺北，國防部出版，8月。

陸委會（2003），《政府大陸政策重要文件》，臺北，陸委會編印，十一月。

陸委會（2004），《政府大陸政策重要文件》，臺北，陸委會編印，十一月。

陸委會（2005），《政府大陸政策重要文件》，臺北，陸委會編印，十一月。

陸委會（2005a），〈陸委會對中共通過「反分裂國家法」的最嚴厲譴責〉，收錄於《政府大陸政策重要文件》，臺北市，行政院大陸委員會編印，5 月。

陸委會（2006），《政府大陸政策重要文件》，臺北，陸委會編印，十一月。

陸委會（2006a），《皇后的毒蘋果──透析中共對臺軟硬兩首策略》，臺北市，陸委會印行，陸委會大陸資訊及研究中心展出。

陸委會（2006b），《全球布局與兩岸經貿》，臺灣經濟永續發展會議背景說明文件，6 月行政院陸委會編印。

陸委會兩岸經濟統計月報（2004），《兩岸經濟統計月報》，第 141 期，臺北，行政院大陸委員會印行，5 月。

陸委會兩岸經濟統計月報（2006），《兩岸經濟統計月報》，第 164 期，臺北，行政院大陸委員會印行，7 月，。

陸委會兩岸經濟統計月報（2006a），《兩岸經濟統計月報》，臺北，第 165 期，行政院大陸委員會印行，8 月。

陸委會兩岸經濟統計月報（2007），《兩岸經濟統計月報》，臺北，第 170 期，行政院大陸委員會印行，4 月。

黃志芳（2007），〈外交部施政報告〉，臺北，立法院外交委員會書面報告，外交部編印，2007 年 3 月 12 日。

詹滿容等（2004），《我國因應中國大陸與東協建立自由貿易區之研究》，臺北，行政院研考會委託研究報告，行政院研考會編印。

編輯群（2006），《反三戰系列之三：中共對臺法律戰》，反三戰系列套書，臺北，政戰學校軍事社會科學研究中心出版。

蔡宏明等（2004），《大陸與港澳建立更緊密經貿關係安排（CEPA）對兩岸四地經貿互動的影響》，臺北，行政院陸委會委託研究報告，行政院陸委會編印。

三、英文論文及專書

Balassa, Bela(1961), *The Theory of Economic Integration* (by Richard D. Irwin, INC. Homewood, Illinois.)

Brooks, Stephen G. (2005), *Producing Security: Multinational Corporations, Globalization, and the Changing Calculus of Conflict* (Princeton University press).

Carr,E.H.(1964), *The Twenty Years' Crisis: 1919-1939* (New York: Harper & Row).

Christiansen, Thomas & Knud ,Erik Jorgensen(1999), The Amsterdam process: A Structuralist perspective on EU Treaty Reform, European integration online papers, Vol.3, No.1, (http://eiop.or.at/eiop/texte/1999-001a.htm)

Cobb, Robert W. and Elder ,Charles(1970),*International Community: A Regional and Global Study* (New York : Holt, Rinehart and Winston).

Deutsch, Karl W.(1953), *Nationalism and Social Communication* (Cambridge, Mass.: MIT press)

Deutsch, Karl W.(1957), *Political Community and the North Atlantic Area: International Organization in the Light of Historical Experience* (Princeton: Princeton University press)

Fisher, Ronald J.(1997), *Interactive Conflict Resolution*(New York : Syracuse University press)

Frey, Brubo S. (1984), *The international Political Economics*(Oxford: Basil Blackwell)

Galtung, Johan(1996), *Peace by Peaceful means: Peace and Conflict, Development and Civilization*, PRIO: International Peace Research Institute, Oslo, London: SAGE publication.

Gereffi, Gary(1999), *International Trade and Industrial Upgrading in the Apparel Commodity Chain* ,Journal of International Economics 48,

1(June):37-70.

Gereffi, Gary; Humphrey, John and Sturgeon, Timothy(2005), *The governance of global value chains*, Review of International political Economy 12(1) :78-104.

Hass, Ernst B.(1958) *The Uniting of Europe: Political, Social and Economic Forces* (Stanford: Stanford University press).

Hass, Ernst B.(1961), *International Integration: The European and the Universal Process,* International Organization, 15 (4) : 366-392.

Hass, Ernst B.(1964), *Beyond the Nation-State : Functionalism and International Organization* (Stanford: Stanford University press).

Hass, Ernst B.(1975), *The Obsolescence of Regional Integration Theory,* Research Series, No.25, Institute of International Studies, University of California, Berkeley

Hass, peter M.(1992), *Introduction: Epistemic Communities and International police Coordination,* International Organization, 46(1) : 1-35.

Herschensohn, Bruce(2006), *Taiwan:The Threatened Democracy*(World Ahead Publishing, Los Angeles,CA,USA)

Hoffmann, Stanley(1966), *Obstinate or Obsolete? The Fate of Nation-State and the Case of Western Europe*, Daedalus, 95(2): 862-915.

Hveem, Hegle(1999), *Political Regionalism : Master and Sevant of Economic Internationalization,* in Bjorn Hettne, Andras Inotai and Osvaldo Sunkel eds., Globalism and New Regionalism (London:St. Martin press).

Jack W. Hou and Kevin H. Zhang(2002), *Taiwan's Outward Investment in Mainland China,* in Hung-Gay Fung and Kevin H. Zhang, Financial Markets and Foreign Direct Investment in Greater China (Armonk, N.Y.: M.E. Sharpe), p197.

Keohane, Robert O(1990), *International Liberalism Reconsidered* , in John Dune, ed., The Economic Limits to Modern politics (NY: Cambridge

University press), pp165-194.

Keohane, Robert O, Joseph S. Nye, and Stanley H. Hoffmann(1993), eds., (1989-1991), *After the Cold War: International Institutions and State Strategies in Europe*(Cambridge, MA: Harvard University press)

Keohane, Robert O. and Hoffmann, Stanley.(1990),*Conclusion: Community Politics and Institutional Change* in William Wallace, ed., The Dynamics of European Integration (London:pinter,1990)，pp276-300.

Keohane, Robert O. and Martin, Lisa L. (1995), *The promise of Institutionalist Theory*, International Security, 20(1): 42.

Keohane, Robert O. and Nye, Joseph S. (1977), *Power and Interdependence* (New York: Longman).

Keohane, Robert O.(1984),*After Hegemony: Cooperation and Discord in the World Political Economy* (Princeton, NJ: Princeton University press)

Keohane, Robert O.(1988), *International Institutions: Two Approaches,* International Studies Quarterly,32(4):379-396.

Keohane, Robert O.(1989), *International Institutions and State Power: Essays in International Relations Theory* (Boulder, CO: Westview press, Inc).

Krasner , Stephan D. ed.(1983) , *International Regime* (Ithaca: Cornell University press)

Lenin, Vladimir(1917),*Imperialism:The Highest Stage of Capitalism.*(New York: International Publisheds).

Machlup, Fritz (1977), *"A History of Thought on Economic Integration".* New York : Columbia University press.

Mearsheimer, John J.(1995), *The False Promise of International Institutions* (International Security, Winter 1994/95,19(3):5-49.

Moravcsik, Andrew(1998),*The Choice for Europe: Social Purpose and State Power from Messina to Maastricht*(Ithaca, NY.: Cornell University press).

Morgenthau, Hans(1985), *Politics Among Nations: The Struggle for Power and Peace* ,Sixth Edition,by Alfred A. Knopf, Inc.

Nye, Joseph S.(1965),*pan-Africanism and East African Integration* (Cambridge, Mass: Harvard University press)

Nye, Joseph S.(1971), *Peace in Parts: Integration and Conflict in Regional Organization* (Boston : Little Brown)

Pease, Kelly-Kate S.(2003), *International Organization: Perspectives on Governance in the Twenty-First Century*, 2ed. Upper Saddle River, NJ: prentice Hall.

Pentland, Charles (1973), *International Theory and European Integration* (London: Faber and Faber)

Pentland, Charles (1975), *Functionalism and Theories of International Political Integration,* in A.J.R. Groom & Paul Taylor ed., Functionalism: Theory and Practice in International Relations (N.Y.: Crane, Russak & Company)

Peter, B.Guy (1999), *Institutional Theory in Political Science: the new Institutionalism* (London, New York: Pinter press).

Pfenning, Werner (2002), *"Summarizing Remarks on: Division, Normalization, and Unification.* Paper presented at the "From EU to the Cross-Strait Conference" by Peacetime Foundation of Taiwan , Taipei,pp1-8.

Russett, Bruce & Oneal, John(2001), *Triangulating Peace: Democracy, Interdependence, and International Organization* （New York: W. W. Norton & Company）.

Russett, Bruce (1967), *International Regions And International System : A Study In Political Ecology* (Chicago : RandMcNally).

Russett, Bruce(1993), *Grasping the Democratic Peace*(Princeton :Princeton University press)

Russett, Bruce(1997), *A Community of Peace: Democracy, Interdependence, and international,*in Charles Kegley and Eugene wittkopf eds., 5th edition (New York: McGraw Hill), p242-243.

Schmitter ,Philippe C.(1969), *Three Neo-Functional Hypotheses about International Integration, International Organization,* 23(4)：105.

Smith, Tony(1994), *America's Mission: The United States and the World Wild Struggle for Democracy in the Twentieth Century*(Princeton: Princeton University press)

Sung, Yun-wing(2005), China: Global Manufacturing center or world sweatshop?, presented at International conference on "The Rise of China: challenges and opportunities" , Institute for National policy Research and Mainland Affairs Council hosted. Taipei, September 10-11, p42.

Talbott, Strobe(1996), *Democracy and the National interest,* Foreign Affairs,75(6):47-63.

Tanner, Murray Scot(2007), *Chinese economic Coercion against Taiwan :a tricky weapon to use*(Conducted in the RAND National Defense Research Institute , Published by RAND Corporation, CA).

Tkacik, Jr ,John J.(2004),*Rethinking "One China"*(The Heritage Foundation, Washington, D.C. ,USA)

Tung, Chen-yuan (2006),*Made by Taiwan but Made in Mainland China: The Case of the IT Industry,* in Kevin H. L. Zhang (ed.), China as a World Workshop (London: Routledge), p85-109

United Nations Conference on Trade and Development（2002）, *World Investment Report: Transnational Corporations and Export Competitiveness* (New York: United Nations, 2002), pp. 161-162.

Waltz, Kenneth N.(1979),*Theory of International Politics,*(London: Addison-Wesley press).

Wendt, Alexander(1995), *Constructing International Politics,* International Security, Vol. 20, No.1 Summer, p72-74。

Wendt, Alexander(1999), *Social Theory of International Politics* (Cambridge

University press).

Wendt, Alexander(2005), *Social Theory of International Politics* (Cambridge University press).《國際政治的社會理論》，英國劍橋大學授權北京大學發行原文影印本，北京，北京大學出版社。

Woodrow Wilson(1999), The Fourteen Points, in Phil William, Donald Goldstein, Jay Shafritz eds. Classical Readings of International Relations, Fort Worth: Harcourt Brace College publishers, p23-26.

Wu, Raymond R. (2000), *A Framework for Cross-Strait Peace: The "One Union, Multiple Systems Formula"*, presented at Fifth Roundtable Meeting on US-China policy and Cross-Strait Relations, Organized by the National Committee on American Foreign policy , August 13-15, NY.

Wu, Yu-shan(2000), Contending Approaches to Cross-Strait Relations, Journal of Contemporary China, Vol.9, no.25. Nov., pp.407-428.

Zartman, I. William ed.(1995), *Elusive Peace: Negotiating an End to Civic Wars,* (The Brookings Institution, Washington, D.C. ,USA)

國家圖書館出版品預行編目

兩岸和平三角建構／邱垂正著.-- 一版.
－ 臺北市:秀威資訊科技,2008.04
　面；　公分. --(社會科學類 ; AF0077)
參考書目：面
ISBN 978-986-221-000-0(平裝)

1.兩岸關係　2.兩岸交流　3.兩岸政策　4.文集

573.09　　　　　　　　　　　97005620

 社會科學類　AF0077

兩岸和平三角建構

作　　者 / 邱垂正
發 行 人 / 宋政坤
執行編輯 / 黃姣潔
圖文排版 / 陳湘陵
封面設計 / 蔣緒慧
數位轉譯 / 徐真玉　沈裕閔
圖書銷售 / 林怡君
法律顧問 / 毛國樑　律師
出版印製 / 秀威資訊科技股份有限公司
　　　　　台北市內湖區瑞光路 583 巷 25 號 1 樓
　　　　　電話：02-2657-9211　　　傳真：02-2657-9106
　　　　　E-mail：service@showwe.com.tw
經 銷 商 / 紅螞蟻圖書有限公司
　　　　　台北市內湖區舊宗路二段 121 巷 28、32 號 4 樓
　　　　　電話：02-2795-3656　　　傳真：02-2795-4100
　　　　　http://www.e-redant.com

2008 年 4 月 BOD 一版
定價：430 元

讀 者 回 函 卡

感謝您購買本書，為提升服務品質，煩請填寫以下問卷，收到您的寶貴意見後，我們會仔細收藏記錄並回贈紀念品，謝謝！

1. 您購買的書名：＿＿＿＿＿＿＿＿＿＿＿＿＿＿＿＿＿＿

2. 您從何得知本書的消息？

 □網路書店　□部落格　□資料庫搜尋　□書訊　□電子報　□書店

 □平面媒體　□ 朋友推薦　□網站推薦　□其他＿＿＿＿＿＿

3. 您對本書的評價：(請填代號　1.非常滿意 2.滿意 3.尚可 4.再改進)

 封面設計＿＿　版面編排＿＿　內容＿＿　文/譯筆＿＿　價格＿＿

4. 讀完書後您覺得：

 □很有收獲　□有收獲　□收獲不多　□沒收獲

5. 您會推薦本書給朋友嗎？

 □會　□不會，為什麼？＿＿＿＿＿＿＿＿＿＿＿＿＿＿＿＿＿

6. 其他寶貴的意見：＿＿＿＿＿＿＿＿＿＿＿＿＿＿＿＿＿＿＿

＿＿＿＿＿＿＿＿＿＿＿＿＿＿＿＿＿＿＿＿＿＿＿＿＿＿＿＿＿

＿＿＿＿＿＿＿＿＿＿＿＿＿＿＿＿＿＿＿＿＿＿＿＿＿＿＿＿＿

＿＿＿＿＿＿＿＿＿＿＿＿＿＿＿＿＿＿＿＿＿＿＿＿＿＿＿＿＿

讀者基本資料

姓名：＿＿＿＿＿＿＿＿＿＿　年齡：＿＿＿＿　性別：□女 □男

聯絡電話：＿＿＿＿＿＿＿＿　E-mail：＿＿＿＿＿＿＿＿＿＿

地址：＿＿＿＿＿＿＿＿＿＿＿＿＿＿＿＿＿＿＿＿＿＿＿＿＿

學歷：□高中(含)以下　　□高中　　□專科學校　　□大學

  □研究所(含)以上　□其他＿＿＿＿＿＿＿＿

職業：□製造業 □金融業 □資訊業 □軍警 □傳播業 □自由業

  □服務業 □公務員 □教職　　□學生 □其他＿＿＿＿＿

To：114

台北市內湖區瑞光路 583 巷 25 號 1 樓

秀威資訊科技股份有限公司　　收

寄件人姓名：

寄件人地址：□□□

(請沿線對摺寄回,謝謝!)

秀威與 BOD

BOD（Books On Demand）是數位出版的大趨勢，秀威資訊率先運用 POD 數位印刷設備來生產書籍，並提供作者全程數位出版服務，致使書籍產銷零庫存，知識傳承不絕版，目前已開闢以下書系：

一、BOD 學術著作—專業論述的閱讀延伸
二、BOD 個人著作—分享生命的心路歷程
三、BOD 旅遊著作—個人深度旅遊文學創作
四、BOD 大陸學者—大陸專業學者學術出版
五、POD 獨家經銷—數位產製的代發行書籍

BOD 秀威網路書店：www.showwe.com.tw
政府出版品網路書店：www.govbooks.com.tw

永不絕版的故事・自己寫・永不休止的音符・自己唱